张国安 配图

三国史

A HISTORY OF THREE KINGDOMS

何兹全 著

人民出版社

目 录

序　言

这本《三国史》是1984年原教育部约定的一本高等院校文科教材。当时写了一大部分，没有写完，因为赶别的工作，就放下了。这两年又拾起来写，断断续续，现在才算写完了。时过境迁，这几年文科教材似乎不怎么提了。但不管如何，这本书，是我作为教材写的，而且是作为高校文科教材写的。

虽然拖拖拉拉写了十来年，但我确实是费了一番心思的。如何写好一本高校的教材，也确实并不容易。

作为历史教材，应当包括两方面内容：一是基本历史事实；一是对这些历史事实的理解和认识。

叙述历史事实，就不容易。历史事实是客观存在的，只有一个。但一经人心反映、人手叙述，只有一个的历史事实会变成多个。秦始皇，只是一个人，他的一生经历也只有一条线，但自古及今历史家手下写出来的秦始皇，却有千百个，大别之也可以分为好的、坏的两个。又如曹操，只有一个，而历史家手下的曹操便有多个。

既然如此，历史哪还有真实？还学个什么意思！不要急，也不要灰心，学习历史还是有意思的；学历史也是大有用处的。

随着人类社会历史的发展，人类理性的进步，人们对历史的认识会一步步摆脱愚昧，逐步认识客观历史事实的本来面目。当然，这里也要说清楚一点：绝对客观真实和绝对真理是永远也认识不了的。因为客观也是在不断变化的。我们所能认识的，只有相对真理。但相对真理会一步步接近绝对真理。人们能认识相对真理，一步步接近绝对真理，已经了不起。试想，人

类今天的科学能认识多大一点客观宇宙真理？但这就已经不得了了，人已经能飞上天，飞越地球，飞上月球。何况还会不断进步，接近绝对真理！历史也是如此。人们对历史的认识，会一步步接近历史真实。今天的人类不是已经聪明多了么？智慧多了么？对人类历史的认识，不是比古人已经高明多了么？人们对历史的认识会逐步接近"透"的。

将来对秦始皇的认识，对曹操的认识，都会逐步接近于"一"的。

有一个故事，说一个人过马路，违犯了交通规则，被警察叫住训斥了一顿。这人悻悻不平，过了马路，回头望着警察愤愤地说："你早晚逃不出我的手心！"警察好奇怪，心想这是个什么人？赶上去抓住他盘问。最后，他说他是火葬场的工人。这是一出滑稽剧。

我们历史家才真可以说，凭你是谁，也逃不出历史的批判，逃不出历史家的手心！丘吉尔也好，斯大林也好，最终都逃不了历史的论定。即使不能盖棺论定，终有论定之日。谁来论定，历史来论定，历史家来论定。

"上帝"赋给历史学、历史学家的使命有二：一是研究历史，总结历史认识和经验，提高对历史的认识，对社会的认识，对人类自我的认识；二是把总结历史得来的经验和认识普及化，使它成为全人类的文化财富，使人类逐步脱离野蛮，走向文明。

没有历史文化的民族，是愚昧的民族；没有文化修养的人，是愚昧的人。

科学是重要的。没有科技，经济建设便是一句空话，社会进步也是一句空话。但要注意：建设的道路、路线是要政治家来制定的。没有鉴往知来、前知八百后知八百的本领，政治家就会领错路。领路人一出错，科技家十年二十年的惨淡经营便会毁于一旦。政治家前知八百后知八百的本领从哪里学来？学历史，学文学，学哲学，学人类积累起来的一切知识、智慧，一句话，从文化修养、文化素质中来。其中历史知识，又是最重要的内容。

在经济建设高潮中，重科技是必然的、应该的。问题在于不要忽略社会科学、人文科学。忽视了，天才都跑到科技中去，文科都是些二流、三流的天赋，会出危险，也会出悲剧。

从这个意义上讲，写教材，写通俗读物，使人们都能从历史知识中提高文化素质、文化修养，都是极重要的工作。

历史是大有学头的。

为《三国史》写序，却有感而发，信笔而书，写了这些。看看，觉得保留着也好。现在学历史吃不饱饭，学生都不学历史了。我倒觉得学历史，推广历史知识，传播历史经验，是极重要的工作。已经学历史的，饿着肚子也要坚持工作不动摇；没有学历史的，有聪明才智的人也要到历史学里来。历史是民族的命根子，是智慧的源泉，不要使历史学断了烟火。

回到《三国史》来。

写这本教材，我曾要学司马迁。顾炎武曾说过："古人作史，有不待论断而于叙事之中即见其旨者，惟太史公能之。"（《日知录》卷二六"《史记》于序事中寓论断"条）。历史是事实，写历史就是要写事实。但作者总会有自己的感情和倾向性，而且人人都会有所蔽的。一指当前，不见泰山。作者对历史都会有自己的看法和论断。顾炎武认为自古以来的史家，能把论断融化到叙事中去写历史的只有司马迁能做到。我说，自古以来的中外历史记事和著作，没有不是在作者主观思想指导下（也可以说是在著者偏见指导下）写出来的，他的著作都有他的思想感情和倾向性，也都有所蔽。我的体会，顾炎武所说寓论断于叙事之中的精神实质，毋宁是在说别人写历史、写人物传记多是写行尸走肉，而司马迁写的传记是活人。

我想学司马迁，把论断寓于叙事中去，但我做不到。后来我觉悟了，司马迁也不能完全寓论断于叙事中去。寓论断于叙事，并不排除于叙事之外另有论断，司马迁就常常用"太史公曰"来发议论。发发议论，大概是作史者所不可避免的。我写三国史，只要能抓住"三国史就是写三国史实"这条主线就好。把"寓论断于叙事"理解为把历史写成活人在活动，不要写成行尸走肉，没有灵魂。

我的论点（包括分析）也很多。除去引用别人的都有注明外，一般都是我的"一家之言"。读书少，别人的著作多有读不到的，而且一部分是七、八年前写的，如有别人的见解而没有注明，就算是"英雄所见略同"吧。这本《三国史》是教材，不是专著。不过我学习三国史的心得、理解、认识，大多也注入这本书里了。

文字，我是力求生动易懂的，注意了文字的可读性、吸引力。注意使读者有兴趣读下去。但有一个矛盾，我引用古史记载的地方很多。我这样做，也有一个想法：如果高等院校历史系开"三国史"，也一定是高年级的选修

课。这些年来，高等院校历史系教学中也有一个不够注意的问题，即不重视引导学生读古书。一个大学历史系的学生怎能不读点古书？如果一个高等院校历史系毕业生，不管是以世界史为主还是以近现代史为主，连《史记》、《资治通鉴》都没有摸过，实在是不能算及格的。而且，我认为古人写的历史也很生动的，反而比我翻译成的现代汉语更生动，更有可读性。不改写成现代汉语，既不减生动活泼和可读性，又读了古文，何乐而不为？

同样的理由，我在“建安文学”一章里选录了几首古诗和王粲、曹植等人的诗。这些诗都是脍炙人口的名作，过去的学人多能上口背诵。作为一个大学生、特别是历史系的学生，应该有读读这些诗的修养，所以也就不惮其繁地选录来了。

既然是学习三国史，自然就首先需要介绍一下陈寿的《三国志》，因为今天我们所能知道的三国时期的史实，百分之八九十来自《三国志》。

陈寿，蜀汉人。蜀亡入晋，他写《三国志》，在当时就被认为是“善叙事，有良史之才”（《晋书·陈寿列传》）。清朝史学家王鸣盛、朱彝尊称赞他记事翔实，不为曲笔。评价都是很高的。也有人认为陈寿说诸葛亮“奇谋为短”、“应变将略，非其所长”，是陈寿故意贬抑诸葛亮，是报私仇（寿父为马谡参军，谡诛，寿父坐被髡），这是对陈寿的诬蔑。诸葛亮是大政治家，但就不是大军事家，不怎么会打仗。陈寿的话，是公正的。

图 1　陈寿读书处 重建的万卷楼及其塑像

《三国志》的缺点在太简略。南朝刘宋时裴松之奉宋文帝命为《三国志》作注。东晋以来,三国史史料的出现已渐渐多起来。裴松之广泛地加以搜集,他的三国志"注",实际上是三国志"补",他是《三国志》的大功臣。读《三国志》,不可不读裴注。

需要读的参考书,我这里再特别推荐司马光的《资治通鉴》卷五十九至卷八十一。这是司马光撰述的黄巾起义到西晋统一的一段历史,正和我现在这本《三国史》时间相同。《通鉴》写得好,是古今都交口称赞的。他当然要比我写的好得多,这是自觉不敢和先贤比的。但我也不愿妄自菲薄,我的论点、分析,要比他高明。因为他是 11 世纪的人,我是 20 世纪的人。要不然又何必要求读者买我的书、读我的书呢?岂不是浪费读者的时间和金钱!

当代人写的三国史和魏晋南北朝史中的三国部分,我不介绍了。读者可到图书馆去看、书店去买。在附录里我介绍了一些论文,有的是有启发性的,可供读者参考,有的是我所偏爱的,一般是内容扎实的。

还有一点要说明一句。文中引文所用的二十四史,我有时用的是百衲本或《三国志集解》本,与现用的中华书局标点本二十四史或有个别字的不同。请读者了解。

拉杂写了这些,是为序。

何兹全

1993 年 8 月 20 日

一、黄巾起义

1. 时代背景

东汉统一帝国的垮台和分裂局面的出现，应从黄巾暴动说起。《三国演义》就是从黄巾暴动讲起的，有眼光，有识见。

黄巾暴动的出现，是东汉政治腐败、官吏贪污、商人兼并的结果，是民不聊生、走投无路的结果。

在中国历史上，大凡一家取得天下做了皇帝，开始都能君臣上下励精图治，严惩贪污腐败，懂得水可载舟亦可覆舟的道理，尽量轻徭薄赋，减轻人民负担，使人民能够安居乐业生活下去。但多则百年、几十年，少则十年、二十年，安居久了，统治者又腐化起来。于是吏治腐败，赋役繁重，人民求生不得；于是铤而走险，酿成大乱；于是皇帝被打倒，皇朝被推翻。新皇朝在这白茫茫一片大地真干净的烂摊子上重新建立起来。君臣上下又励精图治一番；于是社会又安定一个时期。于是又腐败，于是人民又起来，于是皇朝又被推翻，于是新皇朝又建立起来。循循环环，改朝换代不已。当然，这是就历史发展的大形势说的，细察起来，在循环中社会也有变化，有发展，有进步，不是死水一潭。历史循环论是错误的。

东汉自安帝以后，政治腐败逐渐严重。外戚宦官争权夺利。外戚夺得大权，换一批亲朋子弟做官；宦官夺得大权，又换一批亲朋子弟做官。一批人上去，一批人下来。上一批、富一批、贵一批。受苦受害的总是人民百姓。

使人民受苦的，政府官吏以外还有商人。战国以来，商业交换经济发展。商业发达，城市兴起，人民见识增长，智慧文化也随着进步。城市，可以

说是人类文化的源泉。城市生活给人带来思想，带来智慧，带来文化。古往今来，世界各民族的文化，除了有关农业、畜牧业的知识外，无不从城市兴起。

但交换经济发达，是好事也带来恶果。城市经济发达的结果，总是商人得利，农民吃亏。商人越来越富，农民越来越穷。

在商业不发达的农业社会里，王公贵族官吏只是从农民手里征收他们生产的物品，农民生产什么他们就征收什么。他们得的多些，生活比农民丰足些，如此而已。商品经济出现和发展后，为了使产品有销路有竞争能力，就得使产品精益求精，不然便卖不出去。产品卖不出去，商人就要蚀本甚或破产，吃苦。因此，生产品总是精益求精的。在精美物品刺激引诱下，王公贵族官吏的欲望大开。他们追求吃好的，穿好的，住好的，用好的。司马迁就说过："夫神农以前，吾不知已。至若《诗》、《书》所述虞夏以来，耳目欲极声色之好，口欲穷刍豢之味，身安逸乐，而心夸矜势能之荣使。俗之渐民久矣，虽户说以眇论，终不能化。"（《史记·货殖列传》）追逐美好，厌恶粗野，这是人的欲望，谁也阻挡不住，就是挨门挨户去讲节约的道理，谁也不去听你的。

商人发家致富，靠钱。"长袖善舞，多财善贾"。手里钱越多，生意越做得大，钱越赚得多。通过钱、交换，商人把农民的土地、财产兼并到自己手里来。王公、官吏发家致富靠权。他们有权在手，一道命令颁布下去，便能变农民的财产为他们的财产，更不用说横征暴敛非法勒索了。

商人靠钱，官靠权，钱和权谁厉害？这要分两层来看。形式上看，政府的官厉害。官吏有权有势，对农民可以用命令来横征暴敛，置人于死地。对商人他们也可以用政治手段没收他们的财产。这样看来，官厉害；但深入一层考察，政府官吏所以有欲望要钱要财也是商品交换经济的产物。没有商品生产的刺激，官吏也就会乐于他们的"土"生活了。如此说来，交换经济的发展又是官要钱的社会基础。

农民失掉土地，在农村没法生活，只有游荡于社会，麇集于城市。从西汉开始，流民问题就是社会上的大问题。文帝时，晁错已说："此商人所以兼并农人，农人所以流亡者也。"（《汉书·食货志上》）元帝时，贡禹说："民弃本逐末，耕者不能半。"（《汉书·贡禹传》）贡禹的话，可能有夸大。但一个大臣向皇帝上疏总不能胡说，能说出这样的话来，也实在是惊人的。自东汉建国，流民就一直不断。安帝以后，越来越严重。“黎民流离，困于道路”，“弃捐旧居，……穷困道路”，“老幼相弃道路”，“人庶流进，家户且尽”，“万民饥流”，“民多流亡”，“百姓饥穷，流冗道路”（《后汉书》和帝以下各帝纪）这一类的话，真是史不绝书。

流亡道路解决不了生活问题。于是大批流亡人口麇集到城市里。在城市生活，总比农村好混。做些小手工业、小商小贩，都可以糊口。做些泥人、泥狗、泥车马等小孩玩具卖，也可以活。这样，西汉时期城市里养活了大量人口。东汉前期的王符说：“今举俗舍本农，趋商贾，牛马车舆，填塞道路，游手为巧，充盈都邑，务本者少，浮食者众。”（《潜夫论·浮侈篇》，见《后汉书·王符列传》）据他估计，当时人口百分之九十以上是工作或浮游在城邑里。他说：“今察洛阳，资末业者什于农夫，虚伪游手什于末业。是则一夫耕，百人食之，一妇桑，百人衣之，以一奉百，孰能供之！天下百郡千县，市邑万数，类皆如此。”（同上）

图2 耕种壁画砖

照王符的估计，东汉人口百分之九十住在城邑，这大约是夸大了。但贡禹也说“耕者不能半”。两汉时期，人口住在城邑里的一定很多，大约是没有问题的。

大量人口挤进城邑里，也有个饱和点，超过一定数量——饱和点，城市也养活不了。城邑人口仍要走上流亡的道路。这种情况，西汉末年已经出现。哀帝时,鲍宣上书中曾说到“民流亡,去城郭,盗贼并起”(《汉书·鲍宣传》)。成帝赐翟方进册说:“间者郡国谷虽颇孰,百姓不足者尚众,前去城郭,未能尽还。”(《汉书·翟方进传》)西汉如此,东汉更是如此。为什么把人民流亡说成是“去(离开)城郭”呢?这总说明住在城邑的人口众多吧!西汉时期,人民穷困离开农村逃亡城市尚可以活。等城市都无法生活,须要离开城市,就大成问题了。

黄巾起义,就带有极浓厚的流民性质。灵帝时司徒杨赐对他的掾属刘陶说:“张角等遭赦不悔,而稍益滋蔓,今若下州郡捕讨,恐更骚扰,速成其患。且欲切敕刺史、二千石,简别流人,各护归本郡,以孤弱其党,然后诛其渠帅,可不劳而定。”(《后汉书·杨震列传附杨赐传》)流民归本,就可以孤弱其势,可见张角的徒众多是流民。

2. 太平道

农民散居各地,不容易组织起来。古来组织农民多靠宗教信仰。东汉流民暴动常被称作“妖贼”。如《后汉书·顺帝纪》载:阳嘉元年三月,“扬州六郡妖贼章河等寇四十九县”。《桓帝纪》载:和平元年“二月,扶风妖贼裴优自称皇帝”;延熹八年十月,“渤海妖贼盖登等称‘太上皇帝’”。这“妖”字就指的是宗教信仰。凡农民暴动中有宗教活动的,就被称为“妖贼”。

东汉末年,农民中传布广、势力大的宗教是道教,称作天师道。道教是中国人自己创立的宗教。它虽然托始于老子,但作为宗教组织,它的创立却是受了佛教传入的影响。佛教是在西汉后期传入中国的。张骞通西域,曾在大夏看到由身毒(印度)传到大夏的蜀布、邛杖。随着蜀布、邛杖传入身毒的渠道,佛教就有可能传入中国。东汉初年白马寺译经虽未见诸正史记载,而光武帝的儿子楚王英信佛却是见之于正史的(参看《后汉书·光武十王列传·楚王英传》)。

东汉末年,笮融在徐州修建佛寺作大规模的布道活动(参看《三国志·吴志·刘繇传》和《后汉书·陶谦列传》)。模仿佛教组织,中国人创造了道教。东汉“妖贼”活动的过程,可能就是道教创立的过程。

东汉后期,道教在今山东、江苏滨海地区已有传布和活动。《后汉书》

已有记载。"顺帝时(126—144 年),琅邪(今山东临沂境)宫崇诣阙,上其师干吉于曲阳(今江苏沭阳东南)泉水上所得神书百七十卷,皆缥白素、朱介、青首、朱目,号《太平清领书》。其言以阴阳五行为家,而多巫觋杂语。有司奏崇所上妖妄不经,乃收臧之。后张角颇有其书焉。"(《后汉书·襄楷列传》)

上述的是太平道。东汉末年在民间传布的宗教,于太平道之外还有五斗米道,两者都是道教(当时也称作天师道)的支派。《典略》载:"熹平中(172—178 年),妖贼大起,三辅有骆曜。光和中(178—184 年),东方有张角,汉中有张脩。骆曜教民缅匿法,角为太平道,脩为五斗米道。"(《三国志·魏志·张鲁传》注引)

病,是人生最大苦事。穷人生病,无钱求医买药,更是悲惨。因此,由民间兴起和传布的宗教,无不借行医治病来宣传宗教救世救人的教义。佛教如此,基督教也是如此。这是宗教取得人们信仰和信任的最好的办法。汉末的太平道和五斗米道,都靠行医在民间活动。《典略》说:"太平道者,师持九节杖为符祝,教病人叩头思过,因以符水饮之,得病或日浅而愈者,则云此人信道;其或不愈,则为不信道。脩法略与角同,加施静室,使病者处其中思过。又使人为奸令祭酒,祭酒主以《老子》五千文,使都习,号为奸令。为鬼吏,主为病者祈祷。祈祷之法,书病人姓名,说服罪之意。作三通,其一上之天,著山上,其一埋之地,其一沉之水,谓之三官手书。使病者家出米五斗以为常,故号曰'五斗米师'。"(同上书传注引)

张角借治病救人在民间传布宗教,暗暗地把农民组织起来,准备暴动。《后汉书·皇甫嵩列传》载:"巨鹿张角自称'大贤良师',奉事黄、老道,畜养弟子,跪拜首过,符水咒说以疗病,病者颇愈,百姓信向之。角因遣弟子八人使于四方,以善道教化天下,转相诳惑。十余年间,众徒数十万,连结郡国,自青、徐、幽、冀、荆、扬、兖、豫八州之人,莫不毕应。遂置三十六方。方犹将军号也。大方万余人,小方六七千,各立渠帅。"

暴动的准备,大体已就绪了。

3. 起义和失败

东汉朝廷官员对太平道的活动,早已有人有所疑虑。如上引《后汉书·杨赐列传》,司徒杨赐就曾对其掾属刘陶说:"张角等遭赦不悔,而稍益滋蔓。"刘陶赞成杨赐的意见。杨赐遂上书灵帝。后来刘陶又与大臣联名上疏说:"张角支党不可胜计。前司徒杨赐奏下诏书,切敕州郡,护送流民,会赐去位,不复捕录。虽会赦令,而谋不解散。四方私言,云角等窃入京师,觇视朝政,鸟声兽心,私共鸣呼。州郡忌讳,不欲闻之,但更相告语,莫肯公文。宜下明诏,重募角等,赏以国土。有敢回避,与之同罪。"(《后汉书·刘陶列传》)昏庸的灵帝,听不进去。

张角准备在光和七年(公元184年。即中平元年,平定黄巾后改元。这年是甲子年)起事,他们说:"苍天已死,黄天当立。岁在甲子,天下大吉。"他们又"以白土书京城寺门及州郡官府,皆作'甲子'字"(《后汉书·皇甫嵩列传》)。

起义的部署是以"大方马元义等先收荆、扬数万人,期会发于邺(今河北磁县南)。元义数往来京师,以中常侍封谞、徐奉等为内应,约以三月五日内外俱起"(同上)。

不幸内部出了叛徒。"张角弟子济南唐周上书告之,于是车裂元义于洛阳。灵帝以周章下三公、司隶,使钩盾令周斌将三府掾属,案验宫省直卫及百姓有事角道者,诛杀千余人,推考冀州,逐捕角等。"(同上)

张角知道事情已经败露,不得不仓促提前起事。他"晨夜驰敕诸方,一时俱起。皆著黄巾为标帜,时人谓之'黄巾',亦名为'蛾贼'。杀人以祠天。角称'天公将军',角弟宝称'地公将军',宝弟梁称'人公将军'"。声势浩大,"所在燔烧官府,劫略聚邑。州郡失据,长吏多逃亡。旬日之间,天下响应,京师震动"(同上)。

东汉政府在仓皇中布置防守。以河南尹何进为大将军,率左右羽林、五营营士屯都亭,镇守京师,并于京师周围置函谷、太谷、广成、伊阙、轘辕、旋门、孟津、小孟津八关都尉,驻守京师外围。

灵帝召集群臣会议。北地太守皇甫嵩"以为宜解党禁,益出中藏钱、西园厩马，以班军士”（同上）。灵帝问计于中常侍吕强，吕强说：“党锢久积，人情多怨。若久不赦宥，轻与张角合谋，为变滋大，悔之无救。”（《后汉书·党锢列传序》）何为党锢？原来桓、灵帝时，宦官专政，打击爱国知识界人士，杀的杀、囚的囚、徙边的徙边，凡党人和他们的门生、故吏、父兄子弟一概免官禁锢终身。这是党锢。灵帝多畜私财，“中尚方敛诸郡之宝，中御府积天下之缯，西园引司农之臧，中厩聚太仆之马”，“每郡国贡献，先输中署，名为‘导行费’”（《后汉书·宦者列传·吕强传》）。皇甫嵩所说中藏钱、西园厩马，就是指积藏在中尚方、中御府、西园、中厩的灵帝的私财。

大敌当前，灵帝害怕，不得不接纳皇甫嵩、吕强的建议，赦天下党人，招还徙往边地的党人妻子故旧。

农民起义军集中在三个地区：一河北；二颍川；三南阳。河北军由张角三兄弟直接率领，颍川军由波才率领，南阳军由张曼成率领。

东汉政府发天下精兵来和农民军对抗。命左中郎将皇甫嵩、右中郎将朱儁，发五校三河骑士及募精勇四万余人，嵩、儁各领一军，共讨颍川黄巾；另遣北中郎将卢植征河北黄巾。

朱儁进兵和波才战，打了败仗，皇甫嵩进驻长社（今河南长葛县境）。波才进兵围皇甫嵩。皇甫兵少，军中皆恐惧。黄巾军依草地结营。正好遇上大风天。皇甫嵩大喜，遂兵分两路：一路从间道出黄巾军后，举火由后方进攻；一路由城中鼓噪而出，举火攻黄巾军前。风从火势，火从风威，前后夹击，黄巾军大乱。适好骑都尉曹操领兵赶到，皇甫嵩、朱儁、曹

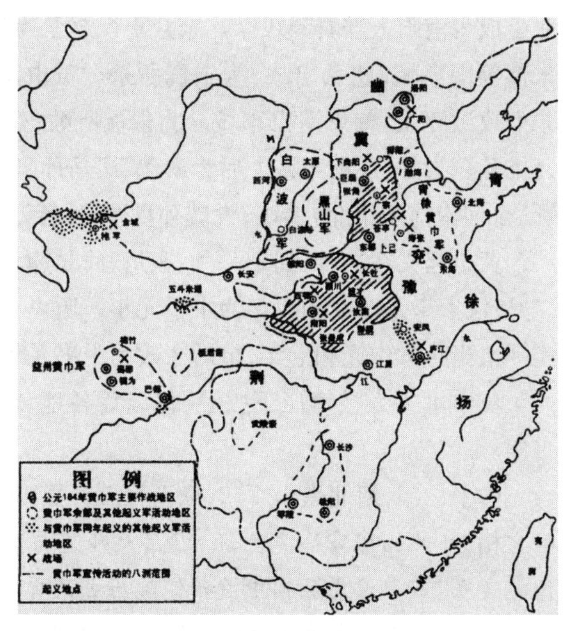

图3　黄巾起义形势图

操三军合击，波才军大败，被屠杀者数万人。

皇甫嵩乘胜追击波才于阳翟。又分兵进击汝南、陈国、西华黄巾。黄巾兵败，一部分战死，一部分投降。颍川、汝南、陈国三郡黄巾皆被镇压下去。

北中郎将卢植进攻河北巨鹿（今河北平乡西南）黄巾军，连战皆捷，斩杀万余人。张角退保广宗（今河北威县东）。卢植围广宗。灵帝遣宦官小黄门来视察，向卢植勒索钱财，卢植不给。小黄门回洛阳后在灵帝面前说卢植的坏话。灵帝大怒，槛车召卢植还京。又派东中郎将董卓代卢植。董卓无功，又诏皇甫嵩代董卓。皇甫嵩大军又从河南调到河北。

皇甫嵩到河北时张角已死，嵩与角弟梁战于广宗。张梁兵精勇，嵩不能胜。第二天嵩收兵入营休息。他看到梁兵疲懈，乃潜夜勒兵，鸡鸣时，率兵突入梁军，战到饭时，大破梁军，张梁战死，黄巾军战场被杀者三万人，赴河死者五万人。剖张角棺，戮尸，传首京师。皇甫嵩又破张角弟张宝于下曲阳（今河北晋县西），杀宝，斩杀和俘虏十余万人。张角直接率领的河北黄巾军，全部被扑灭。

南阳黄巾军在张曼成率领下，围攻宛城一百多天，宛城攻不下。六月，张曼成为南阳太守秦颉攻杀。余众更以赵弘为帅，众至十多万。攻克宛城。朱儁等围宛城，赵弘出战，为朱儁所杀。黄巾军又推韩忠为帅，继续坚守。朱儁攻破宛城，韩忠退保小城。为朱儁所败，死者万余人，韩忠被杀。余众复推孙夏为帅，还据宛城。后为朱儁、司马孙坚所破，孙夏出走，朱儁追至西鄂（今河南南阳市北）精山，大破孙夏军，死者万余人。南阳黄巾军被消灭。

黄巾起义在二月，到十一月，颍川、河北、南阳三地黄巾军全被消灭。十二月，汉家皇帝改光和七年为中平元年。历史上记载黄巾起义在中平元年，实际上当时称作光和七年，事后才改为中平元年。

黄巾军主力被镇压下去了，但以后各地黄巾军仍往往复起，延续了十多年。

中平二年，河北黑山军起，众至百万。黑山农民军可能与黄巾为同教或与之相近（此据陈寅恪先生说。见《天师道与滨海地域之关系》一文“赵王伦之废立”节。该文原刊中央研究院历史语言研究所《集刊》第三本第四分册，已收入陈寅恪先生文集之二《金明馆丛稿初编》）。

中平五年二月，黄巾郭大等起于河西白波谷（今山西襄汾西南），攻太原、河东。四月，汝南葛陂黄巾攻没郡县。六月，益州黄巾马相等攻杀刺史郄俭，自称天子。又攻巴郡，杀太守赵部。十月，青徐黄巾复起，攻郡县。这一年里，各地被称为“贼”的有多起，但不知他们和黄巾有无关系。

献帝初平二年(191 年)十一月，青州黄巾进攻太山，太守应劭击破之。黄巾转战渤海。

三年，青州黄巾击杀兖州刺史刘岱于东平。东郡太守曹操大破黄巾于寿张，黄巾走投无路，投降曹操。

这次起兵的青州黄巾，人数众多，力量很大。《三国志·魏志·武帝纪》说:“青州黄巾众百万入兖州(州治昌邑，今山东金乡西北)，杀任城(今山东济宁市)相郑遂，转入东平。刘岱欲击之，鲍信谏曰:‘今贼众百万，百姓皆震恐，士卒无斗志，不可敌也。观贼众群辈相随，军无辎重，惟以钞略为资，今不若畜士众之力，先为固守。彼欲战不得，攻又不能，其势必离散，后选精锐，据其要害，击之可破也。’岱不从，遂与战，果为所杀。信乃与州吏万潜等至东郡迎太祖(曹操)领兖州牧。遂进兵击黄巾于寿张东。信力战斗死，仅而破之。……追黄巾至济北。乞降。冬，受降卒三十余万，男女百余万口，收其精锐者，号为青州兵。”

直到建安十二年(207 年)，黄巾军仍有余波。这年十月，黄巾杀济南王赟(见《后汉书·献帝纪》)。济南国治在东平陵(今山东历城东)，济南国属青州，杀济南王的，仍是青州黄巾。

在征服黄巾军的政府军中，最强的一支是皇甫嵩的军队。黄巾起义军三支军队中的两支——颍川军和河北军，都是被皇甫嵩镇压下去的。皇甫嵩，安定朝那人。他是和羌人作战的名将皇甫规的哥哥皇甫节的儿子。节曾任雁门太守，嵩为北地太守。雁门、北地都是边郡。皇甫一家都是以兵起家的。

轰轰烈烈的黄巾农民暴动，主力军虽在一年中被镇压下去了，但余部却继续了十多年之久。它没有打垮东汉帝国建立黄天皇朝，但东汉帝国却因它而皇威扫地，地方势力强大起来，出现分崩离析、分裂割据的局面。

二、董卓之乱

1. 最后一次宦官外戚斗争

黄巾农民军被镇压下去了，帝国又表面上恢复了平静。灵帝照旧过着昏庸嬉戏的日子，宦官继续专政祸国殃民。中常侍张让等二十人自说他们讨黄巾有功，于是都被封为列侯。

中平六年(189年)，灵帝死。灵帝有两个儿子，何皇后生皇子辩，王美人生皇子协。灵帝喜欢协，不喜欢辩，说辩“轻佻无威仪，不可为人主”(《后汉书·何进列传》)。但皇后有宠，皇后兄何进为大将军，进弟苗为车骑将军，掌兵权。灵帝死前，群臣虽然请立皇太子，灵帝却迟迟未作出决定。到他病重弥留之时，才把皇子协托付给宦官蹇硕。蹇硕健壮，有武略，很得灵帝信任，且掌握一部分禁兵兵权。灵帝把皇子协托付给蹇硕，他是有意要立皇子协还是要蹇硕保护皇子协，那就难说了。可能是要立皇子协的。何进仗恃手中有兵，抢先一步立了皇子辩，何太后临朝，何进和太傅袁隗共同辅政，录尚书事。

蹇硕谋诛何进，有人向何进告密，何进捕杀蹇硕，并兼领蹇硕的兵。朝廷禁军统领权，都集中在何进手里。

何进谋杀宦官，与世家大族司隶校尉袁绍密谋。袁绍对何进说：“前窦武欲诛内宠而反为所害者，以其言语漏泄，而五营百官服畏中人故也。今将军既有元舅之重，而兄弟并领劲兵，部曲将吏皆英俊名士，乐尽力命，事在掌握，此天赞之时也。将军宜一为天下除患，名垂后世。”(同上)

何进家族的人都反对杀除宦官，何太后就第一个不同意，她说：“中官统领禁省，自古及今，汉家故事，不可废也。”（同上）何进的弟弟何苗和母亲舞阳君也都不同意。何苗对何太后说：“大将军专杀左右，擅权，以弱社稷。”（同上）

何进一家受过宦官的好处。何进，南阳宛（今河南南阳市）人，家门寒微，以屠为业。东汉皇后，大多是世家豪族出身，只有少数几家出身寒贱。何后就是一家。何后得入宫，并爬到皇后宝座，多得力于宦官的帮助。何苗就对何进说：“始共从南阳来，俱以贫贱，依省内以致贵富。国家之事，亦何容易！覆水不可收。宜深思之，且与省内和也。”（同上）

在诛除宦官这个问题上，既然何后反对，何后的母亲反对，何苗也反对，何进为何独作此主张？史书没有记载，也无任何线索可寻。朝廷士人君子、名门贵族以及人民百姓，对宦官都没有好感。何进大约受这大气候的影响，才反对宦官的。他大约想挤进士君子之林。他反对宦官，依靠的是世家豪族。对四世三公的汝南袁家，特别依重。他一上台就引太傅袁隗共同辅政，录尚书事。并厚待袁绍、袁术兄弟。《后汉书·何进列传》说：“以袁氏累世宠贵，海内所归，而绍素好养士，能得豪杰用，其从弟虎贲中郎将术亦尚气侠，故并厚待之。”

何进其人，看来并非有雄才大略的智谋之士。《后汉书·何进列传》就说他“虽外收大名，而内不能断”。由于全家反对，诛剪宦官之事，他就犹犹豫豫，久不能决。

袁绍又为何进划策，“多召四方猛将及诸豪杰，使并引兵向京城，以胁太后”（同上）。所谓猛将，主要的是董卓。袁绍为何进划的这一策，实在并不高明。何进的主簿陈琳就对何进说：“今将军总皇威，据兵要，龙骧虎步，高下在心，此犹鼓洪炉燎毛发耳。……而反委释利器，更征外助。大兵聚会，强者为雄，所谓倒持干戈，授人以柄，功必不成，只为乱阶。”（同上）侍御史郑泰（即郑太）也对何进说：“董卓强忍寡义，志欲无厌。若借之朝政，授以大事，将恣凶欲，必危朝廷。明公以亲德之重，据阿衡之权，秉意独断，诛除有罪，诚不宜假卓以为资援也。”（《后汉书·郑太列传》）在当时条件下，诛杀宦官不需外力，其理至明。但袁绍建议，何进接受，并可见二人之庸劣了。

何进又狐疑不决，不知如何是好。袁绍又怕何进变卦，威胁他说：“交

媾已成，形势已露，事留变生，将军复欲何待，而不早决之乎？”（《后汉书·何进列传》）

何进精神上已为这位世家豪族的声威所征服，他接受袁绍的意见，于是以袁绍为司隶校尉，并假节专命击断。袁绍又派人催促董卓速速进兵洛阳。袁绍出此下策，实在庸劣。

何进入宫见何太后，请尽诛诸常侍。宦官们知道事已紧迫，死在眼前。何进入宫，机不可失。他们在他见过太后要出宫时把他截回，责骂他说：“天下愦愦，亦非独我曹罪也。先帝尝与太后不快，几至成败，我曹涕泣救解，各出家财千万为礼，和悦上意，但欲托卿门户耳。今乃欲灭我曹种族，不亦太甚乎？卿言省内秽浊，公卿以下忠清者为谁？”（同上）宦官虽然坏，这几句话骂得好。东汉末年贪污腐败又何止宦官，满朝文武忠清者有谁？宦官这样骂何进，何进也只有无言以对。宦官于是斩何进于殿前。从中发出诏书：以前太尉樊陵为司隶校尉，少府许相为河南尹（同上）。司隶校尉、河南尹，是掌握京师军政大权的人。尚书得到诏书，怀疑其中有诈，要求大将军出宫议事。中黄门以何进的头掷与尚书说：“何进谋反，已伏诛矣！”（同上）

何进部下听得何进被杀，遂进兵攻打宫门。袁术放火焚烧宫省，袁绍“斩宦者所署司隶校尉许相（依《后汉书·何进列传》，宦者所署司隶校尉为樊陵。许相乃河南尹）。遂勒兵捕诸阉人，无少长皆杀之。……死者二千余人”（《三国志·魏志·袁绍传》）。

桓、灵时期，宦官掌权，大兴党狱，对朝中大臣士大夫和他们的家属、门生、故吏诛杀，徙边，禁锢终身，真是炙手可热。然而，曾几何时，袁绍捕杀他们有如摧枯拉朽。

原来，宦官只是皇权的附属品，皇帝有权，宦官就有权；皇权强大，宦官权力就大；皇权衰落，宦官也就无权可恃了。狐假虎威而已。黄巾暴动以后，地方势力强大，世家豪族兴起，皇权衰落。袁绍眼里哪里还有皇帝，哪里还有皇帝诏令，区区一些宦官更不在话下。他放手纵兵捕杀宦官，一如牛刀割鸡。

袁绍等捕杀宦官，火烧宫门，宦官们惊慌失措。大宦官张让等便于昏夜中携带小皇帝和陈留王协数十人步行出洛阳北门，落荒向小平津奔去。事出仓卒,公卿无得从行的。尚书卢植、河南中部掾闵贡闻讯赶来,责骂张让等说:“今不速死,吾射杀汝。”(《后汉书·灵帝纪》注引《献帝春秋》)前有大河,后有追兵,宦官们走投无路,向小皇帝叩头拜别,皆投河而死。

天明时,朝臣百官和董卓赶到,迎少帝和陈留王回宫。

2. 董卓和东方兵起

董卓,陇西临洮(今甘肃岷县)人。陇西一带,在东汉后期上百年间是不断和羌人作战的地方。这一带的人,都锻炼出来了,强悍,能打仗。郑泰就曾对董卓说:“关西诸郡,颇习兵事,自顷以来,数与羌战,妇女犹戴戟操矛,挟弓负矢,况其壮勇之士,以当妄(忘)战之人乎?”(《后汉书·郑太列传》)董卓所率领的兵,就多是关西凉州这一带的人。郑泰对董卓说:“天下强勇,百姓所畏者,有并、凉之人,及匈奴、屠各、湟中义从、西羌八种,而明公拥之,以为爪牙。”(同上)东汉晚年,在和羌人、黄巾军作战时的一些能打仗的将领,多是凉州人。皇甫规,安定朝那(今甘肃固原东南)人。张奂,酒泉郡酒泉(今甘肃酒泉)人。段颎,武威姑臧(今甘肃武威)人。皇甫嵩也是安定朝那人。他率领的讨伐黄巾军的兵多是“天下精兵”和“五校三河骑士”,大多是来自关西的。

图4　董卓议立陈留王

在回洛阳的路上,董卓问少帝“祸乱由起”,少帝“语不可了”(说不清楚),又问陈留王协,陈留王回答“自初至终,无

所遗失"(《三国志·魏志·董卓传》注引)。董卓喜欢陈留王,以少帝"暗弱,不可以奉宗庙,为天下主"(《后汉书·董卓列传》)。这时董卓就有了废立之意了。

回洛阳后,董卓为司空,又迁太尉,"遂废帝为弘农王……立灵帝少子陈留王"为帝(《三国志·魏志·董卓传》)。这就是汉献帝。董卓自为相国。

董卓起自边地武人,性情粗野残忍。"是时洛中贵戚室第相望,金帛财产,家家殷积。卓纵放兵士,突其庐舍,淫略妇女,剽虏资物,谓之'搜牢'。"(《后汉书·董卓列传》)"尝遣军到阳城。时适二月社,民各在其社下,悉就断其男子头,驾其车牛,载其妇女财物,以所断头系车辕轴,连轸而还洛,云攻贼大获,称万岁。"(《三国志·魏志·董卓传》)真是粗野残忍!

董卓初到洛阳时,带来的兵不过三千。有人曾向袁绍建议,乘董卓到京不久,立足未稳,迅速诛杀董卓。袁绍不敢。

董卓,西方边地一个粗野之人,来到京师,虽然废立天子,杀人取乐,使人生畏,但他投身到势力强大的东方世家豪族的汪洋大海里,仍是势力孤单的。这个粗野的人也曾想取得东方世家豪族的合作。他"与司徒黄琬、司空杨彪,俱带铁锧诣阙上书,追理陈蕃、窦武及诸党人,以从人望。于是悉复蕃等爵位,擢用子孙"(《后汉书·董卓列传》)。董卓又任用东方士大夫为朝廷公卿和地方刺史、郡守。"卓素闻天下同疾阉官诛杀忠良,及其在事,虽行无道,而犹忍性矫情,擢用群士。乃任吏部尚书汉阳周珌、侍中汝南伍琼、尚书郑公业(即郑泰)、长史何颙等。以处士荀爽为司空。其染党锢者陈纪、韩融之徒,皆为列卿。幽滞之士,多所显拔。以尚书韩馥为冀州刺史,侍中刘岱为兖州刺史,陈留孔伷为豫州刺史,颍川张咨为南阳太守。卓所亲爱,并不处显职,但将校而已。"(同上)

东方世家豪族,都看不起董卓,不愿和他共事,更不愿居他之下。袁绍就借机逃往冀州。但董卓仍愿拉住这位东方豪门领袖。周珌、伍琼也对董卓说:"夫废立大事,非常人所及。绍不达大体,恐惧故出奔,非有他志也。今购之急,势必为变。袁氏树恩四世,门生故吏遍于天下,若收豪杰以聚徒众,英雄因之而起,则山东非公之有也。不如赦之,拜一郡守,则绍喜于免罪,必无患矣。"(《三国志·魏志·袁绍传》)董卓听了周珌、伍琼的话,任命袁绍为渤海太守。

世家豪族势力，是分裂割据的社会基础。到东汉末年，世家豪族势力已很强大。他们对于汉室皇帝已不热心拥戴，对皇帝的诏令已不热心奉行。他们已不愿受皇权的束缚。从袁绍杀宦官事件上，可以看清政局形势的变化。在皇权强大的时候，宦官假皇帝之命，诛杀大臣，亲故锢禁终身，无人敢于反抗。但何进被杀后，袁氏兄弟却敢于火烧宫门，闯进宫去，把宦官斩尽杀绝。无他，皇权衰落故也。正于此时，何物董卓，以一西方边远武人，竟敢入夺朝廷大权，窃据大位，使东方世家、朝廷大臣听命于他！董卓的废立，正好给了他们一个口实，他们借口讨伐董卓兴复汉室，以行分裂割据之实。人民，统一，朝廷，与他们何有哉！

初平元年(190 年)，东方各地刺史、郡守，以讨伐董卓为名起兵。参加起兵的有渤海太守袁绍、后将军袁术、冀州牧韩馥、豫州刺史孔伷、兖州刺史刘岱、陈留太守张邈、广陵太守张超、河内太守王匡、山阳太守袁遗、东郡太守桥瑁、济北相鲍信等。众各数万。

图 5　焚金阙董卓烧洛阳

袁绍与王匡屯河内(郡治在今河南武陟西南)，袁术屯鲁阳(郡治在今河南鲁山)，孔伷屯颍川(郡治在今河南禹县)，韩馥屯邺(今河北磁县南)，余军皆屯酸枣(今河南延津西南)。订立盟约，推袁绍为盟主。

东方起兵后，董卓决定迁都长安。

董卓大约认为洛阳靠近东方，地处前线，不如长安远在关中，比较安全。他是西方人，他的势力在西方，迁都长

安对他更为有利。他也或者想到,他一退到关中,东方地方势力便会分裂,互相厮杀起来。总之,他决定迁都到长安去。

但朝廷群臣多东方人,财产庄田都在东方,都不愿迁都。吏部尚书周珌、侍中汝南伍琼固谏。董卓大怒说:“卓初入朝,二子劝用善士,故相从,而诸君到官,举兵相图。此二君卖卓,卓何用相负。”(《后汉书·董卓列传》)遂斩珌、琼。别人不敢再说话。董卓遂强迫献帝和群臣迁往长安。

东方刺史郡守,分屯河内、酸枣、鲁阳等地,坐观形势,谁都不打算进兵。只有曹操主张力战。他对袁绍说:“举义兵以诛暴乱,大众已合,诸君何疑?……今(卓)焚烧宫室,劫迁天子,海内震动,不知所归,此天亡之时也。一战而天下决矣!不可失也!”(《三国志·魏志·武帝纪》)没有人听曹操的话。曹操遂自己单独领兵西进。但他兵力太少,哪是董卓的对手!一战不利,士卒死伤甚多,他自己也为流矢所中,遂退归酸枣。

当是时,酸枣驻军十余万,天天置酒高会,不图进取。曹操责让他们,并为他们划策说:“诸君听吾计,使勃海(指袁绍)引河内之众临孟津;酸枣诸将守成皋,据敖仓,塞轘辕、太谷,全制其险;使袁将军(指袁术)率南阳之军军丹、析,入武关,以震三辅:皆高垒深壁,勿与战,益为疑兵,示天下形势,以顺诛逆,可立定也。今兵以义动,持疑而不进,失天下之望,窃为诸君耻之。”(同上)

话是这样说,却没有人肯听。曹操兵少,自去扬州募兵,回来后到河内,依袁绍。酸枣诸将,内部不和,互相火并,粮食吃光了,便各自散去,回到自己所在的州郡。自此东汉帝国瓦解,出现分裂割据的局面。曹丕《典论·自序》记当时混乱形势说:“初平之元,董卓杀主鸩后,荡覆王室。是时四海既困中平之政,兼恶卓之凶逆,家家思乱,人人自危。山东牧守,咸以《春秋》之义,‘卫人

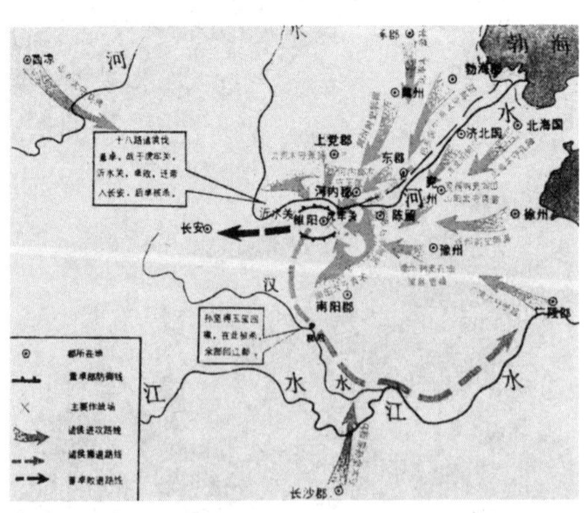

图6　十八路诸侯讨董卓示意图

讨州吁于濮'，言人人皆得讨贼。于是大兴义兵，名豪大侠，富室强族，飘扬云会，万里相赴；兖豫之师战于荥阳，河内之甲军于孟津。卓遂迁大驾，西都长安。而山东大者连郡国，中者婴城邑，小者聚阡陌，以还相吞灭。"(《三国志·魏志·文帝纪》注引)这正是当日东方混乱割据形势的写照。大的割据州郡，中的割据县邑，小的也在乡里称王。东汉帝国瓦解了。

3. 董卓被杀，关中残破

为了稳定关中局面和巩固他的权力，董卓仍不得不用有名望的原来的朝廷大臣。但董卓性情粗野，遇人无礼，动辄杀人，朝臣上下都惶恐不安，关东士大夫是很难和他合作的。

司徒王允、司隶校尉黄琬等，密谋杀卓。董卓有爱将中郎将吕布，便弓马、善骑射，膂力过人。董卓外出常以吕布自随。董卓性刚愎，一次吕布小失卓意，卓投手戟刺布。吕布因常随侍卓左右，有机会和董卓左右侍妓妾接触，不免有男女间不正当关系。《三国演义》加以渲染，演义出吕布戏貂婵的故事。吕布怕这消息传到董卓耳里，常常惴惴不自安。王允平时待吕布厚，吕布便把心中苦恼说给王允听，请王允出主意。这正合王允心愿，遂定计诛卓。

初平三年(192年)四月，献帝大病初愈，于未央宫大会群臣。董卓入见。董卓也做了自卫安排，令吕布带兵随侍左右，士兵夹道。自卓营至宫，左步右骑，屯卫周匝。王允、吕布也做好安排，在北掖门内埋伏下勇士，在董卓入宫后下手。

董卓入北掖门。吕布的同党骑都尉李肃持戟刺卓。董卓内穿护甲，刺之不入，但被刺倒车下。董卓大呼："吕布何在?"吕布应声而出曰："有诏讨贼臣!"(《后汉书·董卓列传》)布以矛刺卓，士卒拥上杀卓。

董卓被杀的消息传出宫门，士卒皆称万岁，百姓歌舞于道。长安城中士女，卖其珠玉衣装，市酒肉相庆。董卓素肥胖，百姓们置火于董卓肚脐中燃烧。

在董卓死前，他曾派亲信将领牛辅率领校尉李傕、郭汜、张济屯驻在陕(今河南陕县)。董卓死，牛辅为左右所杀，李傕、郭汜等众无依。他们求王

允赦免他们。王允这人,刚愎自用,不知权变,以为一岁不可再赦,不许。李傕、郭汜恐惧彷徨,没了主意,不知如何是好。讨虏校尉武威人贾诩时在李傕、郭汜营中。这人足智多谋,他对李、郭说:“闻长安中议欲尽诛凉州人,诸君若弃军单行,则一亭长能束君矣。不如相率而西,以攻长安,为董公报仇。……若其不合,走未后也。”(同上)

李傕、郭汜听了,认为只有这条生路,说:“京师不赦我,我当以死决之。若攻长安克,则得天下矣;不克,则钞三辅妇女财物,西归乡里,尚可延命。”(同上)

凉州人在军的,都愿意跟随求活。于是有数千人结盟,昼夜鼓行而西。沿途收兵,到长安时已有十余万人。围攻长安。吕布部下叟兵做内应,开门纳降,凉州兵一拥而进了长安。吕布战败,逃往关东。王允被杀。献帝和群臣落入李傕、郭汜手中。

李傕、郭汜等,都是些无文化、无教养的武人,愚昧无知。取得长安不久,就互相猜疑、互相攻打起来。李傕把献帝劫持到他的兵营里去,郭汜就劫留了朝臣公卿。

李傕、郭汜攻打厮杀,受害的是长安和关中百姓。长安城中“人相食啖,白骨委积,臭秽满路”(同上)。“二三年间,关中无复人迹”(同上)。这话可能是夸大了的。但关中、长安百姓的苦难,确是很严重的。

兴平二年(195 年),李傕将杨奉叛傕,驻军长安东。七月,献帝得到李傕的同意,逃出长安,东归洛阳。但刚出长安城,李傕、郭汜又后悔了,率兵追赶。献帝投奔杨奉,由杨奉保护,取道弘农(今河南灵宝市北)到曹阳。李傕、郭汜追兵赶到,杨奉兵败,献帝东逃,步行到孟津,渡河到大阳,杨奉等奉献帝暂驻安邑(今山西夏县西)。献帝的临时住房,是一个以荆棘为院落的民房。皇帝和群臣会见,兵士都围在篱笆外观看,挤压喧闹,互相取笑。有的将校自持酒食找皇帝饮酒。侍中阻止他们,他们便喧呼吵闹。次年(196 年)正月,改元建安。七月,献帝才回到洛阳,路上整整走了一年,历尽艰苦。但他终于回到了洛阳——他的旧都。这年九月,曹操亲自来洛阳迎献帝都许(今河南许昌市西)。此后,献帝在许又做了二十五年皇帝。在这二十多年里,他的生活是安定的,但却是不如意的。这个时代是历史上有名的建安时代。对老百姓来说,这是个战乱中安定的时代了。

护送献帝逃出关中去洛阳的杨奉，本是黄巾军白波一支的一个渠帅。《后汉书·董卓列传》说：“（李）傕将杨奉，本白波贼帅。”杨奉可能亦作杨凤。《三国志·魏志·张燕传》注引《九州春秋》说：“张角之反也，黑山、白波、黄龙……飞燕、白爵、杨凤、于毒等各起兵。大者二、三万，小者不减数千。灵帝不能讨，乃遣使拜杨凤为黑山校尉，领诸山贼，得举孝廉、计吏。后遂弥漫，不可复数。”杨奉在护卫献帝回洛阳的路上遭到李傕、郭汜追击时，曾向白波军求援。《后汉书·董卓列传》说：杨奉“密遣间使至河东，招故白波帅李乐、韩暹、胡才……并率其众数千骑来与，（董）承、奉共击傕等，大破之。”

图7　汉献帝像

略述白波帅杨奉一段插曲，意在说明黄巾暴动虽于一年之内即被镇压下去，而其影响则是多方面的。在东汉末年的历史中，不时不地地可以看到黄巾军的影子。

三、曹、袁争胜

1. 曹操、袁绍出身

建安元年(196年)七月，献帝回到洛阳。这时关东的形势是:袁绍稳占冀州，势力最大;曹操占有兖、豫，士马精壮。另外，南阳有张济、张绣，荆州有刘表，袁术在淮南，刘备、吕布在徐州，孙策据有江东。

图8　袁绍像

袁绍，汝南汝阳(今河南商水西南)人。高祖父袁安，章帝时为司徒。自安以下，四世居三公位。“门生故吏遍于天下。”(《后汉书·袁绍列传》)袁绍母死，归葬汝南，四方来会葬的有三万人(《三国志·魏志·武帝纪》注引皇甫谧《逸士传》)。袁家可说是东汉末年“势倾天下”(《三国志·魏志·袁绍传》)的一家大族。

袁绍从长安逃到东方后，董卓为了拉拢他，任命他为渤海太守。后来，袁绍又从韩馥手里夺得冀州。当时的冀州，在东方各州中是比较殷实的地方。韩馥以冀州让给袁绍时，他的部属曾对他说："冀州虽鄙，带甲百万，谷支十年。袁绍孤客穷军，仰我鼻息，譬如婴儿在股掌之上，绝其哺乳，立可饿杀。奈何乃欲以州与之?"（同上）曹操打败袁绍取得冀州后对崔琰说："昨案贵州户籍，可得三十万众。"（《三国志·魏志·袁绍传》注引《世语》）这些话，都说明冀州在当时比起其他各州来，是比较殷实的。

占有河北以为基地，这是袁绍的夙愿。袁绍、曹操起兵讨董卓时，有一次两人闲叙。袁绍问曹操："若事不辑，则方面何所可据?"曹操反问："足下意以为何如?"袁绍说："吾南据河，北阻燕、代，兼戎狄之众，南向以争天下，庶可以济乎?"（《三国志·魏志·武帝纪》）

据有冀州后，袁绍的从事沮授对他说："将军弱冠登朝，则播名海内；值废立之际，则忠义奋发；单骑出奔，则董卓怀怖；济河而北，则勃海稽首。振一郡之卒，撮冀州之众，威振河朔，名重天下。虽黄巾猾乱，黑山跋扈，举军东向，则青州可定；还讨黑山，则张燕可灭；回众北首，则公孙必丧；震胁戎狄，则匈奴必从。横大河以北，合四州之地，收英雄之才，拥百万之众，迎大驾于西京，复宗庙于洛邑，号令天下，以讨未复，以此争锋，谁能敌之？比及数年，此功不难。"袁绍说："此吾心也。"（《三国志·魏志·袁绍传》）袁绍的心是不是如此，是另一问题，他占有冀州，早年的理想有了实现的基础，从心里高兴则是真的。这时的袁绍，真是踌躇满志了。

袁绍在东方割地称雄的群雄中，是最强大的一个。

曹操，这在中国是个家喻户晓的人物。他是沛国谯（今安徽亳县）人。祖父曹腾，桓帝时中常侍大长秋，封费亭侯。父嵩，是曹腾的养子。有的记载说，曹嵩是夏侯氏家的孩子、后来的曹操大将夏侯惇的叔父。从曹氏、夏侯氏两家的关系看，这是可能的（说见《三国志·魏志·武帝纪》注引《曹瞒传》和郭颁的《世语》）。曹操从小"机警，有权数"（《三国志·魏志·武帝纪》）。东汉末年，品评人物的风气很盛。这是当时政治腐败所激起的风气。士大夫阶级在政治上受压又不能忘情时事，遂激愤而品评政事和人物。等到政事不能评论了，只剩有品评人物了。范晔说："桓灵之间，主荒政缪，国命委于阉寺，士子羞与为伍，故匹夫抗愤，处士横议，遂乃激扬名声，互相题拂，品核公卿，裁量执政。婞直之风，于斯行矣。”（《后汉书·党锢列传》序）范晔的话是有道理的。当时汝南有月旦评，对时事人物每月一评。东汉末年，汝南是人物荟萃的地方，当时就流行一句话“汝颍多奇士”（《三国志·魏志·郭嘉传》）。人物荟萃，才能出现月旦评。月旦评的领袖人物许子将就评论曹操说：“子，治世之能臣，乱世之奸雄也。”（《三国志·魏志·武帝纪》注引孙盛《异同杂语》）曹操同意许子将对他的评语，听后非常高兴。

东汉宦官，也有两面属性：一是腐败奸邪，为士大夫所疾恨；二是维护皇权，与世家豪族（外戚是世家豪族的代表家族）相对抗。他们是“一心王室，不事豪党”的（《后汉书·宦者列传·郑众传》）。曹操就是继承了宦官这后一属性的。他年二十就举孝廉为郎，除洛阳北部尉。他“初入尉廨，缮治四门。造五色棒，县门左右各十余枚，有犯禁者，不避豪强，皆棒杀之。后数月，灵帝爱幸小黄门蹇硕叔父夜行，即杀之。京师敛迹，莫敢犯者”（《三国志·魏志·武帝纪》注引《曹瞒传》）。他虽然出身宦官家族，却极力向士大夫群靠拢。他所交游的人，多是世家豪族名士大夫。他青年时期，和袁绍就是很好的朋友。对不法宦官，他是打击的。他棒杀夜行犯法的小黄门蹇硕的叔父就是一例。

图9　曹操像

曹操参加过征讨黄巾的战争，在颍川和黄巾军作过战。战后迁济南相。“国有十余县，长吏多阿附贵戚，赃污狼藉，

于是奏免其八;禁断淫祀,奸宄逃窜,郡界肃然。”(《三国志·魏志·武帝纪》)

何进谋杀宦官,接受袁绍的建议招董卓进京。曹操反对。他说:“阉竖之官,古今宜有,但世主不当假之权宠,使至于此。既治其罪,当诛元恶,一狱吏足矣,何必纷纷召外将乎?欲尽诛之,事必宣露,吾见其败也。”(《三国志·魏志·武帝纪》注引《魏书》)

中平六年,何进为宦官所杀,董卓进京,京都大乱。曹操乃变姓名,间行东归。到了陈留(今河南陈留),散家财,合义兵。十二月,起兵已吾(今河南宁陵西南)讨董卓。

经过几年混战,到献帝回到洛阳时,曹操已破青州黄巾,受降卒三十万,男女百余万口,战败袁术、陶谦、吕布,占有兖州,任兖州牧。迎献帝都许后,又占有豫州。

袁绍、曹操,青年时期是朋友,合作讨伐过董卓。建安以前,在东方军阀混战中,两人又常是合作的。袁绍就说:“曹操当死数矣,我辄救存之。”(《三国志·魏志·袁绍传》注引《献帝春秋》)但建安以来,两人的矛盾就多起来。为争天下,争得你死我活。

2. 挟天子而令诸侯

献帝从长安逃回洛阳的路上,吃了不少苦难。袁绍的谋士沮授曾劝袁绍迎献帝都邺。他说:“将军累叶辅弼,世济忠义。今朝廷播越,宗庙毁坏,观诸州郡外托义兵,内图相灭,未有存主恤民者。且今州城粗定,宜迎大驾,安宫邺都,挟天子而令诸侯,畜士马以讨不庭,谁能御之。”(《三国志·魏志·袁绍传》注引《献帝传》。《后汉书·袁绍列传》略同)袁绍另外两位谋士郭图、淳于琼反对。他们说:“汉室陵迟,为日久矣,今欲兴之,不亦难乎?且今英雄据有州郡,众动万计,所谓秦失其鹿,先得者王。若迎天子以自近,动辄表闻,从之则权轻,违之则拒命,非计之善者也。”(同上)沮授说:“今迎朝廷,至义也,又于时宜大计也,若不早图,必有先人者也。夫权不失机,功在速捷,将军其图之。”(同上)

当初董卓废少帝立献帝,袁绍反对。袁绍听了郭图、淳于琼的话,不迎

献帝。（按：《献帝传》和《后汉书·袁绍列传》都说郭图反对迎献帝，而《三国志·魏志·袁绍传》则说："初，天子之立非绍意，及在河东，绍遣颍川郭图使焉。图还，说绍迎天子都邺，绍不从。"与《献帝传》、《后汉书·袁绍列传》不同。《资治通鉴》从《献帝传》和《后汉书·袁绍列传》。我这里从《献帝传》、《后汉书》和《资治通鉴》。看郭图前后行事，他大约是不会主张迎献帝的。）

从袁绍的听与不听上，可以看到袁绍的内心。郭图、淳于琼所说"秦失其鹿，先得者王"，对袁绍是很动听的。袁绍不愿迎献帝的根本原因，是他自己想做皇帝。自己想当皇帝而迎个皇帝来，如何结局？所以不迎。

说袁绍想做皇帝，并不冤屈他。建安元年他以诈骗手段从韩馥手里夺得冀州时，曾私使主簿耿苞向他报告说："赤德（指汉朝）衰尽，袁为黄胤，宜顺天意。"（《三国志·魏志·袁绍传》注引《典略》）袁绍把耿苞的密报拿给下属去看，下属大哗，说耿苞妖妄该杀。袁绍不得已把耿苞杀了，但袁绍想做皇帝的野心也暴露出来了。

袁氏家族的人不但袁绍想做皇帝，袁术也想做皇帝，而且还真的做起来了。只是当时并没有人支持他，又被曹操打败。他想绕道青州投靠袁绍，不想发病死在路上。临死前写信给袁绍还说："袁氏受命当王，符瑞炳然。"（《三国志·魏志·袁术传》注引《魏书》）因而劝袁绍称帝。袁绍"阴然之"（暗自同意袁术的说法）。

袁绍不迎献帝，曹操却决定去迎。曹操的谋士荀彧也劝曹操迎献帝，他说："自天子播越，将军首唱义兵，徒以山东扰乱，未能远赴关右，然犹分遣将帅，蒙险通使，虽御难于外，乃心无不在王室，是将军匡天下之素志也。今车驾旋轸，东京榛芜，义士有存本之思，百姓感旧而增哀。诚因此时，奉主上以从民望，大顺也；秉至公以服雄杰，大略也；扶弘义以致英俊，大德也。天下虽有逆节，必不能为累，明矣。韩暹、杨奉（二人时侍卫献帝）其敢为害！不时定，四方生心，后虽虑之，无及。"（《三国志·魏志·荀彧传》）

曹操当然不是老实厚道人。他是"治世之能臣，乱世之奸雄"。他所处的正是乱世，也就显露了他的奸雄面貌。他料到迎献帝到手，也不会出现"从之则权轻，违之则拒命"的局面，反之还会得到"挟天子而令诸侯，畜士马以讨不庭"的利益。

袁绍没有想到，迎献帝和自己做皇帝并不矛盾，迎献帝反而为自己做皇帝创造条件。至于说“从之则权轻，违之则拒命”，是糊涂话。迎献帝在手，只是个傀儡，哪里还有从之、违之的问题？曹操就比袁绍高明多了。

沮授、荀彧和诸葛亮一样，都是三国时期第一流的智慧人物。三人的遭遇却完全不同。沮授遭逢袁绍，智慧不得发挥反受猜疑。官渡之战为曹操所俘，不降而死。荀彧遭逢曹操，可谓言听计从。君子爱人以德，最后因不同意曹操称王而被曹操迫死。只有诸葛亮，他和刘备可谓君臣相得无间。刘备对诸葛亮托孤而不疑，诸葛亮对刘备鞠躬尽瘁死而后已。这是后话，暂且打住。

七月，献帝到洛阳。九月，曹操亲自到洛阳迎接献帝在许（今河南许昌市西）建都。曹操原已占有兖州，为兖州牧，现又占有豫州，以许为都邑，挟天子而令诸侯。关中马腾、韩遂皆来附。后来，袁绍每接到朝廷诏令有不便于自己的，才开始后悔没有迎接献帝都邺的失策。他要曹操徙献帝都鄄城（今山东鄄城北），靠他近些，曹操哪里肯听。这自然招得袁绍恼怒。

当时在幽州的是公孙瓒。袁绍和公孙瓒连年战争。建安四年，袁绍大军围困公孙瓒于幽州易京（今河北雄县西北）。易京极为坚固。“为围堑十重，于堑里筑京，皆高五六丈，为楼其上；中堑为京，特高十丈，自居焉，积谷三百万斛。瓒曰：‘……兵法，百楼不攻。今吾楼橹千重，食尽此谷，足知天下之事矣。’”（《三国志·魏志·公孙瓒传》）袁绍为地道突坏其楼，渐渐接近他的中京。公孙瓒自知必败，先杀妻子，而后自杀。袁绍遂占有幽州。这位公孙将军，有点呆气。兵法上说过“百楼不攻”。于是他便建起千楼，以为这下住进去可保万全。没有想到，被袁绍的地道攻破了，身败名裂。董卓也有过这

图 10　迁銮舆曹操秉权

种梦。董卓也曾“筑郿坞，高与长安城埒，积谷为三十年储，云：‘事成，雄踞天下；不成，守此足以毕老。’”（《三国志·魏志·董卓传》）董卓死了，郿坞救不了董卓。易京也没有救公孙瓒。但由此也可见，筑坞壁自守，当时是很风行的。

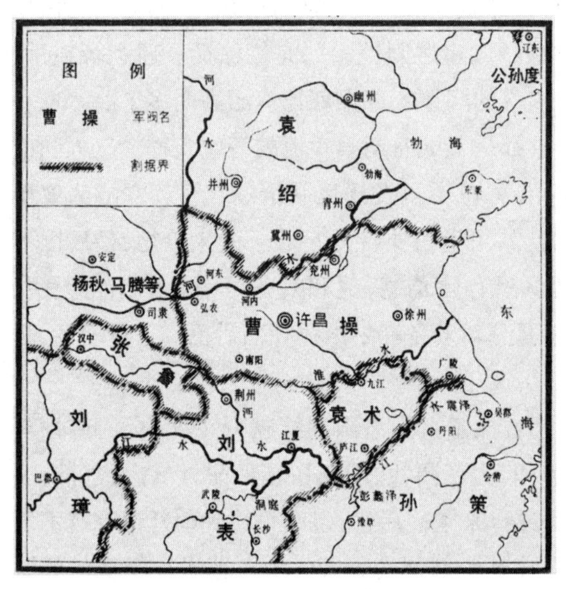

图 11 东汉末年军阀割据示意图

袁绍占有幽州后，又东西扩地，以长子袁谭为青州刺史，中子袁熙为幽州刺史，外甥高幹为并州刺史，尽有河北四州。

袁绍既拥有河北四州之地，兵强马壮，慢慢骄傲起来。过河消灭曹操，进而统一中原、统一全国之心也就慢慢滋长了。

3. 曹操屯田许下

就在曹操迎献帝都许这一年即建安元年（196 年），曹操还做了一件大事，就是在许下屯田。迎献帝都许，使曹操在政治方面占先一步，挟天子而令诸侯，各地割据势力不得不听命；许下屯田，又使曹操解决了经济问题，特别是军粮问题，使自己兵精粮足，强大起来。

东汉末年的战乱，给生产带来极大破坏。人民流亡死伤，土地失耕，人民生活极度困难，乃至出现人吃人的现象。《三国志·魏志·武帝纪》注引《魏书》记载说：“自遭荒乱，率乏粮谷。诸军并起，无终岁之计，饥则寇略，饱则弃余，瓦解流离，无敌自破者不可胜数。袁绍之在河北，军人仰食桑椹；袁术在江、淮，取给蒲蠃。民人相食，州里萧条。”

曹操屯田，是在这种情况下迫出来的。

兴置屯田,这是枣祗的建议,成其事的有韩浩和任峻。《三国志·魏志·武帝纪》载:“是岁(指建安元年)用枣祗、韩浩等议,始兴屯田。”《韩浩传》注引《魏书》载:“时大议损益,浩以为当急田。”《任峻传》载:“是时岁饥旱,军食不足,羽林监颍川枣祗建置屯田,太祖以峻为典农中郎将,募百姓屯田许下,得谷百万斛。郡国列置田官,数年中所在积谷,仓廪皆满。……军国之饶,起于祗而成于峻。”

在许下屯田建设中,枣祗、任峻、韩浩是三个有大功的人。韩浩参与了屯田的建议,并大力促成;任峻是完成屯田大业最有力的人,典农中郎将是总管屯田事宜的官;枣祗是提出屯田建议的主要人物,而且是屯田法规的制定人。枣祗在屯田制上是有大功的,可惜早死了。后来曹操在一个令中说:“陈留太守枣祗,天性忠能。始共举义兵,周旋征讨。后袁绍在冀州,亦贪祗,欲得之。祗深附托于孤,使领东阿令。吕布之乱,兖州皆叛,惟范、东阿完在,由祗以兵据城之力也。后大军粮乏,得东阿以继,祗之功也。及破黄巾定许,得贼资业,当兴立屯田,时议者皆言当计牛输谷,佃科以定。施行后,祗白以为僦牛输谷,大收不增谷;有水旱灾除。大不便。反复来说,孤犹以为当如故,大收不可复改易。祗犹执之,孤不知所从,使与荀令君议之。时故军祭酒侯声云:‘科取官牛,为官田计。如祗议,于官便,于客不便。’声怀此云云,以疑令君。祗犹自信,据计划还白,执分田之术。孤乃然之,使为屯田都尉,施设田业。”(《三国志·魏志·任峻传》注引《魏武故事》)这个令文下面还说:“其时岁则大收,后遂因此大田,丰足军用,摧灭群逆,克定天下,以隆王室。祗兴其功,不幸早没。”

曹操是高度评价屯田的作用的。他把摧灭群逆,克定天下,都归功于屯田。

4. 袁绍坐失良机

建安四年三月,袁绍刚刚战胜公孙瓒占有冀州,就简精兵十万,骑万匹,准备向曹操发动进攻。这时出兵,对袁绍是不利的。谋士沮授、田丰指出这点,并向袁绍划策说:“师出历年,百姓疲弊,仓庾无积,赋役方殷,此国之深忧也。宜先遣使献捷天子,务农逸民,若不得通,乃表曹氏隔我王路。然后

进屯黎阳，渐营河南，益作舟船，缮治器械，分遣精骑，钞其边鄙，令彼不得安，我取其逸。三年之中，事可坐定也。”（《三国志·魏志·袁绍传》注引《献帝传》）审配、郭图反对，说：“兵书之法，十围五攻，敌则能战。今以明公之神武，跨（跨，《资治通鉴》作“引”，《后汉书·袁绍列传》作“连”）河朔之强众，以伐曹氏，譬若覆手。今不时取，后难图也。”（同上）

骄傲的袁绍，只能听进审配、郭图的话，是听不进沮授、田丰的话的。

袁绍要进攻曹操，但他又抓不住机会。

袁绍说要攻许，却并未即时出兵。曹操却利用这段时间，作了一些防御和进攻的安排，巩固和加强了防御力量。建安四年八月，曹操进兵黎阳（今河南浚县北），使臧霸等率兵入青州防止袁谭从东方进攻。臧霸起自泰山，在地方上有势力；有社会基础（参看田余庆教授《汉魏之际的青徐豪霸》，见《历史研究》1983年第3期）。有臧霸防御东方，袁绍若想从青州攻许便不大可能。曹操又在大河以南和官渡驻兵设防，自己在许坐镇。

曹操还对关中作了安排。他派卫觊镇抚关中。卫觊建议在关中恢复盐专卖，以其收入购买犁牛供给四乡流民耕田使用。董卓之乱时，关中人民流亡到荆州的有十多万户。关中稍稍安定后，流民多还乡。当时关中军人马超、韩遂等正在地方割据称霸。流民还乡无法生活，多被军人招去做了部曲。郡县贫弱，无力和他们争。流民有了犁牛，可以安居生产，不必投靠军人作部曲。卫觊还建议使司隶校尉留治关中，为关中主。实行这两条，可以使关中郡县民力日强，削弱诸将势力。曹操接受卫觊的建议，势力逐渐向关中伸延。

南阳形势的变化，更对曹操有利。这前后占有南阳的是张绣。张绣原在建安二年投降过曹操。曹操纳张绣之叔张济之妻，张绣怀恨在心，又反，杀曹操长子曹昂，曹操狼狈败走。张绣与刘表联合，数与曹操作战。

袁绍欲攻许，派人与张绣联络。张绣的谋臣贾诩当着张绣的面对袁绍的来使说：“归谢袁本初（本初，袁绍字），兄弟不能相容，而能容天下国士乎？”兄弟，指袁术。

张绣大惊说：“何至于此？”又小声问贾诩：“若此，当何归？”

贾诩说：“不如从曹公。”

张绣说：“袁强曹弱，又与曹为仇，从之如何？”

贾诩说："此乃所以宜从也。夫曹公奉天子以令天下，其宜从一也。绍强盛，我以少众从之，必不以我为重。曹公众弱，其得我必喜，其宜从二也。夫有霸王之志者，固将释私怨，以明德于四海，其宜从三也。愿将军无疑。"

张绣听贾诩的话，归降曹操。曹操大喜，握着贾诩的手说："使我信重于天下者，子也。"以贾诩为执金吾，封都亭侯（以上引文均见《三国志·魏志·贾诩传》）。

张绣所将，多是凉州兵，个个勇猛善战。南阳在许之南，张绣与刘表友善，两家一直联合与曹操为敌。张绣在南阳，可与袁绍联手从南北两方夹击曹操，是曹操的大患。张绣投降，解除了曹操的后顾之忧。而且有了张绣的凉州兵，也大大增强了曹操的战斗力。

建安四年五年之交，还发生曹操与刘备的徐州之战。

刘备，字玄德，涿郡涿县（今河北涿县）人，汉景帝子中山靖王之后。但传到刘备，已是老百姓，家境极为贫困。刘备父早死，幼年即随母以"贩履织席为业"（《三国志·蜀志·先主传》）。刘备自幼不爱读书，喜狗马、音乐、美衣服。"少言语，善下人，喜怒不形于色，好交结豪侠。"（同上）

从这里看到，刘备的出身、凭借是不能和袁绍、曹操相比的。袁绍是四世三公的大豪门，曹操也是宦门，刘备没有。镇压黄巾军时，朝廷置西园八校尉，袁绍是中军校尉，曹操是典军校尉。而此时的刘备，因参加镇压黄巾军才得任个安喜县尉。他幼年曾和公孙瓒同随卢植读书，参加讨董卓后，由公孙瓒的援助得任试守平原县令。后以救陶谦有功，由陶谦推荐为豫州刺史。陶谦病笃，以徐州让给刘备。建安元年，曹操迎献帝都许，以刘备为镇南将军，宜城亭侯。

到这时，刘备才算稍稍有点名气，有一州立足之地。但他仍然立足不稳。吕布和曹操争兖州失败，往投刘备，却又乘刘备和袁术在盱眙、淮阴一带作战时，袭取了徐州。吕布让刘备屯驻小沛（今江苏沛县）。刘备在小沛，士卒来归者有万余人。吕布怕刘备于己不利，出兵攻刘备。刘备兵败走归曹操。曹操以刘备为豫州牧。曹操攻杀吕布，但他却不肯以徐州归还刘备，以刘备为左将军，让他住在许。当时也有人劝曹操杀掉刘备免留后患。曹操说："方今收英雄时也，杀一人而失天下之心，不可。"（《三国志·魏志·武帝纪》）

曹操已认识到刘备是一个不肯在人下的英雄，对他礼遇有加，出则同舆，坐则同席。曹操尝与刘备饮酒，从容论天下英雄。他对刘备说："今天下英雄，唯使君（指刘备）与操耳！本初之徒，不足数也。"（《三国志·蜀志·先主传》）

袁术在淮南称帝，谁也不支持他，陷于孤立，最后走投无路，拟北归袁绍。建安四年冬，曹操遣刘备率兵于徐州途中邀击袁术。曹操的谋士郭嘉等听到曹操派刘备带兵邀击袁术，赶去对曹操说："刘备不可纵。"曹操也有些后悔，但已追不回来。

刘备来到徐州，袁术病死。刘备在许时，参加车骑将军董承等的反曹密谋活动，刘备出徐州击袁术，董承等密谋泄露被杀。刘备到徐州即据徐州反操。当然，刘备是不会久在人下的，曹操也不会久容刘备的。刘备之得去徐州，有如笼鸟归林，没有董承密谋泄露，他也不会回去。

刘备到徐州，即北与袁绍联合。

曹操对袁绍、刘备都是深有了解的。他听到刘备背叛他，立即于建安五年正月向徐州进兵。众将都说："与公争天下者，袁绍也。今绍方来而弃之东，绍乘人之后，若何？"公曰："夫刘备，人杰也，今不击，必为后患。袁绍虽有大志，而见事迟，必不动也。"（《三国志·魏志·武帝纪》）

刘备刚刚得到徐州，虽然收集了几万人，乃乌合之众，怎敌曹操精锐之师！刘备战败，妻子被俘，关羽投降。刘备往河北，归依袁绍。曹操还军官渡，而袁绍始终未动。

袁绍手下也不是没有人看到曹操东征刘备时，是攻许的机会，田丰就劝袁绍袭许，但袁绍不听。袁绍要进攻曹操，却又坐失良机。

半年之内，曹操在各方面都做好了安排。臧霸将精兵入青州堵住了袁绍从东路攻许的路；关中诸将受到安抚，一时不会和袁绍联合；张绣投降，解除了后顾之忧；击破刘备，更消灭了从背后来袭的一大敌人。一切准备好了，曹操回归官渡，做好迎击袁绍的部署。

建安五年二月，袁绍进军了，决定袁、曹两家谁胜谁败、谁将统一北方的官渡之战，于焉开始。

四、官渡之战

官渡之战，由建安五年（200 年）二月袁绍进兵黎阳开始，到同年十月袁军大溃为止，前后历时八个月。

1. 时人对胜败的预估

战争前夕，已有不少人对战争的谁胜谁败有所评估。曹操自己是很有信心的，他说："吾知绍之为人，志大而智小，色厉而胆薄，忌克而少威，兵多而分画不明，将骄而政令不一，土地虽广，粮食虽丰，适足以为吾奉也。"（《三国志·魏志·武帝纪》）

曹操自幼与袁绍为友，对袁绍的认识是比较深刻的。像曹操上述分析，说袁绍必败是极有说服力的。但我们不能依据曹操的自我估计，因为袁绍也会自信他一定打胜。最好看别人的评估。

当时有识之士，大多是认为曹胜袁败的。荀彧对曹操说："古之成败者，诚有其才，虽弱必强，苟非其人，虽强易弱，刘、项之存亡，足以观矣。今与公争天下者，唯袁绍耳。绍貌外宽而内忌，任人而疑其心，公明达不拘，唯才所宜，此度胜也。绍迟重少决，失在后机，公能断大事，应变无方，此谋胜也。绍御军宽缓，法令不立，士卒虽众，其实难用，公法令既明，赏罚必行，士卒虽寡，皆争致死，此武胜也。绍凭世资，从容饰智，以收名誉，故士之寡能好问者多归之，公以至仁待人，推诚心不为虚美，行己谨俭，而与有功者无所吝惜，故天下忠贞效实之士咸愿为用，此德胜也。夫以四胜辅天子，扶义征伐，谁敢不从？绍之强其何能为！"（《三国志·魏志·荀彧传》）

凉州从事杨阜，出使许都，回到关右后，诸将问他曹袁胜败。杨阜说："袁公宽而不断，好谋而少决；不断则无威，少决则失后事，今虽强，终不能成大业。曹公有雄才远略，决机无疑，法一而兵精，能用度外之人，所任各尽其力，必能济大事者也。"(《三国志·魏志·杨阜传》)

就是袁绍的谋士如沮授、田丰，也都认为袁绍必败或可能败。田丰对袁绍说："曹操既破刘备，则许下非复空虚。且操善用兵，变化无方，众虽少，未可轻也。今不如久持之。将军据山河之固，拥四州之众，外结英雄，内修农战，然后简其精锐，分为奇兵，乘虚迭出，以扰河南，救右则击其左，救左则击其右，使敌疲于奔命，人不得安业，我未劳而彼已困，不及三年，可坐克也。今释庙胜之策而决成败于一战，若不如志，悔无及也。"(《后汉书·袁绍列传》)

沮授随袁绍出兵，行前招宗族散家财说："势存则威无不加，势亡则不保一身。哀哉！"他弟弟宗说："曹操士马不敌，君何惧焉？"沮授说："以曹兖州之明略，又挟天子以为资，我虽克伯珪(公孙瓒字)，众实疲敝，而主骄将忲，军之破败，在此举矣。杨雄有言：'六国蚩蚩，为嬴弱姬。'今之谓乎！"(同上)

曹操谋士郭嘉对曹、袁优劣也有评价，他的意见大体上同于荀彧的意见。这可能是英雄所见略同，抑或记载所致。

荀彧、郭嘉、沮授、田丰，都是三国时期第一流的才智之士，他们的看法代表了当时高阶层智慧人物的意见。

2. 官渡之战的序幕

官渡之战是由三个主要战役组成的：(1)解白马(今河南滑县东)之围；(2)延津(今河南延津县北)之战；(3)官渡(今河南中牟北)主力决战。其中，解白马之围和延津之战，又可看作是官渡主力决战的序幕。

建安五年二月，袁绍遣大将颜良攻曹操别将刘延于白马，绍自领大军进驻黎阳(今河南浚县，当时河水穿行黎阳、白马之间，黎阳在河北，白马在河南)，准备过河。

官渡之战中，袁绍投入战斗的兵力，诸书记载都说是十万人。如《三国志·魏志·袁绍传》载:“简精卒十万,骑万匹,将攻许。”曹操投入的兵力,诸书多谓不过万人,如《三国志·魏志·武帝纪》载:“时公兵不满万,伤者十二三。”又同书《荀彧传》载,荀彧对曹操说:“公以十分居一之众,画地而守之。”但注《三国志》的裴松之不同意曹操兵不满万的说法。裴松之以为“魏武初起兵,已有众五千,自后百战百胜,败者十二三而已矣。但一破黄巾,受降三十余万,余所吞并,不可悉纪;虽征战损伤,未应如此之少也”(《三国志·魏志·武帝纪》注)。他还举了几条实例,说明曹操兵力“不得甚少”。他认为说曹操兵不满万,是“记述者欲以少见奇,非其实录也”(同上)。

裴松之的想法,大约是合乎实际的。官渡之战,是曹操成功失败生死攸关的一战,他必然要倾全力以赴,除在后方留下最起码的治安必需的部分军队外,必然要全力投入战斗。战争前夕归附曹操的张绣,是马上就带兵投入战斗的。《三国志·魏志·张绣传》说:“官渡之役,绣力战有功,迁破羌将军。”估计张绣率领投入官渡之战的兵力至少应有数千人。说曹操“兵不满万,伤者十二三”,是太少了。但曹操兵比袁绍兵少,是绝无问题的。

曹操如何来迎接这场存亡攸关的战争呢?首先是如何解白马之围?谋臣荀攸献策说:“今兵少不敌,分其势乃可。公到延津,若将渡兵向其后者,绍必西应之,然后轻兵袭白马。掩其不备,颜良可擒也。”(《三国志·魏志·武帝纪》)曹操大体上是按荀攸的话去打解白马之围的战争的。所谓“分其势乃可”,是说必须使袁绍兵力分散。延津在白马西南。荀攸建议曹操引兵趋延津是虚张声势,假装要从延津北渡河抄袭袁军后路,引诱袁绍分兵西来应战,然后自己集中兵力,以快速行军,抄袭白马外围的袁军。

曹操采纳荀攸的建议,照计行事。袁绍看到曹操兵趋延津,要从那里渡河抄自己的后路,就分兵西去应敌。曹操得知袁绍已分兵西去,即从延津急行军斜趋白马。未到十余里,颜良才得到消息,大惊,仓促前来应战。曹操大破颜良军,临阵斩良,遂解白马之围。于是徙白马军民,沿河往西撤退。

白马之战,曹操之所以能取得胜利,可以归纳为以下几点:第一,曹军完全操主动权,袁军则处于被动地位。曹操要袁绍分散兵力,袁绍则“听命”分散兵力。袁绍受敌军假动作的迷惑,以为曹操要从延津渡河,便分兵西去迎敌,却是受了欺骗。第二,曹操采用的是集中优势兵力各个歼灭敌人的作

战方略。从整个作战兵力上说,袁绍强,曹操弱,袁绍兵多,曹操兵少。如果曹操直接出兵去解白马之围,袁绍大军必然从黎阳过河增援。曹操兵少势弱,不但不能解白马之围,还有全军被击败和被歼灭的危险。曹军佯装从延津渡河,引袁军分兵西去,一方面分散了袁军的兵力,一方面还可能吸引住袁绍大军暂驻黎阳以观形势。这样,在曹操集中兵力来解白马之围时,颜良的部队便可能是少数。结果一战而全被歼灭,主将也沙场战死。第三,曹操所采用的是速战速决的战术。这是由战场形势决定的,也是由双方兵力悬殊所决定的。当时大河流经黎阳、白马之间,黎阳在河北,白马在河南。两地相距不过几十里路。即使因舟船转渡大军过河不易,需要时间,但也不会用时间过久。这就要求曹操从延津向白马的行军,既要机密又要神速,作战又要速决。不然,在黎阳的袁绍援军一到,战局就要完全改观。速战速决,使曹操胜利。

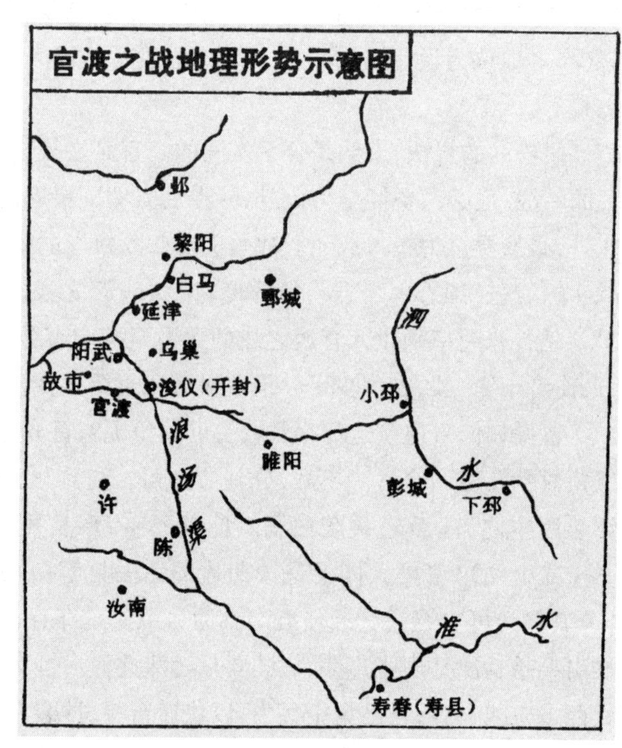

图12 官渡之战地理形势图

在曹操从白马向后撤退的时候,袁绍从黎阳渡河追击,在延津南又打了一仗。曹操又打胜了。《三国志·魏志·武帝纪》记述这一战役说:“绍于是渡河追公军,至延津南。公勒兵驻营南阪下,使登垒望之,曰:‘可五六百骑。’有顷,复白:‘骑稍多,步兵不可胜数。’公曰:‘勿复白。’乃令骑解鞍放马。是时,白马辎重就道。诸将以为敌骑多,不如还保营。荀攸曰:‘此所以饵敌，如何去之！’绍骑将文醜与刘备将五六千骑前后至。诸将复白：‘可上马。’公曰：‘未也。’有顷，骑至稍多，或分趣辎重。公曰：‘可矣！’乃皆上马。时骑不满六百，遂纵兵击，大破之，斩醜。良、醜皆绍名将也，再战，悉禽，绍军大震。”（同上）

图 13　关羽策马杀颜良

灭公孙瓒后，袁绍就骄傲起来。《后汉书·袁绍列传》就说他“既并四州之地，众数十万，而骄心转盛。”这次袁绍亲率大军南下，陈琳为袁绍写了“讨曹操檄州郡文”。檄文说曹操之敢入河北是“欲运螳螂之斧，御隆车之隧”，袁绍之讨曹操是“若举炎火以焚飞蓬，覆沧海而注熛炭”（《后汉书·袁绍列传》）。这虽是说大话，也的确道出了袁绍的骄心。审配、郭图“今以明公之神武，连河朔之强众，以伐曹操，其势譬若覆手”（同上）一套话，袁绍听得很入耳。他所想到的，只是马到成功，一举而消灭曹操，联兵入许。沮授深切感到袁绍的骄傲而忧心忡忡。出兵之前，他就对袁绍说：“救乱诛暴，谓之义兵；恃众凭强，谓之骄兵。义者无敌，骄者先灭。”（同上）白马之败，并没有使袁绍的头脑清醒过来，袁绍从黎阳过河进兵时仍然盛气凌人，自以为必胜。沮授渡河时就叹息地说：“上盈其志，下务其功，悠悠黄河，吾其济乎！”（同上）

骄兵是必败的。

曹操利用了袁绍的骄傲和袁绍将士的贪功贪财。曹操也深切了解自己的部下，人数虽少但有训练，置之危地将只有更勇敢而不是怯懦。曹操采取

了以白马辎重为饵的策略，袁绍骑兵虽多，但到了“或分趣辎重”的时候，已乱了阵脚，成了乌合之众了。《三国志·魏志·荀攸传》就说：“太祖……遂以辎重饵贼，贼竞奔之，阵乱。乃纵步骑击，大破之。”

3. 官渡主力决战

打胜了两个序幕战后，曹操从容不迫地把军队撤到官渡。这是一个主动的战略撤退。在官渡和袁绍决战，对曹操有利。这里已深入到曹操的控制区域，比较靠近许都。曹操缩短了防线，补给线也缩短了，兵力更可以集中。反之，对袁绍来说，则是深入敌境，分散了兵力，延长了补给线。

袁绍应该如何来打官渡之战呢？曹操撤兵到官渡时，袁绍也随之进兵到阳武（今河南原阳东南）。这时，沮授又献策说：“北兵数众而果劲不及南，南谷虚少而货财不及北；南利在于急战，北利在于缓搏。宜徐持久，旷以日月。”（《三国志·魏志·袁绍传》）

这仍是出兵前沮授、田丰一再向袁绍建议的作战策略，这样打法符合袁绍方面的客观情况。按理，袁绍在打了两个不小的败仗、死了两员大将之后，应该反省一下自己的战略、战术了，但袁绍并没有认真考虑沮授的意见，而是一下就予以否定了。

建安五年八月，袁绍自阳武连营稍前，进迫官渡。依沙堆为屯，东西数十里。曹操亦分营相当。从八月到十月，袁、曹两军在官渡相持了两三个月。曹军是守，袁军是攻。袁军兵多势强，曹军兵少势弱，曹军的处境是非常困难的。袁绍“为高橹，起土山，射营中，营中皆蒙楯。众大惧。太祖（曹操）乃为发石车，击绍楼，皆破，绍众号曰霹雳车。绍为地道，欲袭太祖营。太祖辄于内为长堑以拒之……太祖与绍相持日久，百姓疲乏，多叛应绍，军乏食”（同上）。

曹操一度打算撤退到许，再和袁绍决战。他写信给留守在许的荀彧商量。荀彧不同意，说这是危险的。他劝曹操坚持下去，他说：“今军食虽少，未若楚、汉在荥阳、成皋间也。是时刘、项莫肯先退，先退者势屈也。公以十分居一之众，画地而守之，扼其喉而不得进，已半年矣。情见势竭，必将有变，此用奇之时，不可失也。”（《三国志·魏志·荀彧传》）

照当时情况看，从官渡撤退确实是很危险的。果真撤退，不仅官渡不守，许也难保。直到建安十二年，官渡之战后七年，曹操仍一直念念不忘荀彧劝他不从官渡撤退之功。他上表给献帝说："昔袁绍侵入郊甸，战于官渡。时兵少粮尽，图欲还许。书与彧议，彧不听臣。建宜住之便，恢进讨之规，更起臣心，易其愚虑，遂摧大逆，覆取其众。……向使臣退于官渡，绍必鼓行而前，有倾覆之形，无克捷之势。"（《三国志·魏志·荀彧传》注引《彧别传》）

曹操听了荀彧的意见，坚定了坚守官渡的决心。

袁绍也曾试图分兵扰乱曹操的后方。他曾派刘备到汝南一带协助当地的地方势力，抄略曹操后方。开始，也确曾使"自许以南，吏民不安"（《三国志·魏志·曹仁传》）。但刘备"新将绍兵，未能得其用"（同上）。曹操派曹仁出击，刘备败退。袁绍又遣别将韩荀抄断西路，也被曹仁击破。袁绍就不再分兵出击了。

派兵扰乱曹操后方，本是沮授、田丰原先就向袁绍提出过的建议，但这时已不很切合实际。袁绍讨曹操的檄文中虽然说到"并州越太行，青州涉济、漯，大军泛黄河以角其前，荆州下宛、叶而掎其后"（《后汉书·袁绍列传》），造成四面包围的形势，而实际出兵的却只有袁绍亲自率领的黎阳到官渡这一路。刘表一路，按兵不动，所谓"表许之而不至"（《三国志·魏志·刘表传》）。建安四年春，曹操又占有河内，"以魏种为河内太守，属以河北事"（《三国志·魏志·武帝纪》），并州高幹的军队无法越河而南。同年八月，曹操已派臧霸等将精兵入青州以捍东方。注《资治通鉴》的胡三省说："臧霸起于泰山，称雄于东方者也，故使之为捍；袁氏虽欲自平原而东，无能为矣。"（见《资治通鉴》卷六三，建安四年秋八月注）青州刺史是袁绍的长子袁谭，从一出兵，袁谭就在袁绍身边。袁绍似乎根本就没有从青州出兵的打算，否则他是会派袁谭去青州的。虚张声势要四面包围曹操，实际上只有一路。在这种情况下，派遣游军远离大军到汝南一带去活动，就会陷于孤立，何况曹操早已有准备、有安排。刘备、韩荀不是被击溃，就是被消灭。

建安五年九月，袁绍的运粮车数千辆送军粮到官渡。荀攸对曹操说："绍运车旦暮至，其将韩莫（或作韩猛、韩若）锐而轻敌，击可破也。"（《三国志·魏志·荀攸传》）于是曹操派徐晃、史涣于路截击韩莫，大破之，烧其辎

重。冬十月，袁绍从河北又运来军粮一万多车，由大将淳于琼等率领一万多人护送。军粮车在袁绍大营北四十里处的乌巢（今河南延津境）宿营。袁绍的谋士许攸正好于此来向曹操投降，他向曹操献计乘夜往袭袁绍在乌巢的辎重。当时曹操的军粮行将用尽，情况十分紧急。曹操采纳许攸的献计，留下曹洪、荀攸防守大营，自己亲率"精锐步骑，皆用袁军旗帜，衔枚缚马口，夜从间道出，人抱束薪，所历道有问者，语之曰：'袁公恐曹操钞略后军，遣兵以益备。'闻者信以为然，皆自若。既至，围屯，大放火，营中惊乱"（《三国志·魏志·武帝纪》注引《曹瞒传》）。

天亮后，淳于琼看到曹操兵少，先是开门出击，后是入营固守。曹操一时攻之不下。

袁绍得知曹操往袭乌巢粮屯的消息，以为曹操大本营必已空虚，决定往攻曹操本营。他对儿子袁谭说："就彼攻琼等，吾攻拔其营，彼固无所归矣。"（《三国志·魏志·武帝纪》）乃使大将张郃、高览等往攻曹操大营。张郃说："曹公兵精，往必破琼等，琼等破，则将军事去矣。宜急引兵救之。"（《三国志·魏志·张郃传》）郭图说："郃计非也。不如攻其本营，势必还，此为不救而自解也。"张郃说："曹公营固，攻之必不拔，若琼等见擒，吾属尽为虏矣。"（同上）宽而不断、好谋而少决的袁绍，一面以重兵攻操营，一面以轻骑去救淳于琼。

曹操前有淳于琼军营尚未攻下，后面又来了袁绍的援军，眼看就要两面受敌。曹操决定集中兵力先攻琼营。"左右或言：'贼骑稍近，请分兵拒之。'公怒曰：'贼在背后，乃白！'士卒皆殊死战，大破琼等，皆斩之。"（《三国志·魏志·武帝纪》）"尽燔其粮谷宝货"（《三国志·魏志·武帝纪》注引《曹瞒传》）。援军见琼军已破，遂即溃败。

郭图自惭他的计策失算，反来谗害张郃，他对袁绍说："郃快（高兴）军败，出言不逊。"（《三国志·魏志·张郃传》）张郃又恼怒又害怕，便和高览焚烧攻具，向曹操投降了。

乌巢粮谷被烧，淳于琼被杀，张郃、高览投降曹操，至此，袁绍败局已定。消息传来，绍军大溃。袁绍只和儿子袁谭逃回河北。官渡之战，就这样结束。

袁绍官渡之战的失败，首先是失败在骄傲轻敌上。运送军粮和保护军粮，是战争中的大事。军中一日粮草不继，人马无食，便有全军溃乱的危险。袁绍两个押运粮草的将军，都是骄傲轻敌的。韩莒“锐而轻敌”，淳于琼“将骄卒惰”（《三国志·魏志·荀攸传》）。更骄傲轻敌的是主帅袁绍，到最后都不接受教训，在韩莒粮草被烧之后，二次派淳于琼运粮时，沮授向他建议“可遣将蒋奇别为支军于表（外围），以断曹公之钞”（《三国志·魏志·袁绍传》），绍仍不从。

曹操烧粮之战打得果敢。在前有淳于琼军未破，后有袁绍援军已到的情况下，曹操的处境是十分危险的。这时曹操如果采取“分兵拒之”的办法，使自己兵力分散两面迎敌，便有前后都因兵少不能破敌反被敌人夹击歼灭的危险。在此紧要关头，曹操仍能坚持集中兵力各个击破的作战方针，这是取胜的关键性决策。“贼在背后，乃白！”是了不起的决心和勇敢的表现。

曹操能虚心接受别人的意见；袁绍一意孤行。曹操从善如流；袁绍刚愎自用。曹操能明辨是非，当机立断；袁绍善恶不分，犹豫寡断。这些是曹胜袁败的重要原因。

4. 曹操扫平河北

袁绍回到河北，在悔恨、绝望和病痛的折磨下，不到一年便呕血而死了。

袁绍一死，他家族内部的矛盾、属下内部的矛盾便爆发了。

袁绍有三个儿子，长子谭，次子熙，幼子尚。袁绍和后妻爱尚，欲以为嗣。兴平二年（195 年），他以长子谭继兄后，并出为青州刺史。他这样做，很明显是想为立尚作准备。沮授看出袁绍的意图，劝袁绍不要这样做。袁绍说：“孤欲令四儿各据一州，以观其能。”沮授出来后说：“祸其始此乎？”（《三国志·魏志·袁绍传》注引《九州春秋》）袁绍又以中子熙为幽州刺史，外甥高幹为并州刺史。这时公孙瓒占有幽州，青、并两州也不在袁绍手中。袁绍的安排，略地而已。

袁绍的谋士，论智谋韬略当数田丰、沮授。田丰，巨鹿人，“权略多奇”，“博览多识，名重州党”（《三国志·魏志·袁绍传》注引《先贤行状》）。刘备在徐州反曹失败，袁绍决定出兵征曹操。田丰劝袁绍暂勿出兵。袁绍不听，田丰强谏，袁绍怒，囚丰于狱。官渡兵败之后，有人对田丰说：“君必见

重。”田丰说：“公貌宽而内忌，不亮吾忠，而吾数以至言迕之。若胜而喜，必能赦我，战败而怨，内忌将发。……今既败矣，吾不望生。”（《后汉书·袁绍列传》）袁绍谋士之一的逢纪对袁绍说：“丰闻将军之退，拊手大笑，喜其言之中也。”绍谓左右曰：“吾不用田丰言，果为所笑。”遂杀之（《三国志·魏志·袁绍传》及注引《先贤行状》）。

沮授为曹军所俘，大呼曰：“授不降也，为军所执耳。”曹操对沮授说：“本初无谋，不用君计，今丧乱过纪，国家未定，当相与图之。”沮授说：“叔父、母弟，悬命袁氏。若蒙公灵，速死为福。”曹操感叹地说：“孤早相得，天下不足虑。”遂赦而厚遇之。后来沮授想逃回河北，才被杀。

东晋史家孙盛评论田丰、沮授，认为两人没有为袁绍死的必要。他说：“君贵审才，臣尚量主。”“诸侯之臣，义有去就，况丰与绍非纯臣乎！（不是臣下对皇帝的关系！）《诗》云：‘逝将去汝，适彼乐土。’言去乱邦，就有道可也。”（《三国志·魏志·袁绍传》注引）

田丰、沮授之外，袁绍的谋士还有审配、郭图、逢纪、辛评等人。审配、郭图和沮授、田丰的意见常常不同。逢纪进谗言，使袁绍杀了田丰；郭图进谗言加害张郃，张郃一怒投降曹操。他们又不能团结合作，审配、逢纪与辛评、郭图争权。审配、逢纪党于袁尚，辛评、郭图党于袁谭。

袁绍生前，并未明确宣布以袁尚为嗣。袁绍一死，两儿两党展开斗争。审配、逢纪假托袁绍遗命抢先一步立了袁尚。袁谭出屯黎阳。

建安八年，曹操攻黎阳，袁尚救黎阳，与操战于城下。谭、尚败，退守邺城。曹操追到邺城，收其麦，引兵还许。

曹操一退，袁氏兄弟便火并起来。袁谭战败，带兵还南皮（今河北南皮北），袁尚攻南皮，袁谭奔平原（今山东平原南），袁尚围平原。袁谭派人去许向曹操求援。曹操救谭，进兵黎阳，袁尚退还邺。

建安九年，袁尚留审配、苏由守邺，亲自率兵又向袁谭进攻。曹操进兵攻邺。曹操为长堑周四十里围邺，广深二丈，引漳水灌之。自二月至五月，邺城中饿死者过半。袁尚还救邺，为曹操所败，逃奔中山（今河北定县）。八月，邺城陷，执审配杀之。审配，魏郡（郡治邺，在今河北临漳西）人，是一家大豪族。曹操一个令文说：“审配宗族，至乃藏匿罪人，为逋逃主。欲望百姓亲附，甲兵强盛，岂可得邪！”（《三国志·魏志·武帝纪》注引《魏书》）

冀州在当时是比较殷实的地方。背后幽州，有乌桓骑可用。自东汉初以来，幽州突骑都是天下出名的精兵，光武赖以取天下。袁绍起家时就以两眼望着河北幽冀。得冀州后，曹操对别驾从事崔琰说："昨按户籍，可得三十万众，故为大州也。"（《三国志·魏志·崔琰传》）曹操得冀州后，即自领冀州牧，让出兖州。

图 14　曹操大宴铜雀台

在曹操进攻袁尚时，袁谭又反。曹操攻袁谭于平原、南皮。建安十年正月，破袁谭于南皮，斩谭。青州平定。

袁尚奔幽州依袁熙。熙将焦触叛，攻熙、尚，熙、尚奔辽西乌桓。建安十二年五月，曹操征乌桓至无终（今河北蓟县）。大水，傍海道不通。七月，田畴为向导，引兵出卢龙塞（在今河北，疑即喜峰口）。堑山堙谷五百余里，经白檀，历平冈（今辽宁凌源一带），涉鲜卑庭，东指柳城（今辽宁朝阳南）。大军突到，乌桓仓促应战，大败。尚、熙奔辽东公孙康，康斩尚、熙。

曹操平定了幽州，征服了乌桓。

曹操攻克邺城时，并州牧高干来降。曹操北征乌桓，高干又反，起兵守壶关（今山西长治市北）。建安十一年，曹操征高干，高干败，拟投奔刘表。路上被捕杀。

北方平定了，曹操要进而统一全国。南征荆州刘表便提到日程上来了。

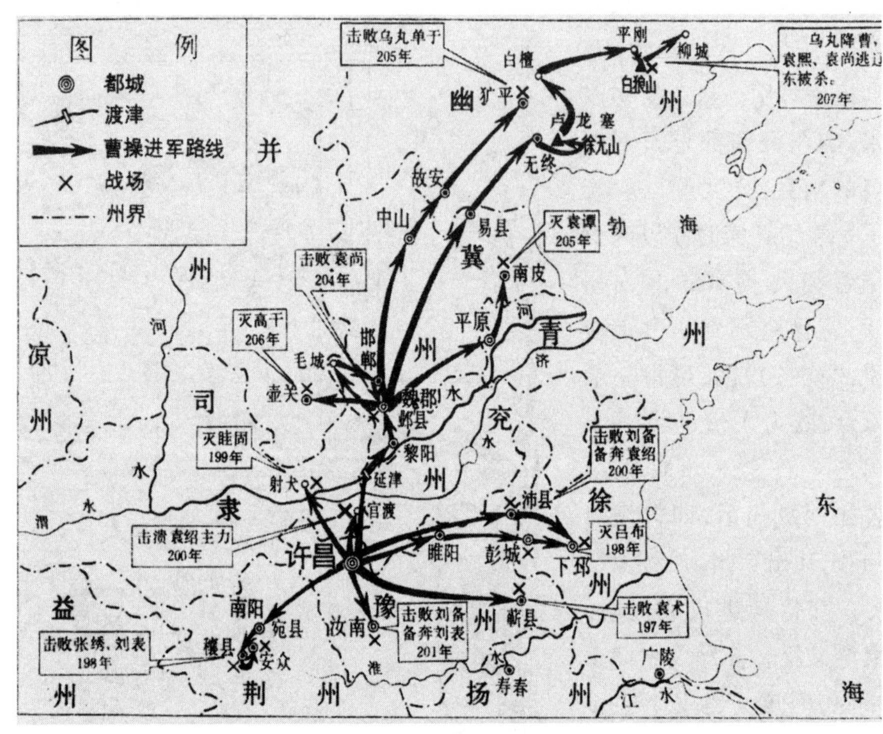

图 15　曹操统一北方示意图：建安二年——十二年

五、赤壁之战——三分形势初现

1. 战前形势

曹操南征荆州，表面上的对手是刘表，潜在的对手还有刘备、孙权。刘备正投在刘表麾下，孙权已稳占江东。

刘表，山阳高平（今山东邹县西南）人。自幼就很有名气，与同郡张隐等八人号为八顾，又与范滂、张俭、岑晊等八人号为八友，亦被称为八俊（见《三国志·魏志·刘表传》和注引张璠《汉纪》及《汉末名士录》）。灵帝时为北军中侯。灵帝死，代王叡为荆州刺史。董卓之乱，关东地方豪侠起兵攻卓，刘表亦起兵襄阳（今湖北襄阳）。李傕、郭汜入长安，欲连表为援，乃以表为镇南将军、荆州牧。

刘表初到荆州时，荆州形势极不安定。司马彪《战略》说："刘表之初为荆州也，江南宗贼盛，袁术屯鲁阳，尽有南阳之众。吴人苏代领长沙太守，贝羽为华容（今湖北潜江南）长，各阻兵作乱。"（《三国志·魏志·刘表传》注引）

刘表先到南郡宜城（今湖北宜城）。他请南郡人蒯越、襄阳人蔡瑁商议安定荆州的谋划。这两人都是荆州豪族大姓。蔡瑁婢妾数百人，别业四五十处。刘表说："宗贼甚盛而众不附，若袁术因之，祸必至矣。吾欲征兵，恐不能集，其策焉出？"蒯越说："袁术骄而无谋，宗贼率多贪暴。越有所素养者，使人示之以利，必持众来。使君诛其无道，施其才用，威德既行，襁负而至矣。兵集众附，南据江陵，北守襄阳，荆州八郡可传檄而定。（《续汉书·郡国志》：荆州有南阳、南郡、江夏、零陵、桂阳、长沙、武陵七郡。《汉官仪》

有章陵郡,合为八郡。章陵郡不知设于何时,后又废置无定。)公路(袁术字)虽至,无能为也。"(《后汉书·刘表列传》)

刘表遂使蒯越"遣人诱宗贼帅,至者十五人,皆斩之而袭取其众。唯江夏贼张虎、陈坐(《三国志·魏志·刘表传》注引司马彪《战略》"坐"作"生")拥兵据襄阳城,表使越与庞季往譬之,乃降。江南悉平。……表遂理兵襄阳,以观时变"(同上)。

袁术使孙坚袭刘表,围襄阳。孙坚中流矢而死,余众退走。袁术领兵入陈留。时曹操屯鄄城,与袁绍合兵击术,术一败再败,败走九江(今安徽淮南市东),遂据扬州。建安元年,张济自关中至南阳,攻穰城(今河南邓县),中流矢而死。张济侄张绣收济众而退。刘表遣使招绣,自责无礼使张济被杀,张绣遂与刘表和好,驻兵南阳宛城,为刘表北藩。

江南"宗贼"的"宗"字,意思不十分清楚。清末学者何焯,以"宗"为民族名称,宗当与巴賨之"賨"同义。李贤注《后汉书·刘表列传》,以"宗贼"为"宗党共为贼"。宗是豪族大宗,故记载中也称宗部、宗伍,即豪宗大族武装。(参看唐长孺教授《孙吴建国及汉末江南的宗部与山越》,见三联书店1955年版《魏晋南北朝史论丛》)。西汉以来,豪族强宗组织逐步强大,西汉末和东汉末农民暴动时期,豪族强宗尤为活跃,以宗族长或有势力的家族为中心,把宗族组织起来,筑堡自守或参加政治斗争。这种豪族强宗的武装组织,就称作宗部、宗伍。南方少数民族氏族部落组织保留得更多些,他们以氏族部落为基础拥众自守,阻兵起事。因为他们的宗族组织更为显著,更被称为"宗贼"。

建安三年,长沙太守张羡率长沙、零陵、桂阳三郡叛刘表。表遣兵破张羡,平定三郡。于是刘表开疆拓土,"南接五岭,北据汉川,地方数千里,带甲十余万"(《后汉书·刘表列传》)。

刘表是汉末名士,党锢中人物,当时很有声望。刘表安定荆州后,"关西、兖、豫学士归者盖有千数,表安慰赈赡,皆得资全。遂起立学校,博求儒术,綦母闿、宋忠等撰立《五经章句》,谓之后定"(同上)。

刘表虽虚有名誉,但不是有雄才大略的人。可以守成,不可以进取。曹操就批评他:"我攻吕布,表不为寇,官渡之役,不救袁绍,此自守之贼也。"(《三国志·魏志·武帝纪》注引《魏书》)《后汉书》撰者范晔评刘表的话,更是刻薄。他说:“刘表道不相越,而欲卧收天运,拟踪三分,其犹木禺之于人也。”(《后汉书·刘表列传》论曰)意思是说:刘表没有超越别人的道德才能,却希望依靠天命能和文王一样三分天下有其二,真是如木偶之无知。

图16　刘表像

《后汉书·刘表列传》里有一句话,说刘表“爱民养士,从容自保”。这句话还是公允的。如果说曹操是“治世之能臣,乱世之奸雄”,刘表则可说是“治世之贤臣,乱世之庸人”。平心而论,在汉末乱世,天下扰攘、生民涂炭的情况下,刘表能在荆州保持十余年的平静,使得关中人口逃到荆州去的有十万余家,关西、兖、豫学士归者盖有千数,到荆州后都能活下去,有的“皆得资全”,也应该说刘表是对乱世士子百姓做了好事了。

官渡之战袁绍失败后,刘备去荆州依靠刘表。刘备在北方,也曾代陶谦领有徐州,但为吕布所袭,失徐州投奔曹操。二次领有徐州,又为曹操所败,北投袁绍。他在北方始终站不住脚。他的失败,是有多方面主、客观原因的,这且不论。他是有雄才大略的人物,却是时人所公认。刘备为吕布所袭投奔曹操,曹操的谋士程昱就对曹操说:“观刘备有雄才而甚得众心,终不为人下,不如早图之。”(《三国志·魏志·武帝纪》)曹操说:“方今收英雄时也,杀一人而失天下之心,不可。”(同上)曹操不愧为曹操,确实高人一筹。曹操也是很了解刘备的,他对刘备说:“今天下英雄,唯使君(指刘备)与操耳。本初(袁绍字)之徒,不足数也。”(《三国志·蜀志·先主传》)曹操对刘备的才略,看得是很高的。建安五年,曹操东征刘备,诸将都说:“与公争天下者,袁绍也。今绍方来而弃之东,绍乘人后,若何?”曹操说:“夫刘备,人杰也,今不击,必为后患。袁绍虽有大志,而见事迟,必不动也。”(《三国志·魏志·武帝纪》)在曹操眼里,刘备的才略比袁绍高得多,所以曹操

打击刘备,决不使他在徐州站住脚。

刘表对刘备礼遇甚高,但心里也很疑忌。“惮其为人,不甚信用。”(《三国志·蜀志·先主传》注引《世语》)

刘备在荆州数年,最大的收获是结识诸葛亮,并得到他出来赞助。

诸葛亮,琅邪阳都(今山东临沂北)人。随叔父诸葛玄往依刘表。玄死,“亮家于南阳之邓县,在襄阳城西二十里,号曰‘隆中’”(《三国志·蜀志·诸葛亮传》注引《汉晋春秋》)。诸葛亮的隆中,到底是在襄阳还是在南阳,眼下还引起争论。可以肯定地说,他住的地方“隆中”属于南阳郡的邓县,所以诸葛亮说他自己是“臣本布衣,躬耕于南阳”(《三国志·蜀志·诸葛亮传》)。但此属于南阳邓县之隆中,却在汉水之南,紧靠襄阳,只在襄阳城西二十里。说是南阳,是对的,因为地属南阳。说是襄阳,也是对的,因为地方紧靠襄阳。

刘备为求诸葛亮出山相助,曾三顾隆中,问计于诸葛亮。刘备说:“汉室倾颓,奸臣窃命,主上蒙尘,孤不度德量力,欲信(通伸)大义于天下,而智术浅短,遂用猖獗,至于今日。然志犹未已。君谓计将安出?”(同上)诸葛亮说:“自董卓以来,豪杰并起,跨州连郡者不可胜数。曹操比于袁绍,则名微而众寡,然操遂能克绍,以弱为强者,非惟天时,抑亦人谋也。今操已拥百

图 17 明朱瞻基绘武侯高卧图

万之众,挟天子而令诸侯,此诚不可与争锋。孙权据有江东,已历三世,国险而民附,贤能为之用,此可以为援而不可图也。荆州北据汉、沔,利尽南海,东连吴会,西通巴、蜀,此用武之国,而其主不能守,此殆天所以资将军,将军岂有意乎?益州险塞,沃野千里,天府之土,高祖因之以成帝业。刘璋暗弱,张鲁在北,民殷国富而不知存恤,智能之士思得明君。将军既帝室之胄,信义著于四海,总揽英雄,思贤若渴,若跨有荆、益,保其岩阻,西和诸戎,南抚夷越,外结好孙权,内修政理;天下有变,则命一上将将荆州之军以向宛、洛,将军身率益州之众出于秦川,百姓孰敢不箪食壶浆以迎将军者乎?诚如是,则霸业可成,汉室可兴矣。"(同上)

刘备半生奔波,无存身处,最大的问题,用现在的话说,就是缺乏一条明确的政治路线。他听了诸葛亮的话,真是顿开茅塞。无怪刘备说:"孤之有孔明,犹鱼之有水也。"(同上)鱼而无水是无法活的。

图 18　明无名氏绘孔明出山图

诸葛亮这段话,就是大家都知道的历史上有名的"隆中对"。刘备以后的活动,大体上是依着这条道路走的。先取荆州,再取益州。

孙权此时已占有江东。在江东为孙氏开创基业的是孙策。孙权是孙坚的次子。孙坚有四个儿子:孙策、孙权、孙翊、孙匡。初平二年(191 年),袁术使孙坚攻刘表,为刘表将黄祖士兵射死,孙策时年十七。后往依袁术。孙策少年英俊,善于用人。袁术常感叹地说:"使术有子如孙郎,死复何恨!"(《三国志·吴志·孙破虏讨逆传·孙策传》)刘繇时在江东,遣兵拒术。袁术以孙坚兵还孙

策，使他将兵平江东。策渡江转战，所向皆破，莫敢当其锋。刘繇弃军逃遁，诸郡守皆弃城奔走，遂平定江东。

孙策为人，少年气盛，行动轻脱，常常远离随从，单骑奔驰。一次又单骑外出，为许贡客击伤。许贡原是吴郡太守，为孙策所杀，贡客为主报仇。孙策临死，对长史张昭等说："中国方乱，夫以吴、越之众，三江之固，足以观成败。公等善相吾弟！"（同上）呼孙权至，佩以印绶，说："举江东之众，决机于两陈（通阵）之间，与天下争衡，卿不如我；举贤任能，各尽其心，以保江东，我不如卿。"（同上）策卒，年二十六；孙权时年十九。

孙权首要的任务是安定内部。他待张昭以师傅之礼，周瑜、程普等为将领。他招延俊秀，聘求名士，鲁肃、诸葛瑾等都应聘而来。分部诸将，镇抚山越，讨不听命。部下倾心佩服，江东内部在安定中逐步开拓。

周瑜，字公瑾，庐江舒（今安徽庐江西南）人。孙坚讨董卓时，移家居舒。周瑜与孙策同岁，两人情同手足。在孙策平定江东中，周瑜立下汗马功劳。他对孙权的倾心扶持，对孙权地位的巩固也起了很大作用。《三国志·吴志·吴主传》说："（孙策死）时，惟有会稽、吴郡、丹杨、豫章、庐陵，然深险之地犹未尽从，而天下英豪布在州郡，宾旅寄寓之士以安危去就为意，未有君臣之固。张昭、周瑜等谓权可与共成大业，故委心而服事焉。"（参看田余庆教授《孙吴建国的道路》，见《历史研究》1992 年第 1 期）

图 19　孙策像

周瑜一直是孙权向长江中游发展的核心人物。孙策死前，以周瑜为中护军、领江夏

(郡治在今湖北新洲,时孙策势力未到江夏,遥领而已)太守,从攻皖(今安徽潜山县),拔之。复进寻阳(今湖北广济西北),破刘勋,讨江夏,还定豫章、庐陵(两郡地在今江西西部、南部一带),留镇巴丘(裴松之注《周瑜传》谓"瑜之所镇,当在今巴丘县也"。裴之所谓"今巴丘县"在今江西吉安市北峡江县。历代学人多同此说)。但他总是领兵在长江沿线活动,留镇偏僻之内陆巴丘,不会太久。

鲁肃,字子敬,临淮东城(今安徽定远东)人。鲁肃"家富于财,性好施与。尔时天下已乱,肃不治家事,大散财货,摽卖土地,以赈穷弊结士为务,甚得乡里欢心。周瑜为居巢长,将数百人故过候肃,并求资粮。肃家有两囷米,各三千斛,肃乃指一囷与周瑜,瑜益知其奇也。遂相亲结,定侨、札之分(侨,郑大夫公孙侨,字子产。札,吴季札。侨、札之分,指子产和季札的深厚友谊)。袁术闻其名,就署东城长。肃见术无纲纪,不足与立事,乃携老弱将轻侠少年百余人,南到居巢就瑜。瑜之东渡,因与同行"(《三国志·吴志·鲁肃传》)。

看来鲁肃乃东城地方上的大豪族,是一个英雄豪杰人物。家有两囷米,有人来借,即以一囷相赠,好大气派! 散财货,卖土地,以振穷弊,富有而不作守财奴。

鲁肃初见孙权,孙权问他:"君既惠顾,何以佐之?"鲁肃说:"肃窃料之,汉室不可复兴,曹操不可卒除。为将军计,惟有鼎足江东,以观天下之衅。规模如此,自亦无嫌。何者? 北方诚多务也。因其多务,剿除黄祖,进伐刘表,竟长江所极,据而有之,然后建号帝王以图天下。"(同上)孙权说:"今尽力一方,冀以辅汉耳,此言非所及也。"(同上)孙权这话,不是心里话。汉室将亡,不可复振,这是当时有识之士谁都看得到的。但是要明目张胆地说我要当皇帝,还都有所顾虑。只有最愚蠢的袁术,才会迫不及待地在淮南做起皇帝来,结果落了个失道寡助凄凄惨惨地死去。孙权所说"今尽力一方,冀以辅汉耳,此言非所及也",依当时情势和孙权的地位,也只能这样说,但心里对鲁肃的话却是高兴的。二十二年后,孙权称帝时对公卿们说:"昔鲁子敬尝道此,可谓明于事势矣。"(同上)这句话,说明当年孙权对鲁肃的欣赏了。

鲁肃的设想,远景是建立帝号以图天下,近处却是鼎足江东以观天下之

衅。他所谓的鼎足,孙权之外,大约一是曹操,二是荆州刘表。由鼎立到一统的路线是先灭刘表,竟长江之极据而有之,然后再与曹操争天下。对北方形势的估计是“北方诚多务也”。因为多务,故可与争。

鲁肃对当时形势的估计和取天下的设想,与诸葛亮《隆中对》的估计和取天下的设想,是“英雄所见略同”,都是先三分再进而统一。不同的是:诸葛亮要结好孙权,先抗曹操;鲁肃是先竟长江之极占有荆、益,再进而统一。

诸葛亮、鲁肃的规划,都是主观设想,是由兼并而统一的努力方向。这些设想能否实现,一靠主观的努力,二靠外部条件的出现。主观努力,即诸葛亮所说的“内修政理”;外部条件,即诸葛亮所说的“天下有变”,鲁肃所说的“以观天下之衅”。“北方诚多务”,而能“因其多务”。

诸葛亮的蓝图,是以全荆州七郡即刘表的割据地区为基础;鲁肃的蓝图,是以江东六郡为基础;而且都以“天下有变”、“天下多务”为条件。诸葛亮、鲁肃的蓝图都有实现的可能,也都有不能实现的可能。鲁肃的“竟长江所极,据而有之”未能实现,诸葛亮的“命一上将将荆州之军以向宛、洛,将军(指刘备)身率益州之众出于秦川”,也成了泡影。这都是以后内外形势、条件变化使然,不能以此而断言当初提出此议的不现实,根本无此可能。

建安十三年(208 年)七月,曹操出兵南征刘表。曹操兵尚未到荆州,刘表于八月病死了。刘表生前对刘备已有疑惧之心(见《三国志·蜀志·先主传》)。刘表有两个儿子,长刘琦,次刘琮。表后妻爱刘琮,欲以为嗣,出刘琦为江夏太守。表死,琮立。

曹操大军压境,战乎?降乎?刘琮的属下大多劝刘琮投降。刘琮说:“今与诸君据全楚之地,守先君之业,以观天下,何为不可乎?”(《三国志·魏志·刘表传》)东曹掾傅巽说:“逆顺有大体,强弱有定势。以人臣而拒人主,逆也;以新造之楚而御国家,其势弗当也;以刘备而敌曹公,又弗当也。三者皆短,欲以抗王兵之锋,必亡之道也。”(同上)最有说服力的是傅巽下面的这段话:“诚以刘备不足御曹公乎,则虽保楚之地,不足以自存也。诚以刘备足御曹公乎,则备不为将军下也。愿将军勿疑。”(同上)

败了不能自保,胜了也是刘备的。这话很有说服力。刘琮决计投降。刘备原住在樊城,在汉水之北,听到刘琮投降消息已很迟,仓促率军过襄阳奔江陵。曹操到襄阳,以刘琮为青州刺史,属下多至大官。曹操选贤任能,各得其宜。刘表时期汇集在荆州的士人,都得到安排。王粲在董卓之乱时由长安逃到荆州依刘表。刘表以他"貌寝而体弱通侻,不甚重也"(裴松之注:貌寝,谓貌负其实也。通侻者,简易也)。曹操取得荆州,即以粲为丞相掾,赐爵关内侯。一天,曹操在汉水之滨宴会群下,王粲举杯祝贺说:"方今袁绍起河北,仗大众,志兼天下。然好贤而不能用,故奇士去之。刘表雍容荆楚,坐观时变。自以为西伯可规。士之避乱荆州者,皆海内俊杰也,表不知所任,故国危而无辅。明公定冀州之日,下车即缮其甲卒,收其豪杰而用之,以横行天下;及平江、汉,引其贤俊而置之列位,使海内回心,望风而愿治,文武并用,英雄毕力,此三王之举也。"(《三国志·魏志·王粲传》)

王粲对曹操、刘表、袁绍三人的褒贬赞扬是老实话,不是阿谀奉承,是实际情况。

曹操听到刘备去江陵,江陵有军实,怕刘备占有江陵,于是选精兵五千人急追之,一日一夜行三百余里。

2. 孙刘联合

曹操征刘表和刘表病死的消息传到江东,江东大震。鲁肃对孙权说:"荆楚与国邻接,水流顺北,外带江汉,内阻山陵,有金城之固,沃野万里,士民殷富,若据而有之,此帝王之资也。今表新亡,二子素不辑睦,军中诸将,各有彼此。加刘备天下枭雄,与操有隙,寄寓于表,表恶其能而不能用也。若备与彼协心,上下齐同,则宜抚安,与结联好;如有离违,宜别图之,以齐大事。肃请得奉命吊表二子,并慰劳其军中用事者,及说备使抚表众,同心一意,共治曹操,备必喜而从命。如其克谐,天下可定也。今不速往,恐为操所先。"(《三国志·吴志·鲁肃传》)

这年冬十月,孙权即遣鲁肃前往。

鲁肃到夏口(今湖北武汉市),闻曹操已向荆州,于是晨夜兼行,及到南郡(今湖北江陵),而刘琮已降,刘备南走。鲁肃径迎之,与刘备会于当阳长坂(今湖北当阳东)。鲁肃代宣孙权意,愿与刘备联合破曹。刘备自然高兴,于是随鲁肃进驻鄂县之樊口(在今湖北鄂城)。

诸葛亮随鲁肃东下,见孙权于柴桑(今江西九江市西南)。诸葛亮对孙

图 20　张飞像

权说："海内大乱，将军起兵据有江东，刘豫州亦收众汉南，与曹操并争天下。今操芟夷大难，略已平矣，遂破荆州，威震四海。英雄无所用武，故豫州遁逃至此。将军量力而处之：若能以吴、越之众与中国抗衡，不如早与之绝；若不能当，何不案兵束甲，北面而事之！今将军外托服从之名，而内怀犹豫之计，事急而不断，祸至无日矣。"（《三国志·蜀志·诸葛亮传》）

孙权说："苟如君言，刘豫州何不遂事之乎？"诸葛亮说："田横，齐之壮士耳，犹守义不辱，况刘豫州王室之胄，英才盖世，众士慕仰，若水之归海。若事之不济，此乃天也，安能复为之下乎！"孙权忿然说："吾不能举全吴之地，十万之众，受制于人。吾计决矣！非刘豫州莫可以当曹操者，然豫州新败之后，安能抗此难乎？"诸葛亮说："豫州军虽败于长坂，今战士还者及关羽水军精甲万人，刘琦合江夏战士亦不下万人。曹操之众，远来疲弊，闻追豫州，轻骑一日一夜行三百余里。此所谓'强弩之末，势不能穿鲁缟'者也。故兵法忌之，曰'必蹶上将军'。且北方之人，不习水战，又荆州之民附操者，逼兵势耳，非心服也。今将军诚能命猛将统兵数万，与豫州协规同力，破操军必矣。操军破，必北还，如此则荆吴之势强，鼎足之形成矣。成败之机，在于今日。"（同上）

正当此时，曹操致书孙权，态度极为傲慢。来书说："近者奉辞伐罪，旌麾南指，刘琮束手。今治水军八十万众，方与将军会猎于吴。"（《三国志·吴志·吴主传》注引《江表传》）

孙权得书，与群下议，群下莫不震恐，多劝孙权迎操。他们说："曹公豺狼也，然托名汉相，挟天子以征四方，动以朝廷为辞，今日拒之，事更不顺。

且将军大势，可以拒操者，长江也。今操得荆州，奄有其地。刘表治水军，蒙冲斗舰，乃以千数，操悉浮以沿江，兼有步兵，水陆俱下，此为长江之险，已与我共之矣。而势力众寡，又不可论。愚谓大计，不如迎之。”（《三国志·吴志·周瑜传》）

带头主张迎曹操的是张昭。张昭，汉末名士。彭城人，避乱江东。孙策据江东，以张昭为长史、抚军中郎将。文武之事，一以委之。孙策死，赖张昭的维持，江东才得以安定下来。《吴书》说：“是时天下分裂，擅命者众。孙策莅事日浅，恩泽未洽，一旦倾陨，士民狼狈，颇有同异。及昭辅权，绥服百姓，诸侯宾旅寄寓之士，得用自安。”（《三国志·吴志·张昭传》注引）

张昭等人的主降，在孙权的群下中是有分量的，有影响的。

孙权听了众人的议论，默不作声，离座到室外去。众人议论时，鲁肃独无言，他跟出来，对孙权说：“向察众人之议，专欲误将军，不足与图大事。今肃可迎操耳，如将军，不可也。何以言之？今肃迎操，操当以肃还付乡党，品其名位，犹不失下曹从事，乘犊车，从吏卒，交游士林，累官故不失州郡也。将军迎操，欲安所归？愿早定大计，莫用众人之议也。”（《三国志·吴志·鲁肃传》）

鲁肃的话，是老实话。不管曹操有没有八十万大军，二三十万总是有的。孙权可用的军队，估计有五六万人，充其量最大动员不过十万。曹操新

图 21　东吴水军典型 战船艨艟、斗舰

得荆州，长江之险已与孙吴共有。在群下思想里产生“迎”（投降）的想法也是很自然的。如鲁肃所说的，他们迎操仍一样可以做官。只有孙权没有出路。安分守己，可能庸庸碌碌一生；如有不满，就难免杀头灭门之祸。

孙权听了鲁肃的话，想想群下的议论，非常感慨地说：“此诸人持议，甚失孤望，今卿廓开大计，正与孤同，此天以卿赐我也。”（同上）

时周瑜出使去鄱阳（今江西波阳东北），鲁肃劝孙权召回周瑜。周瑜赞成抗曹。他力排众议，对孙权说：“操虽托名汉相，其实汉贼也。将军以神武雄才，兼仗父兄之烈，割据江东，地方数千里，兵精足用，英雄乐业，尚当横行天下，为汉家除残去秽。况操自送死，而可迎之邪？请为将军筹之：今使北土已安，操无内忧，能旷日持久，来争疆场，又能与我校胜负于船楫乎？今北土既未平安，加马超、韩遂尚在关西，为操后患。且舍鞍马，仗舟楫，与吴越争衡，本非中国所长。今又盛寒，马无藁草，驱中国士众远涉江湖之间，不习水土，必生疾病。此数四者，用兵之患也，而操皆冒行之。将军禽操。宜在今日。瑜请得精兵三万人，进住夏口，保为将军破之。”（《三国志·吴志·周瑜传》）

孙权听了，很高兴，说：“老贼欲废汉自立久矣，徒忌二袁、吕布、刘表与孤耳。今数雄已灭，惟孤尚存，孤与老贼，势不两立。君言当击，甚与孤合，此天以君授孤也。”（同上）

图22　周瑜像

迎曹操，对孙权来说是死路一条。鲁肃、周瑜主战，是合孙权的心意的。所以，一个是“此天以卿赐我也”，一个是“此天以君授孤也”。

有了鲁肃、周瑜的支持，孙权更有信心。乃抽刀斫面前奏案，说：“诸将吏敢复有言当迎操者，与此案同。”（《三国志·吴志·周瑜传》注引《江表

传》)

当夜,周瑜又去见孙权说:“诸人徒见操书,言水步八十万,而各恐慑,不复料其虚实,便开此议,甚无谓也。今以实校之,彼所将中国人,不过十五六万,且军已久疲。所得表众,亦极七八万耳,尚怀狐疑。夫以疲病之卒,御狐疑之众,众数虽多,甚未足畏。得精兵五万,自足制之,愿将军勿虑。”(同上)

孙权说:“公瑾,卿言至此,甚合孤心。子布(张昭字)、文表(秦松字)诸人,各顾妻子,挟持私虑,深失所望。独卿与子敬与孤同耳,此天以卿二人赞孤也。五万兵难卒合,已选三万人,船粮战具俱办,卿与子敬、程公便在前发,孤当续发人众,多载资粮,为卿后援。卿能办之者诚快,邂逅不如意,便还就孤,孤当与孟德决之。”(同上)

3. 赤壁之战,瓜分荆州

周瑜与程普、鲁肃率吴兵溯长江而上,与刘备兵会合。进与曹操遇于赤壁(今湖北嘉鱼西南)。这时大约已到十月尽头或十一月初了,正值严冬时节,北方兵到了南方,军中已出现疾疫。初一交战,操军不利,遂退驻江北。周瑜驻军南岸。

周瑜部将黄盖对周瑜说:“今寇众我寡,难与持久。然观操军船舰首尾

图 23　明杨晋绘赤壁图

相接,可烧而走也。”(《三国志·吴志·周瑜传》)于是黄盖致书曹操,要求归降。信说:“盖受孙氏厚恩,常为将帅,见遇不薄。然顾天下事有大势,用江东六郡山越之人,以当中国百万之众,众寡不敌,海内所共见也。东方将吏,无有愚智,皆知其不可,惟周瑜、鲁肃偏怀浅戆,意未解耳。今日归命,是其实计。瑜所督领,自易摧破。交锋之日,盖为前部,当因事变化,效命在近。”(《三国志·吴志·周瑜传》注引《江表传》)

开战之日,“盖先取轻利舰十舫,载燥荻枯柴积其中,灌以鱼膏,赤幔覆之,建旌旗龙幡于舰上。时东南风急,因以十舰最著前,中江举帆,盖举火白诸校,使众兵齐声大叫曰:‘降焉!’操军人皆出营观。去北军二里余,同时发火,火烈风猛,往船如箭,飞埃绝烂,烧尽北船,延及岸边营柴。瑜等率轻锐寻继其后,雷鼓大进,北军大败,曹公退走”(同上)。

曹操取道华容(今湖北潜江南),退往江陵。刘备遣将邀曹操于华容道。《山阳公载记》载:“公船舰为备所烧,引军从华容道步归,遇泥泞,道不通,天又大风,悉使羸兵负草填之,骑乃得过。羸兵为人马蹈藉,陷泥中,死者甚众。军既得出,公大喜,诸将问之,公曰:‘刘备,吾俦也,但得计少晚,向使早放火,吾徒无类矣。’备寻亦放火而无所及。”(《三国志·魏志·武帝纪》注引)

孙权、刘备水陆并进,追赶操军。曹操留曹仁、徐晃屯江陵,使乐进守襄阳,遂领兵还邺。

周瑜攻曹仁,别遣甘宁取夷陵(今湖北宜昌东)。刘备表(上表皇帝推荐)刘琦为荆州刺史,引兵南徇四郡,武陵(郡治在今湖南常德)、长沙(郡治在今湖南长沙市)、桂阳(郡治在今湖南郴县)、零陵(郡治在今湖南零陵)四郡皆降。庐江(郡治在今安徽庐江南)营帅雷绪率部曲数万口归备。庐江已深入孙权的势力范围。雷绪是庐江营帅,率部曲投附刘备,不是刘备占有庐江地区。

刘备以诸葛亮为军师中郎将,使督零陵、桂阳、长沙三郡,调其赋税,以充军实。

周瑜攻曹仁岁余,杀伤甚众。建安十四年冬,即赤壁之战后整整一年,曹仁弃江陵北归。孙权以周瑜领南郡太守,屯据江陵;以程普领江夏太守,治沙羡(今湖北武汉市西南)。刘琦卒,孙权表刘备为荆州牧。刘备驻军长

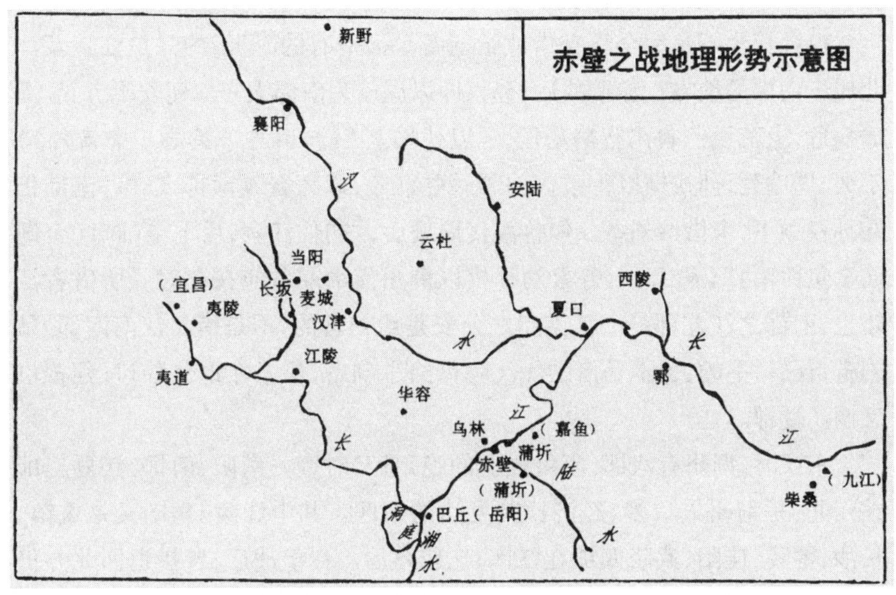

图 24　赤壁之战地理形势示意图

江南岸之油江口，改名公安（今湖北公安）。

历史上有借荆州之说，说孙权以荆州借给刘备。此说应细加辨析。《三国志·吴志·鲁肃传》说："备诣京见权，求都督荆州，惟肃劝权借之，共拒曹公。"《汉晋春秋》（《三国志·吴志·鲁肃传》注引）、《江表传》（《三国志·蜀志·先主传》注引）等都有刘备借荆州说。《江表传》的记载更明确说："周瑜为南郡太守，分南岸地以给备。备别立营于油江口，改名为公安。刘表吏士见从北军，多叛来投备。备以瑜所给地少，不足以安民，后从权借荆州数郡。"

借荆州之说，大约最初来自江东，是没有多少根据的。荆州原是刘表的地方。刘表死，刘表的儿子刘琦还在，所以刘备表刘琦为荆州刺史。这是名正言顺的事，孙权也没有说话。不能说孙权出兵打败了曹操，荆州就得归孙权所有。而且赤壁之战，周瑜统率的江东兵是三万人，刘备加刘琦的兵也有两万多人。仗是孙刘两家共同打的。"分南岸地以给备"，只是南郡的江南岸地，即油江口改为公安的。武陵、长沙、桂阳、零陵江南四郡，是刘备、诸葛亮自己争来的，与孙权无涉。孙权是水军，只在长江沿岸向西伸展，江南陆

上四郡，孙权兵力根本未到过。

但孙权也不是完全没有借地给刘备。借是有的，但借的只是江陵及江北属于南郡的地方。赤壁战后，孙权即以周瑜为南郡太守。建安十五年，周瑜病危，上疏说："鲁肃智略足任，乞以代瑜。"(《三国志·吴志·鲁肃传》)不久，周瑜死，孙权即以鲁肃代瑜领兵驻江陵，以程普领南郡太守。南郡仍在孙权领下，未借给刘备。但鲁肃代周瑜后，"初住江陵，后下屯陆口(今湖北嘉鱼西南)"(同上)。鲁肃劝孙权以荆州借给刘备应在此时。所借者江陵也，南郡之江北部分。江南岸之公安是给刘备的，不是借。江南四郡，是刘备自己讨平的，也不是借的。江陵借给了刘备，鲁肃才退住陆口；程普也又调江夏郡。

东汉时，荆州有八郡，庐陵置立的晚，且又时废。南阳、南郡、江夏三郡在江北，是荆州人口多、经济比较发达的地区。其中江陵、襄阳又是重镇。长沙、零陵、桂阳、武陵四郡在江南，比较落后。赤壁战后，曹操退回北方仍占据着江陵、襄阳，退出江陵后，仍占有襄阳。孙权占有江夏，刘备占有江南四郡和南郡的一半(以襄阳为据点的一半为曹操占去)。

赤壁战后，曹、刘、孙三家瓜分了荆州。

这时，刘备才有块土地，站住了脚步，三国鼎立的形势初现。三家中，曹操最强，孙权次强，刘备比较最弱。和曹操抗衡的主要是孙权，地区上也主要是孙权和曹操为邻，刘备还是孙权的附庸。

六、曹操取关中

灭袁绍后，曹操占有河北四郡和河南的豫州、徐州和司隶一部分。他面对的形势是：关中诸将分裂割据，刘表、刘备在荆州，孙权占有江东。关中诸将马腾、韩遂等群龙无首，能求得均势相安已自满足，没有兼并天下的雄心壮志。刘备、孙权却不可小觑。审时度势，曹操决定先从荆州下手。及至赤壁战败，孙权、刘备势力已成型，短期内取荆州、下江南已是势不可能。曹操的目光遂由荆州、江南移到关中。关中诸将势力分散，取之较易。取得关中，巩固了中原，进而为将来取汉中、益州奠定基地，也为将来再取荆州、江南免除了后顾之忧。

自从献帝从长安逃回洛阳后，粗野无知的李傕、郭汜在长安又折腾了几年。后来郭汜为其部将所杀。建安三年，曹操假汉献帝的诏令叫在关中的将军段煨等人讨伐李傕，夷其三族，李傕的人头还被送到洛阳，高悬示众。

李傕、郭汜虽然死了，但关中地区被他们折腾得一片荒凉，经济衰落，人口稀少，十几万户逃到荆州去。远在凉州的韩遂、马腾，又回到关中来。关中的地方势力，不下十多股，马腾、韩遂是最大的两股。

关中稍为安定点后，逃到外地的流民逐渐回来。地方军人竞相招募他们做部曲，扩大势力。当时曹操正和袁绍相争，无力顾及他们。为了暂时安抚他们，乃于建安七年拜马腾为征南将军，韩遂为征西将军，并开府。后来，马腾被调往洛阳任卫尉，他在关中的部队由他儿子马超率领。赤壁之战时，周瑜所说“今北土既未平安，加马超、韩遂尚在关西，为操后患”，正是指的马超、韩遂为曹操后方之忧。

曹操在赤壁打了败仗，知道在短时间内难以扫平江南，清除马超、韩遂，安定关中便被提到日程上来。

早在官渡之战时，曹操以挟天子而令诸侯之便，以钟繇为侍中、司隶校尉，持节督关中诸将，进驻长安。钟繇持之以静，和关中诸将维持着相安无事的局面。钟繇还劝说马腾、韩遂各遣子入侍朝廷。钟繇安抚归来流民并招纳亡叛，数年之间关中百姓稍安，还迁徙了一部分民户充实洛阳。

钟繇在关中的措施，为曹操征服关中打下了良好的基础（参看《三国志·魏志·钟繇传》）。

张鲁以五斗米道设教，雄踞汉中多年。建安十六年三月，曹操出兵讨张鲁，以钟繇为主力，并命夏侯渊由河东出兵入关与钟繇会师。曹操这一行动，自然引起关中诸将的疑心。他们认为：讨张鲁是假，讨他们才是真。于是马超、韩遂、杨秋等十部人马一时俱起抵拒，大军十万屯据潼关，使操军不得入关。这个时候，曹操要越过关中向张鲁进兵，根本无可能。取张鲁是借口，取关中是实。关中诸将自然要起兵自卫了。

图 25　钟繇像

七月，曹操亲率大军讨伐马超、韩遂。八月，曹操到潼关，与马超等夹潼关而军。

曹操加紧进攻，把马超等的军队都吸引到潼关来，却一面暗派徐晃、朱灵率军自河东蒲阪津偷渡，在河西立营。然后，曹操自率大军自潼关北渡河入河东。

这次渡河是很危险的。曹操让兵先渡，自率精兵百余人留南岸断后。马超率步骑万余人突袭围操，矢如雨下。曹操上船，船工中流矢死。虎将许褚，左手持马鞍保护曹操，右手摇橹过河。地方豪强出身的许褚还会划船，也真不易！

曹操过河之后，也由蒲阪过河到了河西。然后沿河而南。马超得知曹操自河西沿河而南进兵，不得不从潼关撤兵到渭口（渭水入黄河的地方）。马超在渭南，曹操在渭北。

《山阳公载记》记载说："初，曹公军在蒲阪，欲西渡。超谓韩遂曰：'宜于渭北拒之，不过二十日，河东谷尽，彼必走矣。'遂曰：'可听令渡，蹙于河中，顾不快耶！'超计不得施。曹公闻之曰：'马儿不死，吾无葬地也。'"（《三国志·蜀志·马超传》注引）

按照马超的战略设想，曹操是否必败甚至像曹操自己说的死"无葬地"，不敢说；韩遂所设想的"可听令渡，蹙于河中"，大概是犯了错误。韩信曾使兵渡河背水而战大胜赵军，兵法上叫作置之死地而后生。韩遂并没有能把曹操"蹙于河中"，而是曹军渡河了，自己不得不撤退到渭南。

曹操要渡过渭水，在渭南和马超决战。渡渭也是不容易的。《三国志·魏志·武帝纪》说，曹操"乃多设疑兵，潜以舟载兵入渭为浮桥，夜分，兵结营于渭南。贼夜攻营，伏兵击破之。……九月，进军渡渭"。注引《曹瞒传》所记渡渭筑营的困难说："时公军每渡渭，辄为超骑所冲突，营不得立，地又多沙，不可筑垒。娄子伯说公曰：'今天寒，可起沙为城，以水灌之，可一夜而成。'公从之。乃多作缣囊以运水，夜渡兵作城，比明，城立。由是公军尽得渡渭。"

记载如此，姑如是来说明。但是，有很多疑点，有的前人已有指出。譬如说，曹操渡渭时在九月，即使这年闰八月，九月已是十月天气，能否滴水成冰把城筑起，也大可怀疑。当时是两军夹渭水对垒，马超如何可能看着曹操运沙运水筑城而不加以突击。如果说马超没有力量突击筑城，那么，曹操就有力量长驱直入式地渡渭，不必有这样或那样的困难了。也许这些疑问都是军事的外行话，那就算无知妄言吧。

马超求和，求送任子。曹操最初不允，后来同意了，同意了更可施计。

曹操和韩遂是旧相识。既然同意和了，两人便在两军阵前聊起天来，有时像密谈，有时又仰头大笑。马超看在眼里，疑在心里。曹操便从中施起离间计来。

阵前相会之后，各自回营。马超问韩遂和曹操谈些什么。韩遂只是说谈些“京都旧故”，或说“无所言也”，马超起了疑心(《三国志·魏志·武帝纪》)。

过了两天，曹操给韩遂信，“多所点窜，如遂改定者”。马超等更加疑惑韩遂(同上)。

曹操知道离间计成功，遂发起进攻。马超、韩遂大败，逃还凉州，关中平。

战后，诸将曾问曹操一些战略、战术上的问题，如他们问：“初，贼守潼关，渭北道缺，不从河东击冯翊而反守潼关，引日而后北渡，何也?”曹操说：“贼守潼关，若吾入河东，贼必引守诸津，则西河未可渡，吾故盛兵向潼关；贼悉众南守，西河之备虚，故二将得擅取河西；然后引军北渡，贼不能与吾争河西者，以有二将之军也。连车树栅，为甬道而南，既为不可胜，且以示弱。渡渭为坚垒，虏至不出，所以骄之也；故贼不为营垒而求割地。吾顺言许之，所以从其意，使自安而不为备，因畜士卒之力，一旦击之，所谓疾雷不及掩耳。兵之变化，固非一道也。”(《三国志·魏志·武帝纪》)

图26　马超像

马超、韩遂在凉州也没有能站得住。建安十九年正月，凉州地方势力讨马超，枭其妻子，超奔汉中。韩遂徙金城(今甘肃兰州市西)，入氐王千万部，率羌、胡万余骑与夏侯渊战，为夏侯渊所败，率余众走西平（今青海西宁市）。次年五月，西平、金城诸将麴演等共斩韩遂，送其首于曹操。凉州平。

取关中战马超的一战，对曹操来说可以说是一次必胜的战争，一盘散沙的关中诸将，虽然有个马超也是有勇无谋，对抗曹操不是敌手。但这一仗，打的也是很艰苦的，曹操几乎丧命。《曹瞒传》说："公将过河，前队适渡，超等掩至，公犹坐胡床不起。张郃等见事急，共引公入船。河水急，比渡，流四五里，超等骑追射之，矢下如雨。诸将见军败，不知公所在，皆惶惧，至见，乃悲喜，或流涕。公大笑曰：'今日几为小贼所困乎！'"（《三国志·魏志·武帝纪》注引）

《三国演义》说曹操被马超追得马头接着马尾，一枪就可刺死。但马超不认识曹操，问他："你可是曹操？"曹操急中生智说："俺家不是曹操，前面穿红袍的才是曹操。"马超舍了曹操去追穿红袍的，曹操才逃得性命。这虽然是演义夸张，也写出了战争的紧张，在这场战争中曹操几乎丧命。

自东汉后期以来，社会上就出现"关东出相，关西出将"这句话。在和羌人的战争中，关西人受到锻炼，勇猛善战。曹操出征之前，遣曹仁为前锋，并告诫他："关西兵精悍，坚壁勿与战。"（《三国志·魏志·武帝纪》）可见曹操对关西兵也是存有戒心的。

曹操打败马超，取得关中和凉州。关西的名马和勇猛善战的人，都为曹操所有，为曹操所用了。

曹操取得关中和凉州，山东中原地区有了保障，进而取汉中和益州也有了基地。

图 27　营垒壁画砖

七、刘备取益州

1. 刘璋仁弱

孙、刘两家，在发迹起家之后，都有占有益州的设想。前面已提到，鲁肃初见孙权，就对孙权说："为将军计，惟有鼎足江东，以观天下之衅。……北方诚多务也。因其多务，剿除黄祖，进伐刘表，竟长江所极，据而有之，然后建号帝王以图天下。"（《三国志·吴志·鲁肃传》）诸葛亮初见刘备，在《隆中对》中就说："若跨有荆、益，保其岩阻……天下有变，则命一上将将荆州之军以向宛、洛，将军身率益州之众出于秦川，百姓孰敢不箪食壶浆以迎将军者乎？诚如是，则霸业可成，汉室可兴矣。"（《三国志·蜀志·诸葛亮传》）鲁肃是先占荆州再占益州，这是吴所处的地理条件使然，诸葛亮则竟以益州为主、荆州为副了。

赤壁战后，曹操北归，荆州为曹、孙、刘三家分领。这时周瑜、甘宁又提出西取益州的计划。周瑜对孙权说："今曹操新折衄，方忧在腹心，未能与将军连兵相事也。乞与奋威（孙瑜）俱进取蜀，得蜀而并张鲁，因留奋威固守其地，好与马超结援。瑜还与将军据襄阳以蹙操，北方可图也。"（《三国志·吴志·周瑜传》）

周瑜的想法，足显其雄心壮志。曹操"方忧在腹心"，未能与孙权"连兵相事"也是事实，但中间夹着一个刘备，取益州便很不现实了。如果要求刘备合作，请刘备打头阵，刘备决不干。如果刘备不参加，孙权单独进兵，刘备从后面一掐，足以制孙军的死命。

孙权以取益州的设想，征求刘备的意见。荆州主簿殷观对刘备献计说：

"若为吴先驱,进未能克蜀,退为吴所乘,即事去矣。今但可然赞其伐蜀,而自说新据诸郡,未可兴动,吴必不敢越我而独取蜀。如此进退之计,可以收吴、蜀之利。"(《三国志·蜀志·先主传》)刘备听了殷观的话,去答复孙权。果然孙权便放弃了单独进兵取蜀的计划。

当时在益州的是益州牧刘璋。欲知刘璋,当先说说他父亲刘焉和刘焉的入川。

刘焉,江夏竟陵人,汉鲁恭王之后裔。灵帝时,刘焉历任荆州刺史、南阳太守、宗正、太常,看到朝政衰乱,欲避世难,遂向朝廷建议说:各地"刺史、太守,货赂为官,割剥百姓,以致离叛。可选清名重臣以为牧伯,镇安方夏"(《三国志·蜀志·刘二牧传·刘焉传》)。他还打算去交阯,听得侍中董伏说:"京师将乱,益州分野有天子气。"(同上)遂谋得益州。正巧益州刺史郤俭赋敛烦扰,谣言远闻,朝廷遂以焉为监军使者,领益州牧。

这时,益州马相、赵祇等起兵绵竹,自称黄巾,杀刺史郤俭,旬月之间破蜀郡、犍为等三郡,有众数万,自称天子。州从事贾龙率家兵在犍为东界击破马相,龙选吏卒迎焉。焉徙治绵竹,抚纳离叛,务行宽惠,以收人心。同时,也造作天子车舆,阴图异计。派张鲁住汉中,断绝谷阁,杀害汉使,却上书说米贼断道,不得与朝廷通使。

刘焉为了建立自己的威权,托故杀州中豪强王咸、李权等十余人。于是本来是迎他入川的贾龙和犍为太守任岐都起兵反对他,但都被他扑灭。刘焉徙治成都。

兴平元年(194 年)冬,刘焉疽发背死。州大吏赵韪等以焉少子刘璋温和仁弱,推璋为益州刺史。刘璋的部将沈弥、甘宁等反,击璋,为璋所败,走入荆州。朝廷遂以璋为益州牧。璋以赵韪为征东中郎将,使东击刘表。

东汉末年,中原和关中纷扰多事之时,南阳、三辅人民流入益州的有数万家,刘璋父子收其强者以为兵,号曰东州兵。刘璋宽仁柔弱,无威略,东州人侵暴本州人,刘璋不能禁。益州人对刘璋遂有怨言。赵韪本因刘璋仁弱,才拥戴刘璋,刘璋也信赖赵韪。赵韪素得民心,遂利用人民怨刘璋,阴谋反叛。他勾结州中大姓,共同起兵,蜀郡、广汉、犍为都起兵响应。刘璋一时只有困守成都。

这场叛乱是由东州人欺压本地人引起的,东州人非常害怕,如果赵韪胜

利了，东州人将要受本地人报复。东州人皆同心协力为刘璋作战，个个奋勇，皆殊死战。赵韪败，退守江州（今重庆市），后为部将所杀。但刘璋优柔寡断，易听信人言，又易反悔。在他治下，人心涣散。

2. 刘备入川

刘璋常派使者与曹操通好。刘璋听得曹操征荆州，遣河内阴溥向曹操致敬，曹操加璋振威将军。刘璋又遣别驾从事蜀郡张肃送叟兵三百人并杂御物于曹操，曹操用张肃为广汉太守。刘璋又遣别驾张松去曹操处。此时，曹操刚刚破刘备，取得襄阳、江陵，心气骄傲，对张松有些轻慢，张松愤怨。正好曹操赤壁战败，张松还，遂劝刘璋与曹操绝，并劝刘璋和刘备结好，说："刘豫州（刘备），使君之肺腑（同姓一家），可与交通。"（《三国志·蜀志·刘二牧传·刘璋传》）

有法正者，字孝直，扶风郡人，为刘璋军议校尉。此人是三国时代一位很有智谋的人，刘璋虽然能用他做官，却不能施展其才，法正悒悒不得志。张松亦自负其才，度刘璋不足与有为，常窃叹息。法正、张松两人都怀才不遇，遂相友好。刘璋欲通使刘备，问张松谁可使者，张松推法正，法正辞谢，佯为不得已而行。还，法正对张松说刘备有雄略，密谋奉戴以为州主。

建安十六年（211年），曹操进兵关中，扬言征张鲁，实欲先图关中。消息传到成都，刘璋内怀恐惧，张松乘机对刘璋说："曹公兵强无敌于天下，若因张鲁之资以取蜀土，谁能御之者乎？……刘豫州，使君之宗室而曹公之深仇也，善用兵，若使之讨鲁，鲁必破。鲁破，则益州强，曹公虽来，无能为也。"（《三国志·蜀志·先主传》）又说："今州中诸将庞羲、李异等皆恃功骄豪，欲有外意，不得豫州，则敌攻其外，民攻其内，必败之道也。"（《三国志·蜀志·刘二牧传·刘璋传》）

刘璋听了张松的话，遣法正将四千人迎备。法正到荆州，向刘备献策说："以明将军之英才，乘刘牧之懦弱；张松，州之股肱，以响应于内；然后资益州之殷富，冯天府之险阻，以此成业，犹反掌也。"（《三国志·蜀志·法正传》）庞统说："荆州荒残，人物殚尽，东有吴孙，北有曹氏，鼎足之计，难以得志。今益州国富民强，户口百万，四部兵马，所出必具，宝货无求于外，今可

权借以定大事。”(《三国志·蜀志·庞统传》注引《九州春秋》)

刘备仍有犹豫,他说:“今指与吾为水火者,曹操也,操以急,吾以宽;操以暴,吾以仁;曹以谲,吾以忠;每与操反,事乃可成耳。今以小故而失信义于天下者,吾所不取也。”(同上)庞统说:“权变之时,固非一道所能定也。兼弱攻昧,五伯之事。逆取顺守,报之以义,事定之后,封以大国,何负于信?今日不取,终为人利耳。”(同上)

法正、庞统、刘备所论,都是当时的大形势、大人物自守之道。荆、益比起来,荆州荒残虽不至像庞统所说“荆州荒残,人物殚尽”,但已确不如益州之殷富、险阻,“国富民强,户口百万”。刘表时,荆州是人物汇聚的地方,曹操北归,除诸葛亮等十数人外,多随曹操北去,此庞统所说“人物殚尽”之本义也。荆州八郡,赤壁战后,已经三分,孙权在东,曹操在北。刘备所有,不过原就比较落后的江南四郡和从孙权处借得的江陵和南郡的江北部分,这一部分虽为荆州之中心,但地方狭狙,曹、孙、刘三家虽可名为“鼎足之计”,对刘备说终是“难以得志”。形势所迫,刘备非取益州,不能成大业。刘备所虑也自有道理,刘备“弘毅宽厚”、“英雄之器”(《三国志·蜀志·先主传》评语),被曹操称为“天下英雄,唯使君与操耳”。但刘备“机权干略,不逮魏武”(陈寿评语),此亦为刘备所承认,刘备所说“操以急,吾以宽;操以暴,吾以仁;操以谲,吾以忠”,正是刘备所自觉的他比曹操的长处,可以补他的不足者。刘备的自信亦在此。这是他对以谲道取刘璋之所以犹豫处。法正、庞统所说只有取得益州,才有可能“以此成业”、“以定大事”,“今日不取,终为人利”,是刘备也懂的大道理,诸葛亮《隆中对》所早已定下的大计。庞统所说“权变之时,固非一道”、“事定以后,封以大国,何负于信”,正好破刘备之疑虑、增刘备的自信。

出兵益州,就这样决定了。

这次出兵的安排是:庞统、黄忠随刘备入蜀,诸葛亮、关羽、张飞、赵云留在荆州。从这个安排上可以看出,主要力量仍然在荆州,关羽为襄阳太守、荡寇将军,驻江北,张飞为南郡太守、征虏将军,赵云领留营司马。《三国志·蜀志·诸葛亮传》说:“亮与关羽镇荆州。”关羽在留荆州诸将中,又有领先地位。

建安十六年十二月(按:十二月已入212年),刘备领兵入蜀,刘璋敕令所过之处，皆好作供奉，前后赠遗以巨亿计。刘备至巴郡（治江州，即今重庆市），自江州北由垫江水（今涪水，垫江县即今合川县）至涪（今绵阳）。刘璋率步骑三万余人来会。车乘帐幔，精光耀日。张松令法正劝说刘备，便于会面时袭击刘璋。刘备说："此大事也，不可仓卒。"（《三国志·蜀志·先主传》）庞统也说："今因此会，便可执之，则将军无用兵之劳而坐定一州也。"（《三国志·蜀志·庞统传》）刘备说："初入他国，恩信未著，此不可也。"（同上）

刘璋推刘备行大司马，领司隶校尉，刘备推刘璋行镇西大将军，领益州牧。刘备、刘璋驻涪百余日，两家将士往来相访，日日欢饮。刘璋增刘备兵，白水关驻军亦归刘备督领，请刘备北击张鲁。刘备有兵三万余人，车甲器械资货甚盛。刘璋还成都，刘备北至葭萌（今四川广元南）。

刘备到葭萌后，并没有即时向张鲁进攻。而是停驻不前，厚树恩德，以收众心。

3. 刘备夺取益州

建安十七年（212年）十月，曹操征孙权，孙权向刘备求援。刘备遣使告刘璋说："孙氏与孤本为唇齿，又乐进在青泥与关羽相拒，今不往救羽，进必大克，转侵州界，其忧有甚于鲁。鲁自守之贼，不足虑也。"（《三国志·蜀志·先主传》）他向刘璋求派将士万人为助，刘璋只给四千。其他希求，也多减半。刘备不高兴。

在成都的张松不知就里，忙写信给法正和刘备说："今大事垂可立，如何释此去乎？"（同上）张松兄张肃为广汉太守，惧事情连及他，向刘璋告密，刘璋收斩松。嫌隙已构。刘备大怒，决定回师攻向成都。

在此之前，庞统已向刘备进言："阴选精兵，昼夜兼道，径袭成都，璋既不武，又素无预备，大军卒至，一举便定，此上计也。杨怀、高沛，璋之名将，各仗强兵，据守关头，闻数有笺谏璋，使发遣将军还荆州。将军未至（按：《资治通鉴》删"未至"两字，于文为好），遣与相闻，说荆州有急，欲还救之，并使装束，作为归形；此二子既服将军英名，又喜将军之去，计必乘轻骑来见，将军因此执之，进取其兵，乃向成都，此中计也。退还白帝，连引荆州，徐还图之，此下计也。若沉吟不去，将致大困，不可久矣。”（《三国志·蜀志·庞统传》）刘备赞成他的中计。

刘备即召杨怀、高沛来见，杨怀、高沛至，即责其无礼，把他们斩首。刘备率兵径至关头，合并了杨怀、高沛的军队，遂进据涪城。

益州从事郑度听到刘备举兵，向刘璋献策说：“左将军县（通悬）军袭我，兵不满万，士众未附，野谷是资，军无辎重。其计莫若尽驱巴西、梓潼民内涪水以西，其仓廪野谷，一皆烧除，高垒深沟，静以待之。彼至，请战，勿许，久无所资，不过百日，必将自走。走而击之，则必禽耳。”（《三国志·蜀志·法正传》）

刘备听到这消息，非常厌恶。法正说：“终不能用，无可忧也。”（同上）刘璋果然不用郑度的献策，对群下说：“吾闻拒敌以安民，未闻动民以避敌也。”（同上）自古以来，动民以避敌的很多。刘璋说“未闻动民以避敌也”，说明他缺乏历史知识。但从“拒敌以安民，未闻动民以避敌”上看，刘璋脑子里还有“民”，尚不失为“仁君”。可惜人太懦弱。

刘璋派将军刘璝、冷苞、张任、邓贤、吴懿等堵击刘备，败，退保绵竹。刘璋又派护军李严、费观督绵竹诸军。李严、费观降。刘备兵势更强，分遣诸将略定各属县。刘璝、张任与璋子循退守雒城（今四川广汉北）。刘备进兵围雒城，张任出战死，雒城却坚守终年不下。

在攻雒城战中，庞统不幸中流矢死，年三十六岁。庞统，襄阳人，诸葛亮被称为“卧龙”，庞统则被称为“凤雏”。陈寿把他比作荀彧。刘备对他虽“亲待亚于诸葛亮”，却“与亮并为军师中郎将”（《三国志·蜀志·庞统传》）。刘备入川，诸葛亮留镇荆州，庞统随从入蜀，可见他在刘备集团中的地位。

在刘备从葭萌回师成都时，诸葛亮也把荆州交由关羽镇守，自己带领张飞、赵云率兵入蜀。大军至江州（今重庆市），生擒巴郡太守严颜，然后兵分两路，赵云由外江（长江）出江阳（今四川泸州）、犍为，张飞由内江（嘉陵江、涪水）出巴西、德阳，会师成都。雒城溃，刘备进围成都，诸葛亮带来的张飞、赵云两路大军也都到达成都城下。三军会合，把成都团团围起。

法正写信给刘璋劝降，内容不外是大势已去，战也无益，最后说：“左将军从本举来，旧心依依，实无薄意。愚以为可图变化，以保尊门。”（《三国

图 28　赵云像

志·蜀志·法正传》）刘璋不理睬。

正于此时，马超来降。关中战败后，马超西走依诸戎，又杀凉州刺史韦康，占据天水冀城（今甘肃天水市西），自称征西将军，领并州牧，督凉州军事。后为韦康故吏杨阜等所败，投奔张鲁，又不容于张鲁，投奔刘备。刘备请他假装带兵而来，参加围城。将兵径到成都城下。城中大震。此时，成都城中尚有精兵三万人，谷布支一年，属下多欲死守死战。刘璋决定投降，说："父子在州二十余年，无恩德以加百姓。百姓攻战三年，肌膏草野者，以璋故也。何心能安！"（《三国志·蜀志·刘二牧传·刘璋传》）遂开门出降。

建安十六年十二月（已入 212 年），刘备受刘璋之邀请入蜀。建安十九年，刘璋降。前后约两年有余（《资治通鉴》系刘璋降在夏四月与秋七月之间）。

刘备取益州，张松、法正功最大，张松已死，法正在。刘备"以正为蜀郡太守、扬武将军，外统都畿，内为谋主"（《三国志·蜀志·法正传》）。时诸葛亮为军师将军、益州太守，与蜀郡太守法正并治成都郭下。《三国志·蜀志·先主传》就说："诸葛亮为股肱，法正为谋主。"法正的地位仅在诸葛亮之下了。

陈寿《法正传》对法正的评论是："有奇划策算，然不以德素称也。"他做蜀郡太守，"一餐之德，睚眦之怨，无不报复，擅杀毁伤己者数人"（同上）。有人对诸葛亮说："法正于蜀郡太纵横，将军宜启主公，抑其威福。"（同上）诸葛亮回答说："主公之在公安也，北畏曹操之强，东惮孙权之逼，近则惧孙

夫人生变于肘腋之下，当斯之时，进退狼跋，法孝直为之辅翼，令翻然翱翔，不可复制，如何禁止法正使不得行其意邪！”（同上）

图29　刘备平益州

诸葛亮这段话，是实际情况。法正有奇谋大功，在刘璋时期也确实受了一些人的欺侮。《三国志·蜀志·法正传》说：刘璋对法正，“召署军议校尉。既不任用，又为其州邑俱侨客者所谤无行，志意不得”。可知法正不得意，心中窝着气，得志之后，就出手报复了。但诸葛亮这段话，和他一生依法行事的精神心态是不合的，孙盛就批评他说：“夫威福自下，亡家害国之道，刑纵于宠，毁政乱理之源，安可以功臣而极其陵肆，嬖幸而借其国柄者哉？……诸葛氏之言，于是乎失政刑矣。”（《三国志·蜀志·法正传》注）当然，此时的诸葛亮和后主时期主政的诸葛亮是不同的。那时，政由他为主，持法不能不平；现在，事由刘备主持，他也可以少事为好了。

诸葛亮辅助刘备治蜀，颇多严峻，人多怨叹者。法正对诸葛亮说：“昔高祖入关，约法三章，秦民知德，今君假借威力，跨据一州，初有其国，未垂惠抚；且客主之义，宜相降下，愿缓刑弛禁，以慰其望。”诸葛亮回答说：“君知其一，未知其二。秦以无道，政苛民怨，匹夫大呼，天下土崩，高祖因之，可以弘济。刘璋暗弱，自焉以来有累世之恩，文法羁縻，互相承奉，德政不举，威刑不肃。蜀土人士，专权自恣，君臣之道，渐以陵替。宠之以位，位极则贱，顺之以恩，恩竭则慢。所以致弊，实由于此。吾今威之以法，法行则知恩，限

之以爵，爵加则知荣；荣恩并济，上下有节。为治之要，于斯而著。”（《三国志·蜀志·诸葛亮传》注）

这是诸葛亮初入蜀时的政治措施。这是合乎当时蜀地的情势而采取的正确措施。刘璋的旧政失在太宽，宽则蜀土人士专权自恣，君臣之义，渐以陵替。诸葛亮治之以猛，正合孔子政宽则济之以猛之义。

诸葛亮《隆中对》为刘备划策，第一步是“跨有荆、益”，然后再争中原。第一步目标，现在按设想实现了。

八、曹、刘争汉中

1. 张鲁的政教合一统治

汉中地处关中和益州之间,北有秦岭山脉由西向东,横贯关中和汉中之间,是长江、黄河两大水系的分水岭。渭水横贯关中东入黄河,汉水横贯汉中东入长江。汉中南有大巴山系,横贯汉中和四川之间。汉中盆地,宜于农业,自古以来是个农业区。但汉中盆地幅员狭小,比关中渭水流域平原小,比四川盆地更小。地形上四面多山,有其地理上的独立性,政治上在分裂局面下也就有可能成为一个割据势力。但因为它幅员小,这种割据只有在极为分裂割据的时代才会出现;一般时期,汉中不为关中势力所吞,就为益州势力所并。东汉末年张鲁在汉中的割据,就是很好的说明。

张鲁原是刘焉部属,曾为刘焉的督义司马。他与别部司马张脩将兵出击汉中太守苏固,鲁袭杀张脩,夺其众。刘焉死,张鲁对刘璋渐不顺服。刘璋杀鲁母妻子,张鲁遂叛刘璋,割据汉中。

在中国历史上,张鲁在汉中的政权是一个奇特的政权,他在汉中地区实行的是政教合一的统治,统治组织就是宗教组织。

张鲁所信奉的是道教的一支五斗米道。在"黄巾起义"一节里,我们曾引《典略》的记载说:"熹平中,妖贼大起,三辅有骆曜。光和中,东方有张角,汉中有张脩。……角为太平道,修脩为五斗米道。"《典略》说的"汉中有张脩",有问题。张脩是刘焉的别部司马。是和张鲁同受刘焉之命去讨伐汉中太守苏固的,传五斗米道的不是张脩,而是张鲁一家。《三国志·魏志·张鲁传》说:"张鲁,字公祺,沛国丰人也。祖父陵,客蜀,学道鹄鸣山

中，造作道书以惑百姓，从受道者出五斗米，故世号米贼。陵死，子衡行其道。衡死。鲁复行之。”裴松之在引了《典略》的文字后，曾加按语说：“臣松之谓张脩应是张衡，非《典略》之失，则传写之误。”（见《三国志·魏志·张鲁传》注）

张鲁一家，虽在益州、汉中传教，但五斗米道实起于东方滨海地域。陈寅恪先生《天师道与滨海地域之关系》一文已讲得清楚。（此文原载中央研究院历史语言研究所《集刊》第三本第四分册，已收入上海古籍出版社1980年版陈寅恪文集之二《金明馆丛稿初编》。）张陵，沛国丰人，与天师道起源之滨海地域邻近。大约张氏家族先于本地受道而后客居蜀，所谓“学道鹄鸣山中”，是在鹄鸣山中修道传教，不是五斗米道起源于蜀。

五斗米道也和太平道一样，借医病在民间传道。《典略》于叙述太平道以符祝为人看病后，接着说：“脩法（按：应作陵法或衡法）略与角同，加施净室，使病人处其中思过。又使人为奸令祭酒，祭酒主以《老子》五千文使都习，号为奸令；为鬼吏，主为病者祈祷。祈祷之法，书病人姓名，说服罪之意；作三通，其一上之天，著山上，其一埋之地，其一沉之水，谓之三官手书。使病者家出米五斗以为常，故号曰‘五斗米师’。实无益于治病，但为淫妄，然小人昏愚，竞共事之。后角被诛，脩亦亡。及鲁在汉中，因其民信行脩业，遂增饰之。”（《三国志·魏志·张鲁传》注引。《后汉书》注引文字稍有出入）

图30　张天师像

张鲁占据汉中后，即以祭酒、治头大祭酒这一套宗教教职治民,不另设县乡官吏。《三国志·魏志·张鲁传》说:"鲁遂据汉中,以鬼道教民,自号'师君'。其来学道者,初皆名'鬼卒'。受本道已信,号'祭酒'。各领部众,多者号'治头大祭酒'。皆教以诚信不欺诈,有病自首其过,大都与黄巾相似。诸祭酒皆作义舍,如今之亭传。又置义米肉,悬于义舍,行路者量腹取足;若过多,鬼道辄病之。犯法者,三原,然后乃行刑。不置长吏,皆以祭酒为治,民夷便乐之。"

这里,我们看到古代农村公社的影子。农民受到剥削兼并,生活痛苦。他们看不到前景、出路,他们幻想到的,是无剥削无压迫的平均主义社会。他们不自知地回到了原始共产主义社会——农村公社社会里去。古代的宗教组织,往往都有这种消费共产主义思想,基督教、佛教都有。张鲁在汉中的统治,义舍、义米肉,不置长吏,都是古代农民对原始农村公社不自觉的怀念和幻想其再现。

张鲁在汉中的统治,《三国志》本传说是"雄踞巴、汉垂三十年"。他是建安二十年(215年)投降曹操的,上溯三十年,当是灵帝中平三年(186年)。但刘焉出任益州牧在中平五年(188年)。张鲁受刘焉任命为督义司马进汉中,不会早于中平五年刘焉入蜀。"垂三十年",近三十年也。

2. 曹操占有汉中

建安十六年(211年),曹操以征伐张鲁为名进兵关中,结果引起马超、韩遂的反抗。曹操平定关中,占有关中。

按说,曹操既以讨张鲁为名才进兵关中,关中既平,理当讨张鲁,但曹操没有这样做。他却自长安西征杨秋,围安定(今陕西镇原南)。杨秋降服后,他就留夏侯渊屯长安,自己回邺城了。他何以如此,是可以研讨的问题。

也就在建安十六年,刘备接受刘璋的邀请,进入益州。建安十七年到十八年,曹操进兵征孙权,大战于濡须口。建安二十年,刘备取得益州。汉中居益州和关中之间,它的重要性就突显出来了。曹操占有汉中,关中就有了屏蔽;刘备占有汉中,益州就有了保障,但关中还不是曹操的心脏,而益州却是刘备的心脏。关中保不住,曹操还有中原;益州保不住,刘备再回到荆州,就大势已去,一切都完了。

刘备刚刚取得益州，内部有些问题需要时间来处理，须要安定，一时尚无力取汉中。曹操却决定取汉中了。

建安二十年，曹操西征张鲁。三月，至陈仓（今陕西宝鸡东）。四月，自陈仓出散关（今陕西宝鸡市西南）至河池（今甘肃徽县）。七月，曹操兵到阳平关（今陕西勉县定军山西）。

张鲁听得曹操大军到来，就想投降，怎奈其弟张卫不肯。张卫率众万人，屯守阳平关，横山筑城十余里，坚决抗拒曹军。

曹操出征前，听得凉州人和武都降人说：张鲁易攻，阳平关不可守。及至到了阳平，才知道不是这么回事。阳平是很险要、易守难攻的。

曹操攻阳平，一时攻打不下，士卒又多死伤，军粮且尽，有意退兵。曹操能攻取汉中，是很有戏剧性的。《魏名臣奏》所载董昭《表》说："攻阳平山上诸屯，既不时拔，士卒伤夷者多。武皇帝意沮，便欲拔军截山而还，遣故大将军夏侯惇、将军许褚呼山上兵还。会前军未还，夜迷惑，误入贼营，贼便退散。侍中辛毗、刘晔等在兵后，语惇、褚，言'官兵已据得贼要屯，贼已败走'。犹不信之。惇前自见，乃还白武皇帝，进兵定之，幸而克获。此近事，吏士所知。"（《三国志·魏志·张鲁传》注）就这样，曹操占有了阳平关。董昭是当时人，也是当事人，他的话大概是可信的。

张鲁听得阳平关失守，急急忙忙越南山逃往巴中（今四川巴中）。张鲁本意在投降，只是张卫要打，才不得不打。现在张卫战败，阳平失守，他逃往南中时，对汉中宝货仓库一点未作破坏。曹操很高兴，派人招他出降，他就出降了。

曹操占有汉中，以夏侯渊为督护将军，督张郃、徐晃等守汉中，自己回邺。

3. 刘备夺取汉中

曹操降张鲁取汉中的时候，刘备正和孙权争荆州。刘备听得曹操征汉中，遂与孙权妥协，平分荆州，以湘水为界，湘水以东归孙权，湘水以西归刘备。两家暂时言归于好。曹操取汉中，蜀中确实很紧张了一个时期，司马懿和刘晔都曾向曹操建议，乘胜、也乘刘备在荆州未归，进攻益州。曹操不从，

说:“人苦无足,既得陇右,复欲得蜀!”(《晋书·宣帝纪》)

过了两年,建安二十二年,法正对刘备说:“曹操一举而降张鲁,定汉中,不因此势以图巴、蜀,而留夏侯渊、张郃屯守,身遽北还,此非其智不逮而力不足也。必将内有忧逼故耳。今策渊、郃才略,不胜国之将帅,举众往讨,则必可克。克之之日,广农积谷,观衅伺隙,上可以倾覆寇敌,尊奖王室,中可以蚕食雍、凉,广拓境土,下可以固守要害,为持久之计。此盖天以与我,时不可失也。”(《三国志·蜀志·法正传》)

刘备听了法正的话,于建安二十二年进兵汉中。诸葛亮居守,法正从行。另遣张飞、马超、吴兰等屯下辨(今甘肃成县东)。曹操遣都护将军曹洪率军迎击吴兰,这一路不是主要战场。第二年三月间,曹洪攻吴兰,临阵斩吴兰。张飞、马超即退走。

刘备屯阳平关下,夏侯渊、张郃、徐晃等率兵相拒,刘备遣将军陈式率十余营兵断绝马鸣阁道。但被曹操手下将军徐晃所败。兵士死伤甚多。曹操听到后很是高兴,他给徐晃下令说:“此阁道,汉中之险要咽喉也。刘备欲断绝外内,以取汉中。将军一举,克夺贼计,善之善者也。”(《三国志·魏志·徐晃传》)有人解释说,马鸣阁道在今四川昭化县北,并把它和褒斜道联系起来,说马鸣阁道就是褒斜道。褒斜道是很险的,后来诸葛亮在给他哥哥诸葛瑾的信中曾说:“前赵子龙退军,烧坏赤崖以北阁道。缘谷百余里,其阁梁一头入山腹,其一头立柱于水中,今水大而急,不得安柱。”又说:“顷大水暴出,赤崖以南,桥阁悉坏。时赵子龙与邓伯苗,一戍赤崖屯田,一戍赤崖口。但得缘崖与伯苗相闻而已。”(《水经·沔水注》)

时张郃屯广石(今陕西勉县西),刘备以精兵万余分为十部急攻郃,与郃相持。

刘备出兵争汉中之时,曹操内部也正是多事之秋。建安二十二年春,与孙权有濡须口之战,少府耿纪等谋杀曹操相府长史王必(时曹操居邺,王必典兵督许中事),欲挟天子以攻魏,南引关羽为援。所以建安二十二年,刘备出兵争汉中,直到二十三年七月,曹操才能自将兵击刘备,九月才到长安。

夏侯渊与刘备在汉中相持一年多。建安二十四年春,刘备自阳平南渡沔水,缘山稍前,驻扎于定军山。定军山在沔阳县,北临沔水。夏侯渊引兵来争。法正说:“可击矣!”刘备命黄忠乘高鼓噪攻之,大破渊军,斩渊。

三月，曹操急忙自长安出斜谷到汉中。刘备说："曹公虽来，无能为也，我必有汉川矣。"（《三国志·蜀志·先主传》）曹操到后，刘备敛众拒险，终不交锋。两军相守积月，曹军士多亡。夏五月，曹操率汉中诸军还长安。刘备遂夺取汉中。

刘备并趁机在汉水中游一带扩占土地。他命宜都太守扶风人孟达从秭归北攻房陵（今湖北房县）。杀房陵太守。刘备又遣义子刘封自汉中乘沔水东下，统达军，与达会攻上庸（今湖北竹山县西南）。上庸太守申耽降，刘备占有上庸。

这年七月，刘备受群下推尊称汉中王。

汉中争夺战后，刘备需回成都。谁留镇汉中？这当然需要一员大将。荆州、汉中是益州东方、北方的两扇门户，关羽已留镇荆州，守住东门，人人都以为这次应该是张飞留镇汉中，把守北门了，张飞也自认为该是他了。

图 31　唐阎立本绘刘备像

但任命下来的，却是魏延。魏延，义阳人也。以部曲随刘备入蜀，数有战功，迁牙门将军。刘备拔魏延为督汉中镇远将军，领汉中太守。有如当年刘邦拜韩信为大将军故事，一军尽惊！

刘备大会群臣，问魏延："今委卿以重任，卿居之欲云何？"魏延说："若曹操举天下而来，请为大王拒之；偏将十万之众至，请为大王吞之。"（《三国志·蜀志·魏延传》)魏延是蜀汉的一个人才,刘备能知人善用,诸葛亮就差了。此是后话。

到建安二十四年(219年)时,刘备雄踞益州,东有荆州,北有汉中,是他疆域最广、势力最强的时候,是刘备的鼎盛时期。诸葛亮"隆中对"所分析的形势,刘备进而争天下的条件实现了。刘备的高兴是可以想见的,然而乐极生悲,悲剧一个个跟着出现了。

九、孙、曹争淮南

建安十三年(208 年)赤壁之战前,孙权的势力主要在长江以南,只占有所谓江东六郡。这年上半年,孙权西击黄祖于夏口(汉口,今属武汉市),屠其城,虏其男女数万口。然刘表仍以长子刘琦为江夏太守,似乎孙权只屠其城、虏其男女人口,并未占有其地。

赤壁战后,曹、刘、孙三家鼎立的形势逐步形成。三家之间的一些地区,成为三家争夺的地区。刘备占有益州后,曹、刘之间是争夺汉中、关中;曹、孙之间是争夺淮南,特别是争夺合肥城(今安徽合肥市);孙、刘两家一面联合抗曹,一面明争暗斗地争荆州。

孙、刘两家在赤壁大胜后,周瑜仍在荆州与曹军争江陵、夷陵的时候,孙权已在这年(建安十三年)冬十二月,自将兵围合肥,使张昭攻九江之当涂(今安徽淮南市北)。张昭攻当涂不利,孙权攻合肥也久攻不下。曹操赤壁战败回到北方后,马上派将军张喜领兵解合肥围。张喜未到,建安十四年春孙权就撤退了。

建安十四年三月,曹操领兵至谯(今安徽亳县),作轻舟,治水军。七月,由涡水入淮,出肥水,军合肥。他儿子曹丕曾随军前往,作《浮淮赋》。其《序》说这次出兵的盛况为:"建安十四年,王师自谯东征,大兴水军,泛舟万艘。时余从行,始入淮口,行泊东山。睹师徒,观旌帆,赫哉盛矣。虽孝武盛唐之狩,舳舻千里,殊不过也。"(《三国志集解·武帝纪》建安十四年"出肥水,军合肥"句下)这是文学作品,不免夸张。但可看出从此开始,曹操已开始注意淮南了。

这一年,曹操并未对孙权用兵,只是置扬州郡县长吏,开芍陂屯田,遂于十二月回到谯去了。以将军张辽、乐进、李典将七千余人屯驻合肥。

但这次，曹操做了一件蠢事。他担心淮南人口会被孙权掠走，打算把他们迁到北方去。他对当时的扬州别驾蒋济说："昔孤与袁本初对官渡，徙燕、白马民，民不得走，贼亦不敢钞。今欲徙淮南民，何如？"蒋济说："是时（指与袁绍官渡之战时）兵弱贼强，不徙必失之。自破袁绍，北拔柳城，南向江汉，荆州交臂，威震天下，民无他志。然百姓怀土，实不乐徙，惧必不安。"（《三国志·魏志·蒋济传》）

曹操没有听蒋济的话，决定徙淮南民。结果："江淮间十余万众，皆竞走吴。"（同上）而《三国志·吴志·吴主传》说得更详细，说："曹公恐江滨郡县为权所略，征令内移。民转相惊，自庐江、九江、蕲春、广陵户十余万皆东渡江，江西遂虚，合肥以南，惟有皖县城（今安徽潜山）。"

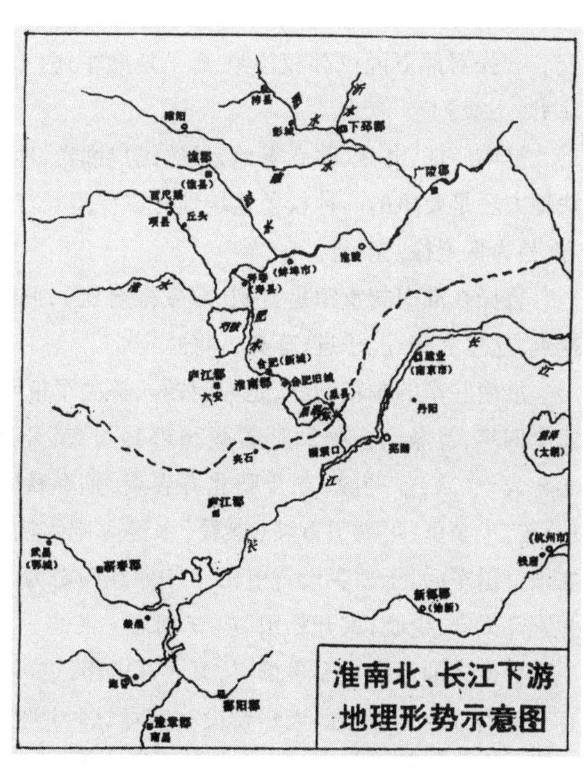

图 32　淮南北、长江下游地理形势示意图

孙策、孙权开拓江东，皆住在吴（今江苏苏州市）。赤壁之战时，孙权住京口（今江苏镇江市）。建安十六年，孙权移秣陵（今南京市南），作濡须口。明年，筑石头城，改秣陵为建业。

秣陵既改名建业，作了都邑，地位自然重要起来。城石头以备陆，作濡须以备水。陆有石头城，水有濡须坞，建业有了水陆屏障。

濡须水，源出巢湖，在今安徽无为西南入长江。修濡须坞是吕蒙的建

议。当时孙权诸将都说:“上岸击贼,洗足入船,何用坞为?”吕蒙说:“兵有利钝,战无百胜,如有邂逅,敌步骑蹙人,不暇及水,其得入船乎?”(《三国志·吴志·吕蒙传》注引《吴录》)孙权接受吕蒙的意见,立濡须坞。

立濡须坞,转年就用上了。建安十七年冬十月,曹操东击孙权。十八年正月,曹操进军濡须口,步骑四十万,攻破孙权江西营。

孙权率大军七万抵御曹军。相持月余,曹军不得进。曹操见权军舟船器仗军伍整肃,叹说:“生子当如孙仲谋,如刘景升(刘表)儿子,豚犬耳。”孙权写信给曹操说:“春水方生,公宜速去。”另一纸说:“足下不死,孤不得安。”曹操对部下说:“孙权不欺孤。”乃撤军还(《三国志·吴志·吴主传》注引《吴历》)。

淮南庐江、九江、蕲春等地,虽然民户逃亡,地方空虚,但孙、曹两家对这块地方还是要争的。孙权争这块地方以保卫长江,保卫江南;曹操争这块地方,是为保卫徐、兖、豫。

曹操在淮南的重镇是合肥(今安徽合肥),此外还有皖城。合肥是军事据点,这里有张辽、乐进、李典三将驻守。

淮南驻军的军粮问题,是大问题。解决军粮问题的办法,就是屯田。建安十四年,曹操到合肥,即“置扬州郡县长吏,开芍陂屯田”(《三国志·魏志·武帝纪》)。芍陂,在合肥北寿春南,是春秋时期孙叔敖所开置。陂周一百二十来里,可灌田万顷(参看《水经·肥水注》)。建安十九年,曹操于濡须口退军后,于蕲春设置屯田,“使庐江谢奇为蕲春典农”。后又“遣朱光为庐江太守,屯皖,大开稻田”(《三国志·吴志·吕蒙传》)。

曹操在淮南设置军事据点,又大开屯田,进可以攻,退可以守,军事上占有主动形势。孙权方面当然要设法破坏这种形势,破坏曹操在这里设置的屯田。谢奇在蕲春的屯田,即遭到吕蒙的袭击,不能成立。为了争夺皖城,建安十九年引发了孙、曹间一场大战。这年五月,孙权征皖城;闰月,克之。俘获庐江太守朱光及参军董和男女数万口(《三国志·吴志·吴主传》)。这一战,孙权方面主力是吕蒙,《吕蒙传》记述这次战争比较详细,注引《吴书》又作了些补充。

“曹公遣朱光为庐江太守,屯皖,大开稻田。又令间人招诱鄱阳贼帅,使做内应。蒙曰:‘皖田肥美,若一收孰,彼众必增,如是数岁,操态见矣,宜

早除之。'乃具陈其状。于是权亲征皖。引见诸将,问以计策。"(《三国志·吴志·吕蒙传》)

"诸将皆劝作土山,添攻具,蒙趋进曰:'治攻具及土山,必历日乃成,城备既修,外救必至,不可图也。且乘雨水以入,若留经日,水必向尽,还道艰难,蒙窃危之。今现此城,不能甚固,以三军锐气,四面并攻,不移时可拔,及水以归,全胜之道也。'权从之。"(《三国志·吴志·吕蒙传》注引《吴书》)

"蒙乃荐甘宁为升城督,督攻在前,蒙以精锐继之。侵晨进攻,蒙手执枹鼓,士卒皆腾踊自升,食时破之。既而张辽至夹石,闻城已拔,乃退。权嘉其功,即拜庐江太守,所得人马皆分与之。"(《三国志·吴志·吕蒙传》)所得人马,大约就是前面所说:孙权征皖城,克之,"获男女数万口"的人口,从中抽出一部分赐给吕蒙。

合肥是曹操在淮南的重镇,重要性又在皖城之上。孙权争淮南就要争合肥。

建安二十年八月,孙权率众十万围合肥。这又是一次大战,孙权几乎丧命。

张辽、乐进、李典等将七千余人屯合肥。曹操西征张鲁,留下一条锦囊妙计,付予护军薛悌保藏。锦囊外面写了几个字:"贼至乃发"。孙权率十万众来围合肥,四人共来打开锦囊,密谕上写着:"若孙权至者,张、李将军出战,乐将军守,护军勿得与战。"(《三国志·魏志·张辽传》)诸将皆疑,不愿出战。"张辽说:'公远征在外,比救至,彼破我必矣。是以教指及其未合逆击之,折其盛势,以安众心,然后可守也。成败之机,在此一战,诸君何疑?'李典亦与辽同。于是辽夜募敢从之士,得八百人,椎牛飨将士,明日大战。平旦,辽被甲持戟,先登陷陈,杀数十人,斩二将,大呼自名,冲垒入,至权麾下。权大惊,众不知所为,走登高冢,以长戟自守。辽叱权下战,权不敢动,望见辽所将众少,乃聚围辽数重。辽左右麾围,直前急击,围开,辽将麾下数十人得出,余众号呼曰:'将军弃我乎!'辽复还突围,拔出余众。权人马皆披靡,无敢当者。自旦战至日中,吴人夺气。还修守备,众心乃安,诸将咸服。权守合肥十余日,城不可拔,乃引退。"(同上)

在孙权引退时,张辽追击,几乎俘获了孙权。《资治通鉴》综合吕蒙、甘宁、凌统各传,对孙权撤退时的危急情势,有很好的描述。孙权"彻军还。

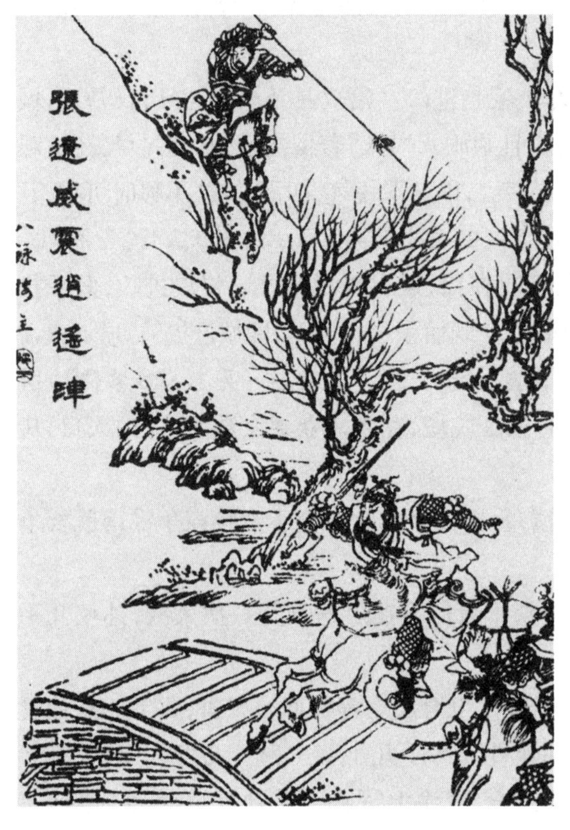

图 33 张辽威震逍遥津

兵皆就路,权与诸将在逍遥津北,张辽觇望知之,即将步骑奄至。甘宁与吕蒙等力战捍敌,凌统率亲近扶权出围,复还与辽战,左右尽死,身亦被创,度权已免,乃还。权乘骏马上津桥,桥南已彻,丈余无板;亲近监谷利在马后,使权持鞍缓控,利于后着鞭以助马势,遂得超渡。贺齐率三千人在津南迎权,权由是得免”(《资治通鉴》卷六七,献帝建安二十年)。

建安二十一年十月,曹操又进兵击孙权。十一月,至谯。二十二年正月,曹操军居巢(今安徽安庆市北)。居巢临濡须水,与吴之濡须坞相对。孙权保濡须坞。二月,曹操进军郝溪(地在居巢东濡须口西)。孙权在濡须口,据坞拒守。曹操进攻,孙权退走。孙权派人去向曹操请降,曹操接受了孙权的投降。三月,引军还,留夏侯惇都督曹仁、张辽等二十六军屯守居巢。

这一仗打得有些使人不解。曹操于建安二十一年冬十月治兵,十一月至谯,二十二年正月至居巢,二月至郝溪,和孙权的军队打了一个照面,孙权退,请降,曹操受降,三月曹操就退兵了。

为什么出兵?孙权为何请降?曹操为何草草受降即撤兵?似乎都是待研究的问题。

建安二十二年后,曹、刘、孙三方关系出现一些新情况:

建安二十二年四月，汉献帝命曹操设天子旌旗，出入称警跸。冬十月，命王冕十有二旒，乘金根车，驾六马，设五时副车。

建安二十三年正月，汉太医令吉本与少府耿纪、司直韦晃等反，攻许，烧丞相史王必营。六月，曹操令：古之葬者必居瘠薄之地。其规西门豹祠西原上为寿陵，公卿大臣列将有功者宜陪寿陵。七月，治兵，遂西征刘备。九月，至长安，冬十月，宛守将侯音等反，执南阳太守，劫略吏民，与关羽联合。

建安二十四年，夏侯渊与刘备战于阳平，为刘备所杀。三月，曹操自长安出斜谷，临汉中，遂至阳平。刘备因险拒守。五月，曹操领兵还长安，刘备占有汉中。称汉中王。七月，关羽攻曹仁于樊，曹操使于禁助仁。大雨，汉水泛溢。于禁所督七军皆没，于禁降，庞德战死。关羽威震华夏。九月，相国西曹掾魏讽反。谋袭邺。曹操太子曹丕诛讽，死者数十人。十月，曹操自长安还洛阳。孙权遣使上书曹操以讨关羽自效。孙权袭占江陵。关羽自襄阳退兵，为孙权将潘章所杀。

图 34　曹操像

建安二十五年正月，曹操至洛阳，病死。

从以上所述，可知从建安二十二年三月到建安二十五年正月这三年里，曹操内部和曹、孙、刘三方关系都出现新情况。

（一）曹操虽然自己说“若天命在吾，吾为周文王矣”（《三

国志·魏志·武帝纪》注引《魏氏春秋》),但由曹操接受设天子旌旗,出入称警跸,冕十有二旒,乘金根车,驾六马,设五时副车看来,蛛丝马迹,曹操未始不愿做皇帝。如果不死,说不定演禅让戏的是他而不是他儿子曹丕。

(二)曹操内部,君相斗争相当紧张,两年之内有吉本、魏讽两次帝党反叛曹操。

(三)刘备占有荆、益,势力强大。关羽在荆州,尤为曹操所忌,也为孙权所忌。终至演出曹、孙联合,袭杀关羽。

我的设想,这些形势的演变,很可能于建安二十二年春在曹操、孙权头脑里都已有所构思。濡须口一战,雷声大雨点小,稍一接触,就孙权降、曹操退了。曹操退,要回去谋划做天子。曹操为自己修寿陵,已有老意了。做天子要快。孙权看到了这一点,所以他才上书曹操"称臣,称说天命"。曹操也拿出此书让部下文武们看,引出群下一片天命说表示拥戴。曹操所说"是儿欲踞我着火炉上邪"(《三国志·魏志·武帝纪》注引《魏略》),不过是个试探之辞,和早年袁绍的表演是一样的。

话说远了。回来说一句结束的话。建安二十二年之后。曹、孙间相安了好多年。淮南前线无战事。

十、孙、刘争荆州

1. 孙、刘必争之地

赤壁之战后，孙权占有了南郡，南郡的江南一部分分给刘备驻扎。后刘备平定了江南四郡，但境地仍是狭促的，又从孙权处借得南郡的江北部分，包括江陵。孙权退到陆口（今湖北嘉鱼西南，陆水入江处）。依据记载，主张以荆州借给刘备的是鲁肃。《三国志·吴志·鲁肃传》载："后备诣京见权，求都督荆州，惟肃劝权借之，共拒曹公。"鲁肃死后，孙权论鲁肃时仍说："后虽劝吾借玄德地，是其一短。"（同上）

借荆州这个"借"字，就留下了孙、刘争夺荆州的祸根。

建安十九年(214年)，"是岁，刘备定蜀。权以备已得益州，令诸葛瑾从求荆州诸郡。备不许，曰：'吾方图凉州，凉州定，乃尽以荆州与吴耳。'权曰：'此假而不反，而欲以虚辞引岁。'遂置南三郡长吏，关羽尽逐之。权大怒，乃遣吕蒙督鲜于丹、徐忠、孙规等兵二万取长沙、零陵、桂阳三郡，使鲁肃以万人屯巴丘（今湖南岳阳）以御关羽。权住陆口，为诸军节度。蒙到，二郡皆服，惟零陵太守郝普未下。会备到公安，使关羽将三万兵至益阳，权乃召蒙等使还助肃。蒙使人诱普，普降，尽得三郡将守，因引军还，与孙皎、潘璋并鲁肃兵并进，拒羽于益阳。未战，会曹公入汉中，备惧失益州，使使求和。权令诸葛瑾报，更寻盟好，遂分荆州：长沙、江夏、桂阳以东属权；南郡、零陵、武陵以西属备"（《三国志·吴志·吴主传》）。

"备既定益州，权求长沙、零、桂，备不承旨。权遣吕蒙率众进取。备闻，自还公安，遣羽争三郡。肃住益阳，与羽相拒。肃邀羽相见，各驻兵马百

图35 关羽像

步上，但诸将军单刀俱会。肃因责数羽曰：'国家区区本以土地借卿家者，卿家军败远来，无以为资故也。今已得益州，既无奉还之意，但求三郡，又不从命。'……备遂割湘水为界，于是罢军。”（《三国志·吴志·鲁肃传》）

孙、刘两家这次争荆州，以妥协结束，以湘水为界，大体也是一种办法。当年借荆州，也只是借的南郡，而且只是南郡的江北部分。《江表传》说：“周瑜为南郡太守，分南岸地以给备。备别立营于油江口，改名为公安。刘表吏士见从北军，多叛来投备。备以瑜所给地少，不足以安民，复从权借荆州数郡。”（《三国志·蜀志·先主传》注引）《江表传》所言，南岸地是周瑜给的。又从权借“荆州数郡”，更是夸大的。江南四郡是刘备自取的，不是借的。借了南郡江北部分，现在还给长沙、桂阳，不失为一种妥善的妥协办法。

但孙权的目的，却是取全部荆州。借是借口，夺是本质。

建安二十二年，鲁肃死，时年四十六。

鲁肃的策略思想，主要是以曹操为敌手，孙、刘两家应当联合对曹，劝孙权以荆州南郡借给刘备的是鲁肃。周瑜死后，鲁肃接周瑜职务，代瑜领兵，驻屯陆口，他与关羽为邻，虽然“数生狐疑，疆埸纷错”（《三国志·吴志·鲁肃传》），但鲁肃对关羽“常以欢好抚之”（同上）。鲁肃以为“曹公尚存，祸难始构，宜相辅协，与之同仇，不可失也”（同上）。

接鲁肃职务的是吕蒙。“鲁肃卒，蒙西屯陆口，肃军人马万余尽以属

蒙。”(《三国志·吴志·吕蒙传》)

吕蒙,字子明,汝南富陂(今河南阜阳南)人。从征黄祖,“祖令都督陈就逆以水军出战。蒙勒前锋,亲枭就首,将士乘胜,进攻其城。祖闻就死,委城走,兵追禽之。权曰:‘事之克,由陈就先获也。’以蒙为横野中郎将,赐钱千万”(同上)。征黄祖,吕蒙立了大功。

“又与周瑜、程普等西破曹公于乌林,围曹仁于南郡。……曹仁退走,遂据南郡,抚定荆州。”(同上)

“鲁肃代周瑜,当至陆口,过蒙屯下。肃意尚轻蒙,或说肃曰:‘吕将军功名日显,不可以故意待也,君宜顾之。’遂往诣蒙。酒酣,蒙向肃曰:‘君受重任,与关羽为邻,将何计略,以备不虞?’肃造次应曰:‘临时施宜。’蒙曰:‘今东西虽为一家,而关羽实熊虎也,计安可不豫定?’因为肃划五策。肃于是越席就之,拊其背曰:‘吕子明,吾不知卿才略所及乃至于此也。’遂拜蒙母,结友而别。”(同上)

但吕蒙对刘、曹两家的看法,谁是友,谁是敌,和鲁肃的看法大有不同。吕蒙认为:对东吴来说,最重要的问题是荆州问题,应先拿下荆州;如与曹操为敌,即使能拿下徐州也不能守。《三国志·吴志·吕蒙传》说:“(蒙)与关羽分土接境,知羽骁雄,有并兼心,且居国上流,其势难久。……乃密陈计策曰:‘今(《资治通鉴》“今”下有“令”字)征虏守南郡,潘璋住白帝,蒋钦将游兵万人,循江上下,应敌所在,蒙为国家前据襄阳,如此,何忧于操,何赖于羽?且羽君臣,矜其诈力,所在反复,不可以腹心待也。今羽所以未便东向者,以至尊圣明,蒙等尚存也。今不于强壮时图之,一旦僵仆,欲复陈力,其可得邪?’权深纳其策,又聊复与论取徐州意,蒙对曰:‘今操远在河北,新破诸袁,抚集幽、冀,(按:此处陈寿记事有误。曹操破诸袁在建安九年、十年,距此时已十多年。不当仍说“新破诸袁”。)未暇东顾。徐土守兵,闻不足言,往自可克。然地势陆通,骁骑所骋,至尊今日得徐州,操后旬必来争,虽以七八万人守之,犹当怀忧。不如取羽,全据长江,形势益张!”孙权尤以此言为当。

孙权如此对吕蒙的意见表示赞同,是因为吕蒙的意见深合孙权的心意。关羽勇猛而又骄傲,使孙权忌畏;荆州居上游之势,对孙权的威胁也远比曹操在淮南对孙权的威胁大。这时,孙权也在考虑与曹操休战转而与刘备争

荆州了。

建安二十一年和二十二年之交，曹操攻濡须口一战，无结果而结束，曹操退兵。二十二年春，孙权却令都尉徐详去向曹操请降，曹操也派使者回报孙权修好，还要联姻。这时，孙权已为与曹操休战转而向关羽进攻打下埋伏，只等机会了。

2. 吕蒙施计袭取荆州

事隔两年，机会来了。建安二十四年，关羽对曹操发起进攻，进兵围曹仁于襄阳。

关羽使南郡太守麋芳守江陵，将军傅士仁守公安，自率大军攻曹仁于樊城。曹仁守城，使左将军于禁、立义将军庞德等屯樊城北。

这年秋天，大霖雨，汉水溢，平地数丈，于禁等七军皆没。禁与诸将登高避水，羽乘大船就攻之。禁等穷迫，遂降。庞德在堤上，被甲持弓，箭不虚发，自平旦力战，至日过午，羽攻益急，矢尽，短兵接，德战益怒，气愈壮。而水浸盛，吏士尽降。德"乘小船欲还仁营。水盛船覆，失弓矢，独抱船覆水中，为羽所得，立而不跪。羽谓曰：'卿兄在汉中，我欲以卿为将，不早降何为？'德骂羽曰：'竖子！何谓降也！魏王带甲百万，威振天下。汝刘备庸才耳，岂能敌邪！我宁为国家鬼，不为贼将也。'"羽杀之。魏王操闻之，"曰：'吾知禁三十年，何意临危处难，反不如庞德邪！'"（《三国志·魏志·于禁传》）

关羽急攻樊城，樊城得水，往往崩坏，众皆恟惧。"或谓仁曰：'今日之危，非力所支。可及羽围未合，乘轻船夜走，虽失城，尚可全身。'"汝南太守满宠"曰：'山水速疾，冀其不久。闻羽遣别将已在郏下，自许以南，百姓扰扰，羽所以不敢遂进者，恐吾军掎其后耳。今若遁去，洪河以南，非复国家有也。君宜待之。'仁曰：'善。'"（《三国志·魏志·满宠传》）满宠乃沉白马，与军人盟誓，同心固守。时城中人马才数千，城不没者数板。羽船临城，立围数重，外内断绝（《三国志·魏志·曹仁传》）。关羽又遣别将围将军吕常于襄阳。荆州刺史胡脩、南乡太守傅方皆降于关羽。

陆浑（今河南宜阳南）民孙狼等"作乱"，杀县主簿，南附关羽。羽授狼印，给兵，还为“寇贼”（《三国志·魏志·管宁传附胡昭传》）。关羽遣别将已到郏县（今河南郏县）城下，自许以南，百姓扰扰（《三国志·魏志·满宠传》）。梁、郏、陆浑“群盗”或遥受关羽印号，为之支党。关羽威震华夏，曹操议徙许都以避其锐（《三国志·蜀志·关羽传》）。丞相军司马司马懿、丞相主簿西曹属蒋济言于操曰：“于禁等为水所没，非战攻之失，于国家大计未足有损。刘备、孙权，外亲内疏，关羽得志，权必不愿也。可遣人劝（权）蹑其后，许割江南以封权，则樊围自解。”（《三国志·魏志·蒋济传》）操从之。

在这之前，孙权曾为其子向关羽求婚，关羽不答应，还骂了使者，孙权由是发怒。及关羽出兵攻樊，孙权夺荆州的机会到了。吕蒙驻军在陆口，他给孙权上疏说：“羽讨樊而多留备兵，必恐蒙图其后故也。蒙常有病，乞分士众还建业，以治疾为名。羽闻之，必撤备兵，尽赴襄阳。大军浮江，昼夜驰上，袭其空虚，则南郡可下，而羽可擒也。”（《三国志·吴志·吕蒙传》）

图 36　曹仁像

吕蒙遂称疾笃，权乃露报召蒙还，阴与图计。蒙到芜湖，时定威校尉陆逊驻屯芜湖，往见蒙，说：“关羽接境，如何远下，后不当可忧也？”吕蒙说：“诚如来言，然我病笃。”陆逊说：“羽矜其骁气，陵轹于人。始有大功，意骄志逸，但务北进，未嫌于我，有相闻病，必益无备。今出其不意，自可禽制。下见至尊，宜好为计。”吕

蒙说："羽素勇猛，既难为敌，且已据荆州，恩信大行，兼始有功，胆势益盛，未易图也。"蒙到都城，孙权问他："谁可代卿者？"吕蒙说："陆逊意思深长，才堪负重，观其规虑，终可大任。而未有远名，非羽所忌，无复是过。若用之，当令外自韬隐，内察形便，然后可克。"（《三国志·吴志·陆逊传》）

孙权即召逊还都，拜偏将军、右部督，以代蒙。陆逊至陆口，为书与羽，盛赞关羽功业，劝告关羽切勿轻敌。"战捷之后，常苦轻敌"，"愿将军广为方计，以全独克"。表示对关羽的关心。总之，不外"谦下自托之意"。关羽览陆逊来书，"意大安，无复所嫌"（同上）。遂稍撤后方留兵以赴樊城。陆逊将情况报告孙权，说关羽可擒。

关羽虏得于禁等人马数万，粮食乏绝，遂擅取孙权湘关米。

孙权发兵袭关羽，以吕蒙为大督。

曹操使平寇将军徐晃屯宛（今河南南阳），以助曹仁。及于禁陷没，晃前至阳陵陂（当在今襄樊市北）。关羽遣兵屯偃城（今襄樊市北阳陵陂南）。晃既到，诡道作都堑，示欲截其后，羽兵烧屯走，晃得偃城，连营稍前。晃营距羽围三丈所，作地道及箭飞书与曹仁，消息数通。

孙权写书信给曹操，请以讨关羽自效，并望勿走漏消息，令羽有备。操以问群臣，群臣咸言宜当密之。董昭说："军事尚权，期于合宜。宜应权以密，而内露之。羽闻权上，若还自护，围则速解，便获其利。可使两贼相对衔持，坐待其弊。秘而不露，使权得志，非计之上。又，围中将吏不知有救，计粮怖惧，傥有他意，为难不小。露之为便。且羽为人强梁，自恃二城守固，必不速退。"曹操听从董昭的话，即敕徐晃以权书射著围里及羽屯中。围里闻之，志气百倍。羽果犹豫不能去。（《三国志·魏志·董昭传》）

曹操自洛阳南救曹仁，驻军摩陂（今河南郏县），前后遣十二营诣晃。

关羽围头有屯，又别屯四冢。徐晃扬言当攻围头屯而密攻四冢。关羽见四冢欲坏，自将步骑五千出战，徐晃击之，退走。羽围堑鹿角十重。晃追羽，与俱入围中。关羽遂撤围退走。（《三国志·魏志·徐晃传》）

吕蒙至寻阳，尽伏其精兵𦪇𦨈（舟也）中，使白衣摇橹，作商贾人服，昼夜兼行，至羽所置江边屯候，尽收缚之，是故羽不闻知。（《三国志·吴志·吕蒙传》）

南郡太守麋芳在江陵，将军傅士仁屯公安，皆素嫌羽轻己。自关羽出

军，芳、仁供给军资，不悉相救。羽言“还，当治之”。芳、仁咸怀惧不安。（《三国志·蜀志·关羽传》）

吕蒙令故骑都尉虞翻为书说士仁，为陈成败。仁得书即降。翻谓蒙曰：“此谲兵也。当将仁行，留兵备城。”遂将仁至南郡。麋芳守城，蒙以仁示之，芳遂开门出降。（《三国志·吴志·吕蒙传》注引《吴书》）

图37　徐晃像

吕蒙入江陵，释于禁之囚，得关羽及将士家属，皆抚慰之。约令军中不得干历人家，有所求取。蒙麾下士，与蒙同郡人，取民家一笠以覆官铠。官铠虽公，蒙犹以为犯军令，不可以乡里故而废法，遂垂涕斩之。于是军中震栗，道不拾遗。蒙旦暮使亲近存恤耆老，问所不足，疾病者给医药，饥寒者赐衣粮。（《三国志·吴志·吕蒙传》）

关羽听得南郡已被孙权偷袭占领，赶快率军南还。曹仁召集诸将会议，诸将军都说：“今因羽危惧，必可追禽也。”议郎参曹仁军事赵俨说：“权邀（胡三省说：邀，当作徼，徼幸也。）羽连兵之难（孙权利用关羽和曹仁作战的困难时机），欲掩制其后，顾羽还救，恐我承其两疲，故顺辞求效，乘衅因变，以观利钝耳。今羽已孤迸，更宜存之以为权害。若深入追北，权则改虞于彼，将生患于我矣。王必以此为深虑。”（《三国志·魏

志·赵俨传》)曹仁乃解严。曹操听得关羽撤退,—恐诸将追之,疾敕仁,如俨所策(同上)。

关羽数使人与吕蒙相闻,“蒙辄厚遇其使,周游城中,家家致问,或手书示信。羽人还,私相参讯,咸知家门无恙,见待过于平时,故羽吏士无斗心”(《三国志·吴志·吕蒙传》)。

孙权至江陵,荆州将吏悉皆归附,武陵部从事樊伷诱导诸夷,图以武陵附刘备,孙权派兵讨平。孙权以吕蒙为南郡太守,赐钱一亿,黄金五百斤;以陆逊为宜都太守。刘备委派的宜都太守樊友弃郡走,诸城长吏及蛮夷君长皆降于陆逊。秭归大姓拥兵拒守的,陆逊皆破降之,前后斩获、招纳凡数万计。孙权以逊为右护军、镇西将军,屯夷陵守峡口。

关羽自知孤穷,乃西保麦城(今湖北当阳西南)。孙权使人劝降,羽伪降,立幡旗为像人于城上,因遁走,兵皆解散,才十余骑。孙权使朱然、潘璋断其归路,璋司马马忠截获关羽及子关平于章乡(今湖北荆门西),斩之。

图38　清绘关羽图

孙权杀了关羽,取了荆州,如愿以偿了。

关羽在荆州的失败,有其客观上的原因。荆州与益州中间是大山,地方落后,交通困难。双方的联系只靠长江一水,而三峡险阻亦非畅通大道。荆州有事,益州支援困难。

关羽进攻襄阳、樊城,似乎预先没有和刘

备、诸葛亮商讨。建安二十四年五月，刘备刚刚击斩夏侯渊取得汉中。七月，称汉中王。对刘备来说，这时正需要一段时间休养生息。而关羽却发动了对樊城、襄阳的进击。诸葛亮《隆中对》设计的方针是占有荆、益，“天下有变，则命一上将将荆州之众以向宛、洛，将军（刘备）身率益州之众出于秦川，百姓孰敢不箪食壶浆以迎将军者乎？”诸葛亮所设想的一是天下有变，二是两路出兵，形成夹击形势。而关羽的出兵，则只是一路。乘汉水大涨，一举降于禁，斩庞德，围困曹仁于樊城，使曹操援军一时不得近。羽军貌似声势浩大，但实际上并没有对曹操造成多大的威胁，樊城并没有被攻破。徐晃援军一到，即可与关羽于近在三丈中对垒，并与城中曹仁通消息，关羽力不能制曹军，于此可见。徐晃所领，只是曹军的一支。曹操坐镇摩陂，援军正源源而来。而徐晃不需这后方的援军源源而来，一军亦可以冲入关羽围中，迫关羽不得不撤围而退。由此可见，孙权出兵偷袭，只是抢了一个便宜，取了荆州，与关羽之败实无多大关系。没有孙权的出兵，关羽也只有败回江陵，可能不会身死地失，但败是一定的，绝不可能下宛、洛取曹操项上人头。

关羽的出兵，是在一个不是时机的时候的一次军事冒险。即使冒险成功，他最大的成功也不过是占有襄阳，但看来这也是不大可能的。没有汉水大涨的帮忙，他连水淹七军、降于禁、斩庞德都不大可能。所谓曹操想迁出许都以避之，只不过是事后的戏剧性的语言，和历史逗乐而已。实际形势，全不是这样。

关羽和张飞，都很雄壮威猛，被时人称为“万人敌”。但从失荆州上可以看出，他傲慢、无智谋、无筹略，远不是他所遇到的对手们的敌手。在一次战斗或一个战役中，像斩颜良、诛文醜，或水淹七军，他是强手，但对战略政略他是一窍不通的。吕蒙、陆逊一给他戴高帽，他就上当、晕头转向，飘飘然不知所以。孙权和他联姻，当然也是政治婚姻，即使关羽同意，结为儿女亲家，为了夺取荆州，孙权也会翻脸。但关羽即使不愿联姻，也不要骂人。关羽在前方打仗，麋芳、士仁守江陵、公安，这是何等重要的职务，即使对他们不能完成的任务不满意，也不能说“还，当治之”。

荆州是刘备天下的一半。荆州一丢，刘备的强势削弱一半，诸葛亮所说的“霸业可成，汉室可兴”，就完全成为泡影了。

孙权前期有三大名将：周瑜、鲁肃、吕蒙。三人都是文武全才，能打仗，

有韬略，都和荆州有关系。但三人的风格又是不同的。周瑜、吕蒙都重在取荆州，联刘在其次；而鲁肃重在联刘抗曹，甚至愿把荆州一部分借给刘备。孙权后来在和陆逊谈话中，对周、鲁、吕三人都有评价。他说："公瑾雄烈，胆略兼人，遂破孟德，开拓荆州，邈焉难继，君今继之。公瑾昔要子敬来东，致达于孤，孤与宴语，便及大略帝王之业，此一快也。后孟德因获刘琮之势，张言方率数十万众水步俱下。孤普请诸将，咨问所宜，无适先对，至于子布、文表，俱言宜遣使修檄迎之，子敬即驳言不可，劝孤急呼公瑾，付任以众，逆而击之，此二快也。且其决计策意，出张、苏远矣；后虽劝吾借玄德地，是其一短，不足以损其二长也。……子明少时，孤谓不辞剧易，果敢有胆而已；及身长大，学问开益，筹略奇至，可以次于公瑾，但言议英发不及之耳。图取关羽，胜于子敬。……然其（指鲁肃）作军屯营，不失令行禁止，部界无废负，路无拾遗，其法亦美矣。"（《三国志·吴志·吕蒙传》）孙权对彼三人的评价，大体是妥当的。陈寿说："孙权之论，优劣允当，故载录焉。"（同上）故陈寿《三国志》把彼三人放在一卷，亦可谓有识。

3. 夷陵之战

荆州问题，到此并没有结束。荆州对刘备来说也是命根子，是关系成败的大问题，他不能不争。建安二十四年，孙权取荆州。二十五年，魏文帝篡汉称帝，是为魏。次年，刘备也称帝以继汉献帝，改元章武。这年七月，刘备就率军东下伐吴，接着，就是历史上有名的吴蜀之间的夷陵之战。

章武元年（魏黄初二年，即221年）七月，刘备率师伐吴，先头部队破孙权部队于巫县（今四川巫山①），进驻秭归（今湖北秭归）。刘备出征的大军是四万人。孙权以陆逊为大都督，领兵五万人，拒战。

章武二年二月，刘备自秭归进兵，缘山截岭，进至夷道猇亭。遣侍中马良自假山通武陵，联结五溪蛮夷，遣镇北将军黄权督江北诸军，与吴军相距于夷陵道。

刘备自巫峡建平连营至夷陵界（约自今四川巫山到湖北宜昌），立数十

① 今属重庆市。下同。——编者

屯,以冯习为大督,张南为前部督。刘备遣吴班将数千人于平地立营,吴将帅皆欲击之,陆逊曰:“此必有谲,且观之。”

刘备知其计不行,乃引伏兵八千从谷中出。逊曰:“所以不听诸君击班者,揣之必有巧故也。”(《三国志·吴志·陆逊传》)

陆逊给孙权上疏说:“夷陵要害,国之关限,虽为易得,亦复易失。失之,非徒损一郡之地,荆州可忧。今日争之,当令必谐。备干天常,不守窟穴,而敢自送。臣虽不材,凭奉威灵,以顺讨逆,破坏在近。寻备前后行军,多败少成,推此论之,不足为戚。臣初嫌之,水陆俱进,今反舍船就步,处处结营,察其布置,必无他变。伏愿至尊高枕,不以为念也。”(同上)

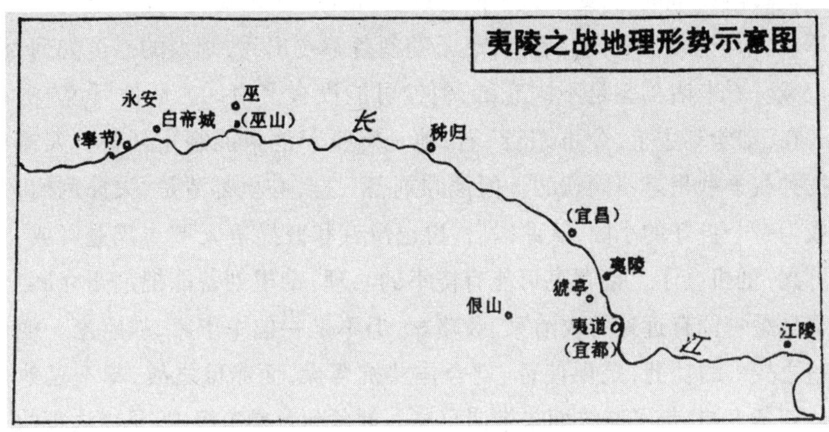

图39　夷陵之战地理形势示意图

闰五月,逊将发起对刘备的进攻。诸将都说:“攻备当在初,今乃令入五六百里,相衔持经七八月,其诸要害皆已固守,击之必无利矣。”陆逊说:“备是猾虏,更尝事多,其军始集,思虑精专,未可干也。今住已久,不得我便,兵疲意沮,计不复生,犄角此寇,正在今日。”乃先攻一营,不利。诸将却说:“空杀兵耳!”陆逊说:“吾已晓破之之术。”乃敕各持一把茅,以火攻拔之。一尔势成,通率诸军同时俱攻,斩张南、冯习及胡王沙摩柯等首,破其四十余营。蜀将杜路、刘宁等穷逼请降(同上)。

刘备到马鞍山,陈兵自绕,逊督促诸军四面蹙之,土崩瓦解,死者万数。备因夜遁,驿人自担烧铙铠断后,仅得入白帝城。其舟船器械,水步军资,一

时略尽，尸骸漂流，塞江而下。刘备大惭恚，说：“吾乃为逊所折辱，岂非天邪！”（同上）

一场大战，就此以刘备的惨败结束。

刘备失败的原因，大约不能归之于天而仍应归之于人。大军败后，刘备还住白帝，诸葛亮想起了法正，慨叹地说：“法孝直若在，则能制主上，令不东行；就复东行，必不倾危矣。”（《三国志·蜀志·法正传》）法正这人的品德是说不上的，但有奇谋奇才。诸葛亮对法正的智术是非常佩服的。《法正传》说：“诸葛亮与正，虽好尚不同，以公义相取。亮每奇正智术。”

刘备出兵争荆州，蜀中人不同意的多，正像《法正传》所说：“群臣多谏，一不从。”从记载上我们只看到，赵云劝刘备不要出兵，别人的态度如何，没有记载。看来诸葛亮是不同意的，但他可能没有多说话。从他所说“法孝直若在，则能制主上，令不东行”看，他是感叹于他未能制止刘备。大概他对征孙权争荆州是不同意的。但他和刘备一样，心里都清楚，失掉荆州，蜀就成为一个自守的小国，从此以后，再也没有和曹操争天下、“霸业可成，汉室可兴”的机会了。诸葛亮可能有侥幸的心理，希望刘备能把荆州夺回来。诸葛亮是一位有远见的政治家、政略家，但不是一位军事家、战略家。他在赤壁之战中的功劳，是促使孙、刘合作共抗曹操，而赤壁之战，却不是他打的。刘备入蜀，带了庞统而未带诸葛亮。刘备和曹操争汉中，是靠法正的军略。曹操丢掉汉中后说：“吾故知玄德不办有此，必为人所教也。”（同上）这固然是一句解嘲的话，但也看出法正在军事方面的重要性。如果法正活着，刘备争荆州一定有法正同去，要不然，诸葛亮不会说：“法孝直若在，则能制主上，令不东行；就复东行，必不倾危矣。”

刘备在夷陵之战中的失败，而且失败得如此之惨，他在战略战术方面都是犯了严重错误的。法正若在，就能使刘备“就复东行，必不倾危矣”，可见在诸葛亮眼里，也是可以打胜的；即使不是大胜，也可以争个相峙，把前线推到夷陵，或再分荆州。

惨败之后，回到白帝城的刘备的心理状态和精神面貌，我们是可以想象得到的，悔恨、绝望，前途茫茫。这情况有点和官渡之战后的袁绍相似。他不愿再回成都，他已失去再活下去的精神支柱。章武三年（魏黄初四年）夏四月癸巳刘备死于永安(刘备改白帝城为永安),年六十三。

刘备死后,诸葛亮为丞相,主持蜀汉政权,恢复了和孙权和好共抗曹魏的局面。三国鼎立的局面,三国的疆域,大体都稳定下来。

图 40　白帝城托孤

十一、三国鼎立

建安十三年赤壁之战后，三国分立的形势已见端倪，但三国分立局面的正式出现则在建安二十四年以后。

建安二十五年（220 年）正月，曹操死，其子曹丕继位为魏王。十月，曹丕废汉献帝自立为皇帝，美其名曰“禅让”，改元黄初。次年（221 年），刘备

图 41　魏上尊号表及受禅碑

即帝位,是为蜀汉。又次年(222 年):孙权自立为吴王。三国分立局面正式出现。这是秦统一四百年后,中国第一次出现的全国大分裂。

曹魏在北方统治时期,前后有五个皇帝,他们是:

文　帝(曹丕)	黄初一至七年(220—226 年)
明　帝(曹叡)	太和一至六年(227—232 年)
	青龙一至四年(233—236 年)
	景初一至三年(237—239 年)
齐　王(曹芳)	正始一至九年(240—248 年)
	嘉平一至五年(249—253 年)
高贵乡公(曹髦)	正元一至二年(254—255 年)
	甘露一至四年(256—259 年)
陈留王(曹奂)	景元一至四年(260—263 年)
	咸熙一至二年(264—265 年)

曹魏皇帝在位统治,共四十五年。

孙吴四帝,共五十九年:

吴大帝(孙权)	黄武一至七年(222—228 年)
	黄龙一至三年(229—231 年)
	嘉禾一至六年(232—237 年)
	赤乌一至十三年(238—250 年)
	太元一年(251 年)
会稽王(孙亮)	建兴一至二年(252—253 年)
	五凤一至二年(254—255 年)
	太平一至二年(256—257 年)
景帝(孙休)	永安一至六年(258—263 年)
末帝(孙皓)	元兴一年(264 年)
	甘露一年(265 年)
	宝鼎一至三年(266—268 年)
	建衡一至三年(269—271 年)
	凤凰一至三年(272—274 年)
	天册一年(275 年)

天玺一年（276 年）

天纪一至四年（277—280 年）

蜀汉两帝，共四十三年：

昭烈帝（刘备）　　章武一至二年（221—222 年）

后主（刘禅）　　建兴一至十五年（223—237 年）

延熙一至二十年（238—257 年）

景耀一至六年（258—263 年）

魏陈留王奂景元四年（263 年），魏灭蜀，蜀亡，蜀汉存在四十三年。晋武帝泰始元年十二月（泰始元年为 265 年，十二月应已进入 266 年），晋代魏（十二月方代魏改元，此年仍是魏咸熙二年），魏亡。魏在位统治四十五年。晋武帝太康元年（280 年）灭吴，吴亡。孙吴存在五十九年。大体说来，公元 220 年至 280 年，这个六十来年，就是三国时代。

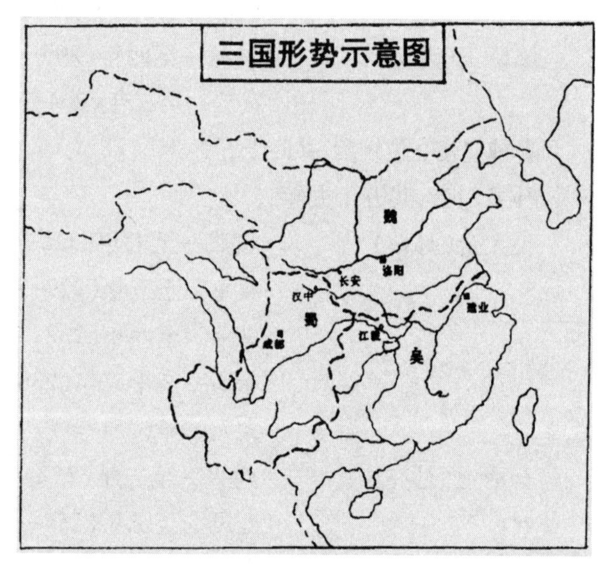

图 42　三国形势示意图

夷陵之战后，蜀失掉荆州。大体上，魏、蜀以秦岭为界。关中、凉州属魏，汉中属蜀。吴、蜀边界在巫县，以东属吴，以西属蜀。魏、吴边界大体和长江平行，长江以北一部分属吴，有的向北深入多些，有的少些。

三国疆域，曹魏最大，孙吴次之，蜀汉最小。东汉 13 州，魏得其 9，吴得其 3，蜀得其 1。而荆、扬一部分在长江以北的，又为魏所占。三国分立后，对自己的州郡县又有调整，有的合并，有的分出，也有增设，真所谓“置省无定，分合不时”（清吴增仅《三国郡县表附考证》序）。三国行政区划，郡县名数，实已不易详考。大体说来，咸熙二年（265 年），魏有州 12，共有郡 93、县

720;天纪四年(280 年),吴有州 4,共有郡 43、县 331;炎兴元年(263 年),蜀有州 1,共有郡 22、县 139。现依吴增仅《三国郡县表附考证》和杨守敬《补正》列表如下。只列县数,不出县名。

魏州郡县表:

司隶,统郡 7		
河南	领县	21
原武	领县	1
弘农	领县	7
河东	领县	13
平阳	领县	10
河内	领县	15
野王	领县	1
豫州,统郡 10		
颍川	领县	8
襄城	领县	7
汝南	领县	24
弋阳	领县	5
梁国	领县	8
陈郡	领县	5
沛国	领县	5
谯郡	领县	15
鲁国	领县	6
安丰	领县	4
冀州	统郡	13
魏郡	领县	9
广平	领县	16
阳平	领县	9
巨鹿	领县	8
赵国	领县	6
常山	领县	7

中山		领县	11
安平		领县	15
平原		领县	9
乐陵		领县	5
勃海		领县	8
河间		领县	10
清河		领县	7
兖州,统郡	8		
陈留		领县	15
东郡		领县	5
济阴		领县	9
山阳		领县	8
任成		领县	3
东平		领县	8
济北		领县	5
泰山		领县	11
徐州,统郡	6		
下邳		领县	11
彭城		领县	6
东海		领县	11
琅邪		领县	9
东莞		领县	5
广陵		领县	4
青州,统郡	6		
齐国		领县	10
济南		领县	8
乐安		领县	9
北海		领县	5
城阳		领县	13
东莱		领县	12

荆州,统郡 7		
南阳	领县	27
南乡	领县	8
江夏	领县	5
襄阳	领县	8
魏兴	领县	5
上庸	领县	6
新城	领县	5
扬州,统郡 2		
淮南	领县	8
庐江	领县	4
雍州,统郡 10		
京兆	领县	10
冯翊	领县	9
扶风	领县	11
北地	领县	2
新平	领县	2
安定	领县	6
广魏	领县	4
天水	领县	6
陇西	领县	5
南安	领县	3
凉州,统郡 8		
金城	领县	4
武威	领县	5
张掖	领县	7
酒泉	领县	9
敦煌	领县	8
西海	领县	1
西平	领县	4

西郡		领县	1
并州,统郡	6		
太原		领县	13
上党		领县	11
乐平		领县	3
西河		领县	4
雁门		领县	5
新兴		领县	6
幽州,统郡	12		
范阳		领县	8
燕国		领县	5
渔阳		领县	5
北平		领县	4
上谷		领县	6
代郡		领县	3
辽东		领县	8
昌黎		领县	2
辽西		领县	5
玄菟		领县	3
带方		领县	7
乐浪		领县	6

蜀汉州郡县表:

益州,统郡	22		
蜀郡		领县	7
汶山		领县	8
犍为		领县	6
江阳		领县	3
汉嘉		领县	4
广汉		领县	5
东广汉		领县	4

梓潼	领县	6
巴西	领县	8
巴郡	领县	4
巴东	领县	5
涪陵	领县	5
汉中	领县	5
武都	领县	6
阴平	领县	2
朱提	领县	5
越嶲	领县	11
建宁	领县	18
牂柯	领县	7
永昌	领县	8
兴古	领县	5
云南	领县	7

孙吴州郡县表:

扬州,统郡　14

丹阳	领县	19
新都	领县	6
蕲春	领县	3
会稽	领县	10
临海	领县	7
建安	领县	9
东阳	领县	9
吴郡	领县	13
吴兴	领县	9
豫章	领县	15
庐陵	领县	16
鄱阳	领县	9
临川	领县	9

安成	领县	6
荆州，统郡 15		
南郡	领县	7
宜都	领县	3
建平	领县	5
江夏	领县	6
武陵	领县	10
天门	领县	3
长沙	领县	10
衡阳	领县	10
湘东	领县	6
零陵	领县	10
始安	领县	5
昭陵	领县	6
桂阳	领县	6
始兴	领县	6
临贺	领县	6
交州，统郡 8		
合浦	领县	7
朱崖	领县	2
交阯	领县	10
新兴	领县	4
武平	领县	10
九真	领县	6
九德	领县	6
日南	领县	5
广州，统郡 6		
南海	领县	7
苍梧	领县	9
郁林	领县	9

桂林	领县	8
高凉	领县	3
高兴	领县	5

吴增仅在《序》里已说:“附会抵牾,舛讹遗漏,知所不免。”我们这里只是想对三国时期魏、蜀、吴州郡县行政区划的大体形势有些印象和了解,对有些问题,也就不作详考了。

三国户口统计的记载,留下来的不多,魏陈留王奂景元四年(263 年),魏灭蜀,蜀后主刘禅“遣尚书郎李虎送士民簿,领户二十八万,男女口九十四万,带甲将士十万二千,吏四万人”(《三国志·蜀志·后主传》注引王隐《蜀记》)。景元四年灭蜀,魏、蜀户口合起来是“民户九十四万三千四百二十三,口五百三十七万二千八百八十一”。如此,“除平蜀所得,当时魏氏唯有户六十六万三千四百二十三,口有四百四十三万二千八百八十一”(《通典·食货典七》)。晋武帝太康三年(280 年)晋灭吴,收其图籍“户五十二万三千,吏三万二千,兵二十三万,男女口二百三十万”(《三国志·吴志·三嗣主传·孙皓传》注引《晋阳秋》)。

如果把不同时代的两个三国户口数字加起来(魏、蜀是景元四年,263 年;吴是太康元年,280 年),可知三国时的户口数,大略是户 147 万,口 767 万多。因为是不同时间的两个统计(相差十六七年),所以只能说三国户口总数仿佛如此了。

十二、魏国社会和政治

1. 自然经济

三国时期从汉继承下来的,是个破烂摊子。城乡经济,经过黄巾起义和董卓之乱,都遭受极大破坏。

我国秦汉是城市经济比较发达的时期。大量人口集中在都市里。西汉元帝时大臣贡禹说当时"耕者不能半"(《汉书·贡禹传》)。东汉前期的思想家王符又说:"今举俗舍本农,趋商贾,牛马车舆,填塞道路,游手为巧,充盈都邑。……今察洛阳,资末业者什于农夫,虚伪游手,什于末业。是则一夫耕,百人食之,一妇桑,百人衣之,以一奉百,孰能供之!天下百郡千县,市邑万数,类皆如此。"(《潜夫论·浮侈篇》,见《后汉书·王符列传》)

这段话,对东汉城市生活的活跃和城市养育人口的众多,刻画得很生动。但他的估计不免有夸大。汉代城市人口,不成问题比我们所想象的要多。长期封建社会和以农立国所养成的意识,束缚了我们的思维,也以为古代城市居民的数量是不能和农村居民相比的,一定少得多。王符所说,城乡人口是百与一之比,大概是夸大了,但他也不能夸大得毫无边际。他是严肃的讨论社会问题的,说话是要人信的,无边际的夸大,会降低他说话的可信性。汉代城市经济的繁荣和城市集中了大量人口是不能怀疑的。

繁荣的两汉城市,在东汉末年遭到毁灭性的打击,董卓由洛阳迁都长安时,"尽徙洛阳人数百万口于长安,步骑驱蹙,更相蹈藉,饥饿寇掠,积尸盈路。卓自屯留毕圭苑中,悉烧宫庙官府居家,二百里内无复孑遗"(《后汉书·董卓列传》)。到献帝几年后从长安逃回洛阳时,洛阳的情况是"宫室烧尽,街陌荒芜,百官披荆棘,依丘墙间"(《三国志·魏志·董卓传》)。长安所遭受的破坏,也并不亚于洛阳。"初,帝入关,三辅户口尚数十万,自傕、汜相攻,天子东归后,长安城空四十余日,强者四散,羸者相食,二三年间,关中无复人迹。"(《后汉书·董卓列传》)

洛阳、长安以外,"百郡千县,市邑万数"的中小城市,也都遭到破坏。当时人常常用"以及今日,名都空而不居"(仲长统语,见《后汉书·仲长统列传》)、"中国萧条,或百里无烟,城邑空虚"(朱治语,见《三国志·吴志·朱治传》注引《江表传》)等话来形容城市的破坏,可证中小城市的破坏也很严重。

战乱中,人民流亡的情况非常严重。司马朗对董卓说:"兵难日起,州郡鼎沸,郊境之内,民不安业,捐弃居产,流亡藏窜……"(《三国志·魏志·司马朗传》)如:"关中膏腴之地,顷遭荒乱,人民流入荆州者十万余家"(《三国志·魏志·卫觊传》)。"南阳、三辅人,流入益州数万家"(《三国志·蜀志·刘璋传》注引《英雄记》)。"韩遂、马超之乱,关西民从子午谷奔之(汉中)者数万家"(《三国志·魏志·张鲁传》)。"自京师遭董卓之乱,人民流移东出,多依彭城间"(《三国志·魏志·荀彧传》注引《曹瞒传》)。

人民在流徙中,死亡自然是很严重的,献帝的一个诏书说:"今四民流移,托身他方,携白首于山野,弃稚子于沟壑,顾故乡而哀叹,向阡陌而流涕,饥厄困苦,亦已甚矣。"(《三国志·魏志·陶谦传》注引《吴书》)

三国时期的人口,比起两汉来是大量的减少了。两汉户口,一般户在1000万,口在5000万左右。桓帝永寿二年(156年)的数字是1607万多户,5000多万口(《续汉志·郡国一》注引《帝王世纪》)。如上章所说,三国全盛时期的户口是147万多户,767万多口。两者相比,三国时期的户是东汉桓帝时的十分之一弱,口是七分之一多。东汉地方官吏呈报户口数往往增大不实,但三国时期户口比东汉差得很远大约是没问题的。有些记载可以证实。《三国志·魏志·张绣传》载:"是时,天下户口减耗,十裁一在。"这是汉末三国初年的情况,三国中期魏文帝、明帝时人口也没有多少增加,当时人蒋济说:"今虽有十二州,至于民数,不过汉时一大郡。"(《三国志·魏志·蒋济传》)杜恕说:"今大魏奄有十州之地,而承丧乱之弊,计其户口不如往昔一州之民。"(《三国志·魏志·杜畿传附子恕传》)陈群说:"今丧乱

之后，人民至少，比汉文、景之时，不过一大郡。”（《三国志·魏志·陈群传》）陈群的话，有毛病，文景时虽然称作盛世，但当时大乱之后，经济刚刚恢复，人口不会增加太快。他大概以为文景时是盛世，人口也应最多，才这样说的。

人口大量流动和大量死亡、减少，其结果自然是土地大量失耕荒芜，农业萧条。这情况在三国时期是极为显著的。仍用当时人的话来说明问题。仲长统说：“今者土广民稀，中地未垦。”又说：“以及今日，名都空而不居。百万绝而无民者不可胜数。”（《后汉书·仲长统列传》）朱治说：“中国萧条，或百里无烟，城邑空虚，道殣相望。”（《三国志·吴志·朱治传》注引《江表传》）卫觊对魏明帝说：“当今千里无烟，遗民困苦。”（《三国志·魏志·卫觊传》）百里无烟，千里无烟，土地自然是荒芜的了。

三国时期，城市破坏，人口减少，土地荒芜，是战乱的结果，但更是战国两汉社会内在矛盾发展的结果。战国以来，社会中一个大问题是商人、豪族兼并农民，农民流亡。西汉后期，农民流亡已很严重，元帝时贡禹就说：“（农）民弃本逐末，耕者不能半，贫民虽赐之田，犹贱卖以贾。”（《汉书·贡禹传》）他已看出问题，社会上之所以出现这种现象，是钱在作祟。他说：“何者？末利深而惑于钱也。”“是以奸邪不可禁，其原皆起于钱也。”（同上）

钱为什么有这么大的魔力，贡禹不了解。恩格斯了解。恩格斯说：“随着金属货币就出现了非生产者统治生产者及其生产的新手段。……一切商品，从而一切商品生产者，都应该毕恭毕敬地匍匐在货币面前。”又说：“谁握有它，谁就统治了生产世界。但是谁首先握有了它呢？商人。”又说：“随着贸易的扩大，随着货币和货币高利贷、土地所有权和抵押制的产生，财富便迅速地积聚和集中到一个人数很少的阶级手中，与此同时，大众日益贫困化，贫民的人数也日益增长。”（《家庭、私有制和国家的起源》，见《马克思恩格斯全集》第 21 卷第 190—191 页）

在货币、钱的作用下，农民离开土地、流亡城市的情况，东汉比西汉更为严重。我们前面引用的王符的话，洛阳资末业的十倍于农夫，虚伪游手在都市鬼混的又十倍于资末业的。城市人口和农村人口是百与一之比。如前所说，这个比数即使是夸大了，也不会夸大到无边际。王符是个学者，他是在讨论社会问题的,夸大太狠了,就不足取信于人。

人口集中城市,就是农民离开农村;农民离开农村,就意味着劳动力(农民)和生产手段(土地)的分离;劳动力和生产手段的分离,就意味着土地荒芜、生产衰落。东汉人常常提到土地失耕的严重,其根本原因在此。

东汉末年的战乱,使得东汉以来农民流亡、土地失耕、生产衰落的社会内在危机一下总爆发出来,整个社会、城乡经济都陷入大衰败的局面。

东汉末三国初的社会,真是千里无烟,城市空无人居,白莽莽一片大地真干净了。

在这样一个社会、一个时代,钱币的作用就无足轻重了。交换经济衰落了,社会更多的是靠自给自足,钱的作用自然就不大了。

两汉时期。使用了三百多年的五铢钱,由于城市破坏、土地荒芜、人口稀少,造成的经济衰落,到此已无多大用处。交易还有,但已不用五铢钱作媒介而是使用谷帛。《三国志·魏志·董卓传》说:董卓“悉椎破铜人、钟虡,及坏五铢钱。更铸为小钱,大五分,无文章,肉好无轮郭,不磨鑢。于是货轻而物贵,谷一斛至数十万。自是后钱货不行”。这是把钱货不行的原因归之于董卓毁五铢、铸小钱上。这是表面现象。钱之不行,是由于经济衰落,交易中对货币的需求少了。只要交换经济发达,钱货就会使用的。

钱货不行之后,在交换中担当交易媒介即货币使用的是谷帛。汉末、三国初年,谷帛成为交易工具和价值标准,一切交易通过谷帛作媒介来实现,财富多寡以谷帛来计算。如《任嘏别传》说:“(任)嘏,乐安博昌人,世为著姓。……年十四始学。……遂遇荒乱,家贫卖鱼,会官税鱼,鱼贵数倍,嘏取值如常。又与人共买生口,各雇八匹。后生口家来赎,时价值六十匹。共买者欲随时价取赎,嘏自取本价八匹。共买者惭,亦还取本价。”(《三国志·魏志·王昶传》注引)后来,“会太祖(曹操)创业,召海内至德,嘏应其举”(同上)。他买生口的事,当在董卓乱后初平到建安年间,民间买卖以布匹为交易媒介了。

魏文帝黄初二年(221年),曾一度恢复五铢钱。三月“初复五铢钱”,但十月,就又“以谷贵,罢五铢钱”了(《三国志·魏志·文帝纪》)。

谷帛代替金属货币,时间久了,便出现一些流弊。《晋书·食货志》载:“至明帝世,钱废谷用既久,人间巧伪渐多,竞湿谷以要利,作薄绢以为市,

虽处以严刑而不能禁也。”又载：“（晋）安帝元兴中……孔琳之议曰：……谷帛为宝，本充衣食，分以为货，则致损甚多。又劳毁于商贩之手，耗弃于割截之用，此之为弊，著自于曩，故钟繇曰：‘巧伪之人，竞湿谷以要利，制薄绢以充资。魏世制以严刑，弗能禁也。’”

因此，到了魏明帝时，便接受司马芝等人的建议，于太和元年（227 年）四月，“行五铢钱”。这是《三国志·魏志·明帝纪》的记载，比较简略。《晋书·食货志》记载较详，说：“司马芝等举朝大议，以为用钱非徒丰国，亦所以省刑。今若更铸五铢钱，则国丰刑省，于事为便。魏明帝乃更立五铢钱，至晋用之。”

但即使明帝恢复使用五铢钱以后，金属货币也仍未能排挤谷帛之用作货币，民间一般仍以布帛为币。《三国志·魏志·胡质传》注引《晋阳秋》有这样一段故事：“质之为荆州也，（质子）威自京都省之。……拜见父。停厩中十余日，告归。临辞，质赐绢一匹，为道路粮。威跪曰：‘大人清白，不审于何得此绢？’质曰：‘是吾俸禄之余，故以为汝粮耳！’”

胡质为荆州刺史，是在明帝时。在他任荆州刺史时，适逢东吴大将朱然围樊城。按朱然围樊城在明帝景初元年（237 年）。事在明帝恢复五铢钱之太和元年（227 年）整十年之后，而各地人间来往仍以布帛为路粮。路粮者，路上之费用也，路费也，仍是以布帛为货也。

不仅各地方，就是京师，起货币作用的仍是布帛而非五铢钱。景初年间，京师买官仍是用布帛的。《三国志·魏志·夏侯尚传附子玄传》注引《魏略》有如下一段事：“玄既迁，司马景王（司马师）代为护军。护军总统诸将，任主武官选举，前后当此官者，不能止货赂。故蒋济为护军时，有谣言：‘欲求牙门，当得千匹；百人督，三百匹。’宣王（司马懿）与蒋善，闻以问济，济无以解之。因戏曰：‘洛中市买，一钱不足则不行。’遂相对欢笑。”

一“钱”不足，这钱不知指什么，即使是指金属五铢钱，也只说明京师也是铜钱和布帛同时并用的。五铢钱行后，并未能挤去布帛作为货币的职能。

布帛作货币使用，三国时尚只是开始，一直用到唐中叶玄宗开元天宝时期。魏晋南北朝几百年中，布帛都是作货币使用的。中唐以后，布帛为货币才逐渐又为铜钱所排挤、所代替。

大体上说，三国时期开始进入一个新时代。如果说战国秦汉是交换经济、城市经济比较活跃的时代和社会，则三国时期开始进入一个自然经济占优势的时代和社会了。

2. 屯田、客、士家

在汉末人口稀少、土地荒芜、生产衰落的时代，任何政治集团乃至社会集团（如豪族）要想站得住，一要靠粮食，二要靠人口，否则就难以生存。《三国志·魏志·武帝纪》注引《魏书》说："自遭荒乱，率乏粮谷。诸军并起，无终岁之计，饥则寇略，饱则弃余，瓦解流离，无敌而自破者不可胜数。袁绍之在河北，军人仰给桑椹；袁术在江、淮，取给蒲蠃。民人相食，州里萧条。"

平时一个有势力的政治集团占据一块土地后，就可向当地人民征收租税，解决粮食问题。汉末时期，到处是"百里无烟"、"千里无烟"的景象，无人，无生产，哪里去征粮收租？人民的租课不可依靠，政治军事集团要想生存而不"无敌自破"，只有自己解决粮食问题。办法就是屯田。最早想出屯田办法的是曹操，在中原站得住的也是曹操。建安元年（196 年），曹操接受羽林监颍川枣祗的建议，开始在许下屯田。《晋书·食货志》载："魏武既破黄巾，欲经略四方，而苦军食不足，羽林监颍川枣祗建置屯田议。魏武乃令曰：'夫定国之术在于强兵足食，秦人以急农兼天下，孝武以屯田定西域，此先世之良式也。'于是以任峻为典农中郎将，募百姓屯田许下，得谷百万斛。郡国列置田官，数年之中所在积粟，仓廪皆满。"《魏书》的记载于"所在积粟"下，还有几句："征伐四方，无运粮之劳，遂兼灭群贼，克平天下。"（《三国志·魏志·武帝纪》注引）。这段话，把屯田和"兼灭群贼，克平天下"联系起来。当然这是后话，但这是实话。曹操能兼灭群贼克平天下，和他的屯田是有关系的。

除许下屯田外，曹魏在各地建立了很多屯田点，即所谓"郡国列置田官"。管理屯田的官，称作典农中郎将、典农校尉、典农都尉，各地凡设有典农官的都是有屯田的。依此来查寻曹魏设置屯田的郡国，至少有下列各地：

颍川屯田。《三国志·魏志·武帝纪》载："（建安）二十三年春正月，汉太医令吉本与少府耿纪、司直韦晃等反，攻许，烧丞相长史王必营。必与颍川典农中郎将严匡讨斩之。"同书《裴潜传》载:"文帝践阼……出为魏郡、颍川典农中郎将。奏通贡举,比之郡国。由是农官进仕路泰。"同书《徐邈传》载:"文帝践阼,历谯相,平阳、安平太守,颍川典农中郎将。"

魏郡屯田。如《三国志·魏志·裴潜传》,裴潜曾任魏郡典农中郎将。邺有屯田,石苞曾在邺任典农中郎将。邺是魏郡治邑,邺之屯田,想即魏郡屯田。

睢阳屯田。《三国志·魏志·卢毓传》载:"文帝践阼……遂左迁毓,使将徙民为睢阳典农校尉。"

汲郡屯田。《晋书·何曾列传》载:"魏明帝……即位,累迁散骑侍郎,汲郡典农中郎将。"同书《贾充列传》载:"累迁黄门侍郎、汲郡典农中郎将。……世受魏恩。"

河内屯田。《晋书·司马孚传》载:魏文帝世,"出为河内典农"。又《水经注》卷九《沁水》条引《魏土地记》载:"河内郡野王县西七十里有沁水。……石门是晋安平献王司马孚之为魏野王典农中郎将之所造也。"按:此乃在野王之河内屯田。

河东屯田。《三国志·魏志·赵俨传》载:"文帝即王位,为侍中。顷之,拜驸马都尉,领河东太守、典农中郎将。"

洛阳屯田。《三国志·魏志·王昶传》载:"文帝践阼,徙散骑侍郎,为洛阳典农。时都畿树木成林,昶斫开荒莱,勤劝百姓,垦田特多。"《太平御览》卷六八一引《魏书》载:"桓范,黄初中为洛阳典农中郎将。"

襄城屯田。《三国志·魏志·裴潜传》注引《魏略》载:"(黄)朗始仕黄初中……迁襄城典农中郎将、涿郡太守。"

弘农屯田。《三国志·魏志·杜畿传》注引《魏略》载:"(杜)恕(杜畿子)正始中,出为弘农,领典农校尉。"

另外,在芍陂、皖、汉中、长安、上邽等地,都有屯田。

以上所说是民屯,另有军屯。最大最重要的军屯在淮水流域。这是邓艾建议的。邓艾说:"昔破黄巾,因为屯田,积谷于许都以制四方。今三隅已定,事在淮南,每大军征举,运兵过半,功费巨亿,以为大役。陈、蔡之间,土下田良,可省许昌左右诸稻田,并水东下,令淮北屯二万人,淮南三万人,十二分休,常有四万人,且田且守。水丰常收三倍于西,计除众费,岁完五百万斛以为军资。六七年间,可积三千万斛于淮上,此则十万之众五年食也。以此乘吴,无往而不克矣。”(《三国志·魏志·邓艾传》)

这时司马懿已经有权,司马懿同意邓艾的意见,按照他的设计在淮水南北屯田,且佃且守。这当然是军屯,当时的屯田措施是:“北临淮水,自钟离而南横石以西,尽沘水、四百余里,五里置一营,营六十人,且佃且守。兼修广淮阳、百尺二渠,上引河流,下通淮颍,大治诸陂于颍南、颍北,穿渠三百余里,溉田二万顷,淮南、淮北皆相连接。自寿春到京师,农官兵田,鸡犬之声,阡陌相属。每东南有事,大军出征,泛舟而下,达于江淮,资食有储,而无水害。”(《晋书·食货志》)

民屯的劳动者,是屯田客;军屯的劳动者,是士兵。

《三国志·魏志·赵俨传》载:“屯田客吕并自称将军,聚党据陈仓。”屯田客也称典农部民。同书《邓艾传》注引《世语》载:“邓艾少为襄城典农部民。”但部民可能是通称,就如称“农民”、“农夫”,而“屯田客”则是专称。

屯田客的来源,主要是招募。建安元年曹操在许下屯田,就是“乃募民屯田许下”(《三国志·魏志·武帝纪》注引《魏书》)。募之外,也徙民屯田。魏文帝时在谯和睢阳的屯田,就是徙民屯田。《三国志·魏志·卢毓传》载:“帝以谯旧乡,故大徙民充之,以为屯田。而谯土地硗瘠,百姓穷困,毓愍之,上表徙民于梁国就沃衍,失帝意。虽听毓所表,心犹恨之,遂左迁毓,使将徙民为睢阳典农校尉。”

屯田大约是以屯为单位,每屯约五十到六十人,如淮水南北的屯田是“五里置一营,营六十人,且佃且守”。西晋武帝咸宁元年,以奴隶屯田,是以五十人为一屯。《晋书·食货志》载:“咸宁元年十二月诏曰:‘出战入耕,虽自古之常,然事力未息,未尝不以战士为念也。今以鄴奚官奴著新城,代田兵种稻,奴婢各五十人为一屯,屯置司马,使皆如屯田法。’”鄴奚官奴婢所代替的是田兵,事之起因也是“以战士为念”。这里大约是军屯,屯田法自然也是军屯田法。但民屯也是军法部勒的,民屯的管理人是典农中郎将、典农校尉、典农都尉,都是军职。想来民屯和军屯的内部管理也不会差别太大,军屯田法和民屯田法,也不会相差太多。

屯田的土地是属于国家的。《三国志·魏志·司马朗传》载:“(朗)又以为宜复井田。往者以民各有累世之业,难中夺之,是以至今。今承大乱之后，民人分散，土业无主，皆为公田，宜及此时复之。”井田当然无法“复之”，但土地已是国家的公田，实行屯田实即以公田课给屯田客耕种，国家是地主，屯田客是国家的佃户。

屯田收获的粮食如何分配，从屯田一开始就有讨论，也就有争论。曹操有一个令专述这个问题。令说：“及破黄巾定许，得贼资业，当兴立屯田，时议者皆言当计牛输谷。佃科以定。施行后，（枣）祗白以为僦牛输谷，大收不增谷，有水旱灾除，大不便。反复来说，孤犹以为当如故，大收不可复改易。祗犹执之，孤不知所从，使与荀令君议之。时故军祭酒侯声云：‘科取官牛，为官田计，如祗议，于官便，于客不便。’声怀此云云，以疑令君。祗犹自信，据计划还白，执分田之术。孤乃然之，使为屯田都尉，施设田业。其时岁则大收。后遂因此大田，丰足军用，摧灭群逆，克定天下，以隆王室。”（《三国志·魏志·任峻传》注引《魏武故事》）

魏屯田租课，按分成收租，是从枣祗定下来的。办法大约是四六分或对半分。晋武帝泰始四年，傅玄曾上疏说：“旧兵持官牛者，官得六分，士得四分；自持私牛者，与官中分。”（《晋书·傅玄列传》）

泰始四年，司马氏刚刚夺取天下四年，傅玄所谓“旧”自然是指魏，在魏时他曾任弘农太守领典农校尉。他对曹魏的屯田制度当是熟悉的。分成制既能保证政府的收入，也能鼓励屯田客得到温饱，屯田客就会有生产热情。分成制对政府、屯田客是两利的。

国家对于郡县编户民和屯田客是分而治之的。郡县太守令长治编户民；典农中郎将、校尉、都尉治屯田客。完全是两个系统。屯田官和屯田客都不属郡县。《三国志·魏志·贾逵传》载：“太祖征马超……以逵领弘农太守。……其后发兵，逵疑屯田都尉藏亡民。都尉自以不属郡，言语不顺。逵怒，收之，数以罪，挝折脚，坐免。”又本传注引《魏略》说：“逵前在弘农，与典农校尉争公事，不得理，乃发愤生瘿。”典农中郎将秩二千石，典农校尉秩比二千石，典农都尉秩六百石或四百石。典农中郎将和典农校尉同郡太守是同级的官。典农都尉同县令长是同级官。弘农典农都尉虽然和县令长同级但不属郡，而弘农典农校尉因为和郡守同级就可以和郡守因公事而争了。所争的可能和都尉所争的是同一件事。郡疑屯田藏匿亡民问题。“发愤生瘿”，大约是因免官而愤生的。

屯田客和郡县编户民对国家的负担不一样。编户民于田租之外,还要负担户调和徭役,屯田客则只负担租课。

到了曹魏后期,屯田客的任务也慢慢多起来,他们有了役的负担。如魏明帝营造宫室,常调取洛阳典农领下的屯田客服役。《三国志·魏志·毌丘俭传》载:"出为洛阳典农。时取农民以治宫室。俭上疏曰:……"所谓农民,就是洛阳典农领下的屯田客,所以毌丘俭才出来说话。服役之外,甚至有抽调屯田客从事商业活动的。同书《司马芝传》载:"先是诸典农各部吏民,末作治生,以要利人。芝奏曰:'……武皇帝特开屯田之官,专以农桑为业。建安中,天下仓廪充实,百姓殷足。自黄初以来,听诸典农治生,各为部下之计,诚非国家大体所宜也。……今诸典农,各言留者为行者宗田计。课其力,势不得不尔。不有所废,则当素有余力。臣愚以为不宜复以商事杂乱,专以农桑为务,于国计为便。'明帝从之。"

屯田客是"募"来的。但在当时历史条件下,"募"也不会是完全自由的,募之中有很大的强制性。《三国志·魏志·袁涣传》载:"是时新募民开屯田,民不乐,多逃亡。涣白太祖曰:'夫民安土重迁,不可卒变,易以顺行,难以逆动,宜顺其意,乐之者乃取,不欲者勿强。'太祖从之。百姓大悦。"

"不欲者勿强",不知道如何个不强法。而且,也不知就是这一次"不欲者勿强"了,还是所有的屯田都实行"不欲者勿强"。估计在当时的历史条件下,对屯田客不搞点勉强是办不成事的。而且管理屯田的都是军职,在屯田生产过程中,少不了军法部勒的措施。屯田客的人身自由少不了要受些限制。不能说屯田客的身份已经下降到依附民,但在从两汉到南北朝,郡县编户民身份逐步由自由民向依附民转化的慢长过程中,不能不说屯田客的身份已从自由向依附化移动了一步。

军屯中的士兵和民屯中的屯田客在身份变化上有着同样的情况。曹魏的士亡法,对士兵逃亡治罪是很重的,士本人被捕获后,身死,家属妻子从死。《三国志·魏志·卢毓传》载:"时天下草创,多逋逃,故重士亡法,罪及妻子。亡士妻白等,始适夫家数日,未与夫相见,大理奏弃市。毓驳之曰:'……苟以白等皆受礼聘,已入门庭,刑之为可,杀之为重。'太祖曰:'毓执之是也。'"又同书《高柔传》:"鼓吹宋金等在合肥亡逃。旧法,军征士亡,考竟其妻子。太祖患犹不息,更重其刑。金有母妻及二弟皆给官,主者奏尽杀

之。柔启曰：'……重刑非所以止亡，乃所以益走耳。'太祖曰：'善。'即止不杀金母、弟，蒙活者甚众。"大约由于曹操以卢毓、高柔所论为是，从士亡法改为妻子没为官奴婢。《高柔传》又载："护军营士窦礼近出不还。营以为亡，表言逐捕，没其妻盈及男女为官奴婢。"

士兵的家属，是集中起来居住的，不属于郡县。曹魏的士兵家属集中居住在邺，有十万家。《三国志·魏志·辛毗传》载："（文）帝欲徙冀州士家十万户实河南。时连蝗民饥，群司以为不可……帝遂徙其半。"因此，曹魏的士兵家属，有了"士家"名称。

士家的妻女，可以由政府配嫁。《魏略》有如下的记载："太子舍人张茂以……而（明）帝……又剥夺士女前已嫁为吏民妻者，还以配士，既听以生口自赎，又简选其有姿色者内之掖庭，乃上书谏曰：'臣伏见诏书，诸士女嫁非士者，一切录夺，以配战士。……吏属君子，士为小人，今夺彼以与此。……县官以配士为名而实内之掖庭。'"（《三国志·魏志·明帝纪》注引）士兵只有积战功封侯以后，才能免去这种配嫁的耻辱。这还是到了曹魏后期才制定出来的律条。《三国志·魏志·钟繇传附子毓传》载："（曹）爽既诛，入为御史中丞、侍中廷尉。听君父已没，臣子得为理谤，及士为侯，其妻不复配嫁，毓所创也。"

在曹魏后期，士已成为小人，士妻女得由政府配嫁，只有因功封侯才能免去这条桎梏。这都说明士家地位已低于一般编户民。士和士家，也和屯田客一样，我们虽然不能说他们的身份已降为依附民地位，但他们也已和编户民不在同一等级。他们已是小人。在由自由民向依附民过渡的慢长过程中，他们也向依附民迈出了一步。

屯田制，是在战乱时代人民死伤逃亡、土地荒芜的历史条件下，解决粮食问题的一种救急措施。待社会安定，生产逐步恢复，国家租课有了基础，政分郡县、屯田两条系统的办法已无十分必要。到了曹魏晚期，郡县、屯田划一以均政令的要求便提出来了。《三国志·魏志·三少帝纪·陈留王奂纪》载，咸熙元年（264 年），魏亡之前一年，"是岁，罢屯田官以均政役，诸典农皆为太守，都尉皆为令长"。屯田系统既然自己有治地，有人民，只把屯田地区改为郡县，屯田官改为郡守、县令长即可，没有任何困难。如《水经注》卷十五《洛水》条所载："（昌涧水）东南流径宜阳故郡南，旧阳市邑也。

故洛阳都典农治,此后改为郡。"《水经注》卷二十二《颍水》条载:"颍水又南径颍乡城西,颍阴县故城在东北,旧许昌典农都尉治也,后改为县。"这两条记载,可为典农校尉治改为郡,典农都尉治改为县的注脚。

屯田改为郡县,还有一个经济上的原因。三国时期,在一部分农民被"募"或"徙"出去成为屯田客的同时,郡县编户民也都国家佃农化,郡县治理编户民实际上也成为领佃的性质。《晋书·食货志》载:"宋侯相应遵……县领应佃二千六百口,可谓至少。"这句话是杜预说的。县所领的编户民被称作应佃人口了。这是西晋初年的情况,但它所由来者渐,曹魏时应已有苗头,西晋课田占田制下的农民,实际上已是国家的佃户。农民成为国家佃户,与屯田客差别已不大。名义上,取消屯田改为郡县是屯田向郡县靠拢,实质上郡县编户民成为国家佃户,也是郡县编户民向屯田客靠拢。后一个靠拢,郡县民的佃户化是屯田改郡县的更重要原因。

3. 豪族、依附民

豪族强宗,从战国开始就一路发展下来,没有中断过。它的起源还可以追溯到春秋以前的氏族贵族。西周春秋时期的氏族贵族都是大家族、豪族强宗。当然,在发展中性质也就变化了。

秦汉时期的豪族,一部分是战国时代的贵族强宗延续下来的。如秦和汉初的齐地诸田,楚地的景、昭、屈,都是先秦的贵族。一部分是新发展起来的,这一部分中,有的是以经济起家的商人豪富民,有的是以政治起家的官僚贵族。

这些豪族势力的发展,不利于皇权。所以秦汉皇帝对豪族势力总是给予打击。他们采取的办法主要是迁徙。把他们调离本土迁徙到关中去。秦始皇二十六年统一后,即"徙天下豪富于咸阳十二万户"(《史记·秦始皇本纪》)。西汉继续采取这种政策。刘邦徙"齐诸田,楚昭、屈、景,燕、赵、韩、魏后,及豪杰名家居关中""十余万口"(《史记·刘敬列传》)。西汉二百来年一直执行迁徙豪族强宗于关中的政策。其中最突出的是汉武帝,关东豪富之家,游侠首领,官至二千石以上的家族,都徙置关中茂陵。刘敬、主父偃的话,最足以说明皇权和豪族强宗的矛盾,刘敬对刘邦说:"诸侯初起时,非齐诸田，楚昭、屈、景，莫能兴。今陛下虽都关中，实少人。北近胡寇，东有六国之族，宗强，一日有变，陛下亦未得高枕而卧也。臣愿陛下徙齐诸田，楚昭、屈、景，燕、赵、韩、魏后，及豪杰名家居关中。无事可以备胡；诸侯有变，亦足率以东伐。此强本弱末之术也。”（同上）主父偃对汉武帝说：“茂陵初立，天下豪杰兼并之家，乱众民，皆可徙茂陵，内实京师，外销奸猾，此所谓不诛而害除。”（《汉书·主父偃传》）他们这些话的意思，都是说豪族强宗是地方上与皇权对立的势力，要巩固皇权就不能允许豪族强宗势力的发展。景帝、武帝时期出了许多酷吏，酷吏打击的对象就是豪族强宗。武帝时设置刺史，以六条察郡，主要是察地方官（郡守）和地方势力（豪族强宗）的勾结。

西汉皇帝打击豪族强宗，但豪族强宗仍然存在和发展。王莽末年，各地一下就冒出来那么多豪族强宗来反对他。刘秀就是南阳豪族，刘秀的成功取天下，一个因素就是他取得各地豪族强宗的支持和拥护。东汉政权对豪族强宗势力不像西汉一样那么打击，除明帝外，大体上是采取皇权、豪族平行发展的和平共处政策，以联姻的形式使两种势力联系起来。当然，完全不矛盾是不可能的，东汉外戚、宦官斗争，就是皇权、豪族强宗斗争的一种形式。宦官依靠皇权代表皇帝，外戚多是当时最有权有势的豪族强宗。

豪族强宗势力在东汉一朝是一直发展的，未受什么打击。东汉末年的学者仲长统谈到豪族强宗的社会、经济、政治势力时说：“豪人之室，连栋数百，膏田满野，奴婢千群，徒附万计。船车贾贩，周于四方；废居积贮，满于都城。琦赂宝货，巨室不能容；马牛羊豕，山谷不能受。”（《后汉书·仲长统列传》）又说：“井田之变，豪人货殖，馆舍布于州郡，田亩连于方国。身无半通青纶之命，而窃三辰龙章之服；不为编户一伍之长，而有千室名邑之役。荣乐过于封君，势力侔于守令。财赂自营，犯法不坐。刺客死士，为之投命。”（同上）

仲长统说的，主要是以商业起家的豪族强宗。这部分豪族强宗的经济势力和社会势力都很强大，有代表性；以官起家的豪族强宗，势力之强大也是可观的。

东汉豪族强宗势力之大，现举两家为例。官僚型的，以汝南袁家为例。《三国志·魏志·袁绍传》载：“袁氏树恩四世，门生、故吏遍于天下，若收豪杰以聚徒众，英雄因之而起，则山东非公之有也。”这是伍琼、何颙对董卓说的话。又同书《满宠传》载："时袁绍盛于河朔，而汝南绍之本郡，门生、宾客布在诸县，拥兵拒守。太祖忧之，以宠为汝南太守。宠募其服从者五百人，率攻下二十余壁，诱其未降渠帅，于坐上杀十余人，一时皆平。得户二万，兵二千人，令就田业。"商人型的，以东海麋氏为例。《三国志·蜀志·麋竺传》载："麋竺，字子仲，东海朐人也。祖世货殖，僮客万人，赀产巨亿。……先主转军广陵海西，竺于是进妹于先主为夫人，奴客二千，金银货币以助军资；于时困匮，赖此复振。"麋竺有奴客万人，刘备正被吕布打得走投无路，麋竺给他奴客两千人，刘备遂赖以复振。麋家势力了不得。

在东汉皇权控制下，豪族强宗一般不得展其羽翼，待董卓之乱一起，汉家乾坤不振，皇纲解纽。这些豪族强宗展翅的机会到了，他们纷纷割地自雄起来。曹丕《典论·自序》说："初平之元，董卓杀主鸩后，荡覆王室。是时四海既困中平之政，兼恶卓之凶逆，家家思乱，人人自危。山东牧守，咸以《春秋》之义，'卫人讨州吁于濮'，言人人皆得讨贼。于是大兴义兵，名豪大侠，富室强族，飘扬云会，万里相赴；兖、豫之师战于荥阳，河内之甲军于孟津。卓遂迁大驾，西都长安。而山东大者连郡国，中者婴城邑，小者聚阡陌，以还相吞灭。"（见《三国志·魏志·文帝纪》注）

关于豪族强宗割地自雄的情况，下面再举几个例子。《三国志·魏志·许褚传》载："许褚字仲康，谯国谯人也。长八尺余，腰大十围，容貌雄毅，勇力绝人。汉末，聚少年及宗族数千家，共坚壁以御寇。"同书《李典传》载："典从父乾，有雄气，合宾客数千家在乘氏。……吕布……

图43　三国时陶屋模型

杀乾。太祖使乾子整将乾兵。……整卒，典……将整军。……太祖与袁绍相拒官渡，典率宗族及部曲输谷帛供军。……典宗族部曲三千余家，居乘氏，自请愿徙诣魏郡。……遂徙部曲宗族万三千余口居邺。”同书《李通传》载：“李通……与其郡人陈恭共起兵于朗陵，众多归之。时有周直者，众二千余家，与恭、通外和内违。”

图 44　三国时陶院落模型

三国时期，由这些豪族强宗团聚起来的人，一部分是他们固有的，如他们的宗族、部曲，一部分是新来投靠的。社会荒乱，农民很难单独生存。他们只有向豪族强宗投靠，求得他们的庇护。这种情况，在三国时期很盛行。这就扩大了豪族强宗的势力。

豪族强宗集团内部有各类人，从名称上看，有宗族、部曲、宾客、客、家兵、门生、故吏、奴隶等。最主要的是部曲、客，人数可能是最多的。

在汉代，部曲原是军队基层中的两层组织，就如同后代的团、营一样。后来渐渐被用来泛指军队，如将军率部曲如何如何。三国时期，部曲渐向私兵转化。豪族强宗的家兵，也被称作部曲。如前引《李典传》，李典宗族部曲三千余家居乘氏。这部曲，就是李典的家兵，私兵。

董卓乱后，东汉皇朝土崩瓦解。各地豪族强宗也就解脱了皇朝的控制，他们成为地方上独立或半独立的势力。他们庇护他们属下的人口，不向政府交纳租税，不负担役调。《三国志・魏志・王脩传》载：(孔融在北海)时“胶东多贼寇，复令脩守胶东令。胶东人公沙卢宗强，自为营堑，不肯应发调”。又同书《司马芝传》载：“太祖平荆州，以芝为菅(属青州，今山东济阳东)长。时天下草创，多不奉法。郡主簿刘节，旧族豪侠，宾客千余家，出为盗贼，入乱吏治。顷之，芝差节客王同等为兵，掾史据曰：'节家前后未尝给繇，若至时藏匿，必为留负。'"不过，汉末年间，只是由于皇纲不振，一时没有权力来加在他们头上，这些豪族强宗就钻空子，依靠自己的势力抗拒出租调，法律上还没有承认他们的特权，遇到能干严格的地方官，特别是在曹操的力量强大起来以后，对于这种不法行为还是打击的。如王脩在胶东，对于公沙卢这种"不肯应发调"的违法行为就是打击的。他"独将数骑径入其门，斩卢兄弟，公沙氏惊愕莫敢动。脩抚慰其余。由是寇少止"（《三国志·魏志·王脩传》）。司马芝在菅，也是如此。他"与节书曰：'君为大宗，加股肱郡，而宾客每不与役，既众庶怨望，或流声上闻。今调同等为兵，幸时发遣。'兵已集郡，而节藏同等。因令督邮以军兴诡责县，县掾史穷困，乞代同行。芝乃驰檄济南，具陈节罪。太守郝光素敬信芝，即以节代同行。青州号芝'以郡主簿为兵'"（《三国志·魏志·司马芝传》）。

公沙卢、刘节的所作所为虽不合法，但这在当时已是公开的事实。豪族强宗的宾客、部曲等等私宾私人，都是不向政府纳租税服役调的。这犹之有时候法律上是反腐败的，贪污是有罪的，而事实上贪污腐败已成风一样。不用重典，能臣像王脩、司马芝那样，是很难成事的。

曹魏末年，豪族强宗可以庇护属下宾客、部曲等私有人口不向政府出租税徭役的特权，已取得法律上的承认。《晋书·王恂传》载："魏氏给公卿已下租牛客户数各有差，自后小人惮役，多乐为之，贵势之门动有百数。又太原诸部亦以匈奴人为田客，多者数千。"魏氏给公卿以下租牛客户的时代，大约在司马氏掌权以后，司马氏为了买好朝臣取得他们的支持，采取了这套办法。

豪族强宗的部曲、客，除去他们原有的部曲、客以外，多是投靠来的。现在豪族强宗又取得庇护他们免向国家出纳租税徭役的特权，部曲、客对主人的依附关系，便逐渐产生和发展了。部曲、客身份由自由民降为半自由民，失掉了自由离开主人的权利等等。豪族强宗原来的部曲、客的来源，除自由民的投靠外，就是奴隶的解放。王莽改天下田曰王田、奴婢曰私属，私属就是从奴隶身份解放仍须留在主人名下的半自由人，就是依附民。东汉豪族强宗属下的部曲、客，我想多半是由奴隶解放来的，是王莽改奴婢曰私属的结果。对此，我们虽然没有直接的证明材料，我想做此推想是不会有大

误的。

前面说，自西周春秋就有豪族强宗，但自西周到三国，豪族强宗的性质是有发展变化的。西周春秋时代的豪族强宗，是氏族贵族和他们的族人，他们之间是血缘关系。这是以血缘关系为主的家族。战国两汉的豪族强宗，仍有宗族血缘关系的一面，但已脱离了氏族贵族性质，而是以经济和政治为基础而组成的豪族强宗。他们的宗族血缘关系已让位于经济、社会、政治关系。从三国时代开始，是豪族强宗发展中的第三阶段。这时期豪族强宗的特性，即使它区别于战国两汉时期豪族强宗特性的是，他们在政治上已经取得特权，他们从国家分割出来一部分人口，他们可以庇护他们的人口免除对国家的租税徭役负担。

这个变化是在汉末三国时期出现的，两晋南北朝时期则发展起来了。

4. 宽与猛的政治

中国有句老话，叫做“治乱世用重典”。用重典一在惩治不法之人，二是建立法律秩序。乱世必须用重刑，仁爱懦弱办不了事。

过去曾有过儒法斗争之争，其实不只法家，儒家一样也主张需要用重刑的时候就用重刑。孔子就有“宽以济猛，猛以济宽”的话。《左传》昭公二十年，“郑子产有疾，谓子大叔曰：‘我死，子必为政。唯有德者能以宽服民，其次莫如猛。夫火烈，民望而畏之，故鲜死焉；水懦弱，民狎而玩之，则多死焉。故宽难。’疾数月而卒。大叔为政，不忍猛而宽。郑国多盗，取人于萑苻之泽。大叔悔之曰：‘吾早从夫人，不及此。’兴徒兵以攻萑苻之盗，尽杀之。盗少止。仲尼曰：‘善哉！政宽则民慢，慢则纠之以猛，猛则民残，残则施之以宽。宽以济猛，猛以济宽，政是以和。’”东汉中叶以后，政治散漫无法。思想家王符、崔寔都是主张宽猛相济的。他们都是儒家。

曹操所处的时代，是个混乱的时代，官吏贪污腐败，横行不法，欺压良民。曹操投身政治，一出手就是打击不法豪强的。曹操二十岁时，任洛阳北部尉，他“初入尉廨，缮治四门。造五色棒，县门左右各十余枚，有犯禁者，不避豪强，皆棒杀之。后数月，灵帝爱幸小黄门蹇硕叔父夜行，即杀之。京师敛迹，莫敢犯者”（《三国志·魏志·武帝纪》注引《曹瞒传》）。他做济南相,“国有十余县,长吏多阿附贵戚,赃污狼藉,于是奏免其八”(《三国志·魏志·武帝纪》)。他灭袁绍后,下令说:“袁氏之治也,使豪强擅恣,亲戚兼并,下民贫弱,代出租赋,炫鬻家财,不足应命;审配宗族,至乃藏匿罪人,为逋逃主。”(《三国志·魏志·武帝纪》注引《魏书》)他于是“重豪强兼并之法”(《三国志·魏志·武帝纪》)。

乱世需要的是人的才能,曹操甚至发展到重才不重德的偏颇方面去了。有名的魏武三令,就是很好的说明。如建安十五年的一令说:“今天下尚未定,此特求贤之急时也。‘孟公绰为赵、魏老则优,不可以为滕、薛大夫。’若必廉士而后可用,则齐桓其何以霸世!今天下得无有被褐怀玉而钓于渭滨者乎?又得无盗嫂受金而未遇无知者乎?二三子其佐我明扬仄陋,唯才是举,吾得而用之。”(同上)

曹操的话,说得很清楚明白,天下还未定,尚在乱时,有德无才的人,没有用,只能当花瓶摆一摆,没有实际用处。有才无德,关系不大,我是唯才是举,得而用之。曹操这话,说得有点过,无德而贪污腐败的人,他也是不用的。他只是说不要埋没人才而已。

有人说曹操是法家,《三国志》作者陈寿就有这个意思,他说:“太祖……揽申、商之法术,该韩、白之奇策。”(《三国志·魏志·武帝纪》评曰)其实,先秦百家兴起,有所谓儒家、法家,秦汉以后只有孔子所说的宽、猛,无所谓法家、儒家。“宽以济猛,猛以济宽”是儒家政治观的两种境界。理想是德,其次是刑。法家是根本否定德的。韩非说:“严家无悍虏,而慈母有败子。吾以此知威势之可以禁暴,而德厚之不足以止乱也。”(《韩非子·显学》)法家根本否定仁德慈爱。法家只有刑罚,儒家有宽猛两手。

曹操以后,魏文帝、明帝时期,天下虽仍三分,但大体已经安定。儒家德教思想就慢慢抬头了。

曹操集团,包括文、武两类人物,武以创天下;文则一面帮助创天下,一面帮助守成。

武人中主要是曹氏、夏侯氏。曹操的父亲曹嵩是桓帝时中常侍大长秋(宦官)曹腾的养子。《曹瞒传》和《世语》都说:“嵩,夏侯氏之子,夏侯惇之叔父。太祖于惇为从父兄弟。”(《三国志·魏志·武帝纪》注引)如此说来,夏侯氏、曹氏,都是曹操的同族弟兄。曹氏、夏侯氏组成曹操军事方面的骨干力量。曹操左右最亲近的侍卫兵称为虎豹骑，前后率领虎豹骑的有曹休、曹真、曹纯，都是曹家子弟。曹操、文帝、明帝三代，军事最高长官和军事最高指挥权总在曹氏和夏侯氏手里。文帝疾笃，以中军大将军曹真、镇军大将军陈群、征东大将军曹休、抚军大将军司马懿，并受遗诏辅明帝。明帝临死前，以大将军曹爽、太尉司马懿辅幼主。最高军权才有外姓参与。

武将中，于曹氏、夏侯氏之外，曹操也吸收一些有作战能力的降将，如张郃、张辽、于禁、庞德等。也吸收一些地方豪强如许褚、李典、臧霸等。这些人也成为曹操武将中的骨干力量。

曹操创业，固然要靠武人，但正像陆贾对刘邦说的："居马上得之，宁可以马上治之乎？且汤武逆取而以顺守之，文武并用，长久之术也。"（《史记·陆贾列传》）曹操也要用文人。

文、武并用，长久之术也。曹操用武人打天下，也要用文人来守。

当时的文人士大夫，多半出身世家豪族。汉武帝以后，儒学受到独尊。读了经书，可以做官，做官可以致富。原来没有文化的官僚和社会上的豪富家族，子弟也可以读书掌握知识文化成为有文化的家族。东汉时期，士大夫、官僚、豪族强宗，三者已结合起来成为一体。（余英时教授似对本问题写过文章，一时又找不着，姑志之于此。）

曹操出身宦官家族，宦官是皇帝身边的人物，是皇权的寄生物，是依附于皇帝、皇权的。皇帝有权，宦官就有权。东汉宦官、外戚的斗争，反映了东汉时期皇权与世家豪族的斗争。世家豪族势力的发展，对皇权是不利的，而东汉外戚多半是世家豪族。如外戚马、窦、邓、梁诸家，可以说都是世家豪族中的代表家族。

东汉末年桓、灵之世是宦官掌权的时代，政治昏暗腐败，宦官极不得人心。曹操出身宦官家族，却极愿摆脱这个因素而向士大夫世家豪族靠拢。曹操幼时，就极力和袁绍拉拢，和士族阶层拉拢。但曹操一出仕做官就打击豪强，仍和他出身皇权依附物的宦官家族是有关系的。曹操知人善用，都能各尽其才。曹操时代的文人，大体可分为两部分：一部分是他的智囊团，这是些有军事才能的人，能帮助曹操"运筹帷幄，决胜千里"的人；一部分是有治民才能的人，曹操马上得的天下，由这些人去治理，或在中央，或在地方。两种人多半出自世家豪门。

曹操的智囊团多是汝颍文士。如荀彧，颍川颍阴人。荀攸，是荀彧的侄子。郭嘉，颍川阳翟人。另外，还有一个戏志才，也是为曹操所器重的，不幸早死。《三国志·魏志·郭嘉传》载："先是时，颍川戏志才，筹画士也，太祖甚器之。早卒。太祖与荀彧书曰：'自志才亡后，莫可与计事者。汝、颍固多奇士，谁可以继之？'或荐嘉。召见，论天下事，太祖曰：'使孤成大业者，必此人也。'"

荀彧是颍川世家豪族。荀彧的祖父荀淑，在汉顺帝、桓帝时知名当世。荀淑有子八人，号曰八龙。荀彧父绲，做过济南相；叔父爽，官到司空。

帮助曹操守成的人，又可以分作两派，一派是"猛"，一派是"宽"。一如西汉的酷吏与循吏，他们面对的人和问题是不同的。酷吏和猛派，打击的对象是豪强中的不法家族，循吏和宽派所面对的是编户百姓。

如上节所述，当时很多豪族强宗是不守法的。对这些人须要打击。对此确有一些猛派官吏，对他们采取打击措施。《魏略·杨沛传》载："及太祖辅政，迁沛为长社令。时曹洪宾客在县界，征调不肯如法。沛先挝折其脚，遂杀之。由此太祖以为能。"(《三国志·魏志·贾逵传》注引》)《三国志·魏志·满宠传》载："时曹洪宗室亲贵，有宾客在界(时满宠为许令)，数犯法，宠收治之。洪书报宠，宠不听。洪白太祖，太祖召许主者。宠知将欲原，乃速杀之。太祖喜曰：'当事不当尔邪？'"曹操对这些猛派官是欣赏的，不是说"以为能"，就是说"当事不当尔邪"。王脩打击公沙卢，司马芝打击刘节，已如前述。

曹操用猛派官，打击的是豪族强宗中的不法者；对于编户百姓，曹操的政策是宽的。所标榜的是儒家的仁政，对于臣下建议行儒家仁政、德政的，曹操都能赞许或听从。《三国志·魏志·袁涣传》载："(吕)布诛，涣得归太祖。涣言曰：'夫兵者，凶器也，不得已而用之。鼓之以道德，征之以仁义，兼抚其民而除其害。……虽以武平乱而济之以德，诚百王不易之道也。……'太祖深纳焉。""魏国初建，为郎中令，行御史大夫事。涣言于太祖曰：'今天下大难已除，文武并用，长久之道也。以为可大收篇籍，明先圣之教，以易民视听，使海内斐然向风，则远人不服可以文德来之。'太祖善其言。"

袁涣这些话，完全是儒家的说教。而曹操一则"深纳焉"，一则"善其言”，可见曹操对儒家仁政德政这套思想也是接受的。

事实上，曹操时地方官在地方上政绩好的，都是行的儒家一套。如杜畿在河东，“是时天下郡县皆残破，河东最先定，少耗减。畿治之，崇宽惠，与民无为。……班下属县，举孝子、贞妇、顺孙，复其徭役，随时慰勉之。……百姓勤农，家家丰实。畿乃曰：‘民富矣，不可不教也。’于是冬月修戎讲武，又开学宫，亲自执经教授，郡中化之”（《三国志·魏志·杜畿传》）。

崇宽惠，举孝子、贞妇、顺孙，富而教之，开学宫，这都是儒家的施政思想，杜畿在河东推而行之。《魏略》说：“博士乐详，由畿而升。至今河东特多儒者，则畿之由矣。”（《三国志·魏志·杜畿传》注引）

曹操本人对孔子是非常尊重的。他常常称赞孔子或引孔子言语以称赞别人。建安十年，曹操令曰：“阿党比周，先圣所疾也。”（《三国志·魏志·武帝纪》）先圣即指的孔子。《论语·为政》说：“君子周而不比，小人比而不周。”《集解》说：“忠信为周，阿党为比。”他下令赞美河东太守杜畿说：“河东太守杜畿，孔子所谓‘禹，吾无间然矣’。增秩中二千石。”（《三国志·魏志·杜畿传》）又一令曰：“昔仲尼之于颜子，每言不能不叹，既情爱发中，又宜率马以骥。今吾亦冀众人仰高山，慕景行也。”（《三国志·魏志·杜畿传》注引《杜氏新书》）

魏文帝曹丕时期，社会安定，儒学儒家受到更多的重视。黄初二年，下诏称：“昔仲尼资大圣之才，怀帝王之器，当衰周之末，无受命之运，在鲁、卫之朝，教化乎洙、泗之上。凄凄焉，遑遑焉，欲屈己以存道，贬身以救世。……可谓命世之大圣，亿载之师表者也。遭天下大乱，百祀堕坏，旧居之庙，毁而不修；褒成之后，绝而莫继。阙里不闻讲颂之声，四时不睹蒸尝之位。斯岂所谓崇礼报功、盛德百世必祀者哉！其以议郎孔羡为宗圣侯，邑百户，奉孔子祀。”同时又令：“鲁郡修起旧庙，置百户吏卒以守卫之。又于其外广为室屋以居学者。”（《三国志·魏志·文帝纪》）

黄初五年，又“立太学，制五经课试之法，置《春秋穀梁》博士”（同上）。又“使诸儒撰集经传，随类相从，凡千余篇，号曰《皇览》”（同上）。

文帝时，因儒雅进用，曹操时期以打击豪强而被视为“能”的猛派臣僚于是失势。杨沛的遭遇，可以为例。《魏略·杨沛传》载：“黄初中，儒雅并进，而沛本以事能见用，遂以议郎冗散里巷。沛前后宰历城守，不以私计介意,又不肯以事贵人,故身退之后,家无余积。治疾于家,借舍从儿,无他奴婢。后占河南几阳亭部荒田二顷,起瓜牛庐,居止其中,其妻子冻饿。沛病亡,乡人亲友及故吏民为殡葬也。”(《三国志·魏志·贾逵传》注引)

图45　阎立本绘曹丕像,请注意他那目露凶光的右眼

《三国志·魏志》卷十一、十二、十三、十五、十六、二十二、二十三、二十四、二十五、二十六、二十七各卷,是有魏一代有地位的政治家的列传。我曾粗略地统计了一下,绝大部分是主张仁政和以宽惠的措施来从政施政的。其中很多是儒门世家,如鲍勋、陈群、司马懿、高堂隆等,都是世代儒家。

九品官人法,是六朝时期国家取士任官的主要办法。九品中正制,就是曹丕时陈群提出的。《三国志·魏志·陈群传》载:“及(丕)即王位,封群昌武亭侯,徙为尚书。制九品官人之法,群所建也。及践祚,迁尚书仆射,加侍中。”曹丕即王位,陈群任尚书,这是延康元年;这年,后又改元为黄初元年。《通典·选举典》载:“延康元年,吏部尚书陈群,以天朝选用,不尽人才,乃立九品官人之法,州郡皆置中正,以定其选。择州郡之贤有识鉴者为之,区别人物,第其高下。”《宋书·恩幸传·序》载:“汉末丧乱,魏武始基,军中仓卒,权立九品。”把九品官人之制归之曹操,大约是不确的。

九品官人法原是适应汉末大乱之后户口混乱时期选举人才的办法。但

魏晋时期，世家豪族政治经济势力强大，郡县中正多由大小世家豪族担任。而九品官人法也逐渐为世家豪族所垄断，西晋时已是“上品无寒门，下品无势族”（《晋书·刘毅列传》，毅上疏语）和“据上品者，非公侯之子孙，即当涂之昆弟也”的局面。

魏时开始，世家豪族政治经济势力的强大，使他们抓住并垄断了九品官人法，使他们独占政府官位。反转过来，世家豪族在政治方面的特权又回过来发展和保障了他们的社会经济特权。

世家豪族继承的是东汉世家豪族的传统。他们的学术思想渊源是儒家。曹魏后期，儒学思想又显著地发展起来了。抓住这个发展环节的是司马氏，这是司马氏夺取政权的基础。

十三、吴国社会和政治

1. 开发江南

东汉时期,江南经济有显著的发展。牛耕、水利灌溉等北方一些先进的生产工具和生产技术,逐步推广到江南去。著名的水利专家王景做庐江太守,把牛耕推广到庐江地区,结果是“垦辟倍多,境内丰给”(《后汉书·王景列传》)。从此牛耕逐步向南推广。长江流域的扬州、荆州和益州的人口,东汉时比西汉有成倍的增加,交广地区,经济也大有开发。

东吴在江南建国,为了稳定内部社会安定,扩大兵源和农业劳动力,为了抵拒外来的压迫,都需要大力开发江南地区。

孙权是个有雄略的人。孙策临死前对孙权说:“举江东之众,决机于两陈(通阵)之间,与天下争衡,卿不如我;举贤任能,各尽其心,以保江东,我不如卿。”(《三国志·吴志·孙破虏讨逆传·孙策传》)这是孙策对自己和对孙权的评价,都是很正确的。举贤任能,各尽其心,说来容易,可不简单,孙权一生的成功,主要就在这两句话上。当然这两句话对一切有成就的政治家都是适用的,没有知人善用的本领,就成不了事业。

建安五年,孙策死,孙家在江南的统治地位并不稳固。《三国志·吴志·吴主传》说:“是时惟有会稽(今浙江绍兴)、吴郡(今江苏苏州市)、丹杨(今江苏南京市)、豫章(今江西南昌市)、庐陵(今江西南部),然深险之地犹未尽从,而天下英豪布在州郡,宾旅寄寓之士以安危去就为意,未有君臣之固。张昭、周瑜等谓权可与共成大业,故委心而服事焉。”

张昭、周瑜的委心服事,是很重要的,对稳定孙权的地位,起了很重要

图46　阎立本绘孙权像

的作用。《三国志·吴志·张昭传》载："策临亡，以弟权托昭，昭率群僚立而辅之。上表汉室，下移属城，中外将校，各令奉职。……然后众心知有所归。"同上书注引《吴书》载："是时天下分裂，擅命者众。孙策莅事日浅，恩泽未洽，一旦倾陨，士民狼狈，颇有同异。及昭辅权，绥抚百姓，诸侯宾旅寄寓之士，得用自安。"《三国志·吴志·周瑜传》载："五年，策薨，权统事。瑜将兵赴丧，遂留吴，以中护军与长史张昭共掌众事。"同书《董袭传》载："策薨，权年少，太妃忧之，引见张昭及袭等，问江东可保安否，袭对曰：'江东地势，有山川之固，而讨逆明府，恩德在民，讨虏承基，大小用命，张昭秉众事，袭等为爪牙，此地利人和之时也，万无所忧。'"

吴也很重视屯田，把屯田看作是发展农业和解决军队食粮问题的重要措施。

吴的屯田，似以毗陵的屯田人数最多，屯田区域最大。《三国志·吴志·诸葛瑾传》注引《吴书》载："赤乌中，诸郡出部伍，新都都尉陈表、吴郡都尉顾承各率所领人会佃毗陵，男女各数万口。"如以魏为例，毗陵屯田似为民屯，新都和吴两郡都尉所领人自然是两郡的民户。

率领屯田的官，亦称典农都尉。《三国志·吴志·华覈传》载："始为上虞尉、典农都尉。"又《陆逊传》载："出为海昌屯田都尉，并领县事。"又《宋书·州郡志》载:"江乘……本属丹阳,吴省为典农都尉。"时又"分吴郡无锡以西为毗陵典农校尉"。

从这几条材料知道,吴于各郡县多有屯田,上虞有屯田,海昌有屯田,江乘县有屯田,毗陵的屯田是在吴郡无锡以西。

孙休永安六年,丞相濮阳兴建取"屯田万人"以为兵。这里的屯田万人,大约是各郡县屯田的屯田客。既说取以为兵,则在未取前就不是兵。这是民屯。

吴也有军屯。吴的兵士,大约都兼作屯田。《三国志·吴志·吴主传》载:赤乌八年八月,"遣校尉陈勋将屯田及作士三万人凿句容中道"。"屯田及作士",《建康实录》作"屯田兵"。

又孙休永安二年诏曰:"夫一夫不耕,有受其饥;一妇不织,有受其寒。饥寒并至而民不为非者,未之有也。自顷年以来,州郡吏民及诸营兵,多违此业。皆浮船长江,贾作上下。良田渐废,见谷日少,欲求大定,岂可得哉!"(《三国志·吴志·孙休传》)

又骆统上孙权疏:"又闻民间,非居处小能自供,生产儿子,多不起养,屯田贫兵,亦多弃子。"(《三国志·吴志·骆统传》)

又黄武五年,"令曰:'军兴日久,民离农畔,父子夫妇,不听相恤,孤甚愍之。今北虏缩窜,方外无事,其下州郡,有以宽息。'是时陆逊以所在少谷,表令诸将增广农亩,权报曰:'甚善。今孤父子亲自受田,车中八牛为四耦,虽未及古人,亦欲与众均等其劳也。'"(《三国志·吴志·吴主传》)

又陆凯上孙皓疏:"先帝战士,不给他役,使春惟知农,秋惟收稻,江渚有事,责其死效。今之战士,供给众役,廪赐不赡"(《三国志·吴志·陆凯传》)。

上述这些材料,有的显示士兵参加屯田,有的则显示吴的士兵普遍都参加农田劳动。

孙权时期,常有大量江北人口以各种原因移徙或被移徙到江南来。东吴也和北方一样,到处掠夺,袭劫人口。有了劳力,就可垦辟土地,增强实力。下面几段材料,显示东吴掠夺人口之盛。

《江表传》载:"初策表用李术为庐江太守,策亡之后,术不肯事权,而多纳其亡叛。……权大怒……是岁(建安五年)举兵攻术于皖城。……遂屠

其城，枭术首，徙其部曲三万余人。”（《三国志·吴志·吴主传》）

前面已经说过，建安十八年，曹操恐滨江郡县为孙权所略，征令内移，结果民转相惊，自庐江、九江、蕲春、广陵户十余万皆东渡江，江西遂虚，合肥以南惟有皖城。

建安十九年，孙权征皖城，克之，获庐江太守朱光及参军董和，男女数万口。

孙权攻江夏黄祖，亦虏其人口。建安十二年，“西征黄祖，虏其人民而还”。建安十三年春，“权复征黄祖……遂屠其城。祖挺身亡走，骑士冯则追枭其首，虏其男女数万口”（同上）。

当时的江东，虽不如中原地区遭受严重破坏，但也是地旷人稀的。为了增加生产，自然会把这些人口用到农田垦殖上。江东的屯田，可能就是用这些劳动人手来开辟的。

孙吴对江南最大的开发，是强迫广大山越人民接受汉化，使山越民族地区郡县化。以山越人民的强健者作兵，弱者为郡县民，把山越族人融合到汉族社会和文化中来。

山越是民族名，即秦汉以来的百越族。长江以南，越族很多。散在各地，故称百越。长江下游的越族，受汉人挤压，一部分南移，一部分退住山区，故有山越之名。山越者，居住在山区之越族也。

山越之于孙吴，是内部隐患，不平定山越，内部不能巩固，就难以对付北方曹魏的威胁。陆逊向孙权建议征服山越时，他提的理由之一，就是“山寇旧恶，依阻深地。夫腹心未平，难以图远”（《三国志·吴志·陆逊传》）。陈寿把山越在内部对孙权的威胁看成是孙权向曹操称臣的原因，他说：“山越好为叛乱，难安易动，是以孙权不遑外御，卑词魏氏。”（《三国志·吴志·贺全吕周钟离传》评曰）孙权向曹操称臣是为了和刘备争荆州，但陈寿的话，也证明山越问题的严重。

孙权征山越，是为了消除内部隐患，但更直接更现实的原因，则是把山越人拉出来当兵、出租税、做郡县民户。

孙权时期，连续多年对山越作战，就以见诸记载的来看，料出的精兵已不下十三四万人。

《三国志·吴志·贺齐传》载：“建安元年，孙策临郡（会稽），察齐孝廉。……以齐为永宁长。……又代(韩)晏领都尉事。……侯官(今福建福州市)既平,而建安、汉兴、南平(今福建建瓯、南平一带)复乱,齐进兵建安,立都尉府,是岁(建安)八年也。郡发属县五千兵,各使本县长将之,皆受齐节度。贼洪明、洪进、苑御、吴免、华当等五人,率各万户,连屯汉兴,吴五(为人名)六千户别屯大潭,邹临六千户别屯盖竹……遂分兵留备,进讨明等,连大破之。临阵斩明,其免、当、进、御皆降。转击盖竹,军向大潭,二将又降。凡讨治斩首六千级,名帅尽擒,复立县邑,料出兵万人。拜为平东校尉。十年,转讨上饶(今江西上饶市),分以为建平县(今福建建阳)。”

“十三年,迁威武中郎将,讨丹阳、黟、歙(今安徽黟县、歙县,浙江之淳安一带)。时武强、叶乡、东阳、丰浦四乡先降,齐表言以叶乡为始新县(今歙县、淳安间)。而歙贼帅金奇万户屯安勒山,毛甘万户屯乌聊山,黟帅陈仆、祖山等二万户屯林历山。……(齐)大破仆等,其余皆降,凡斩首七千。齐复表分歙为新定、黎阳、休阳。并黟、歙凡六县,权遂割为新都郡,齐为太守,立府于始新,加偏将军。”

“十六年,吴郡余杭(今浙江杭州西)民郎稚合宗起贼,复数千人,齐出讨之,即复破稚,表言分余杭为临水县(今浙江临安北)。”

“十八年,豫章(今江西南昌市)东部民彭材、李玉、王海等起为贼乱,众万余人。齐讨平之,诛其首恶,余皆降服。拣其精健为兵,次为县户。”

“二十一年,鄱阳(今江西东北部,郡治在今波阳)民尤突受曹公印绶,化民为贼,陵阳、始安、泾县皆与突相应。齐与陆逊讨破突,斩首数千,余党震服。丹杨三县皆降,料得精兵八千人。”

贺齐征伐山越的地区,起自福建北部,包括浙江、安徽,到江西北部,在这一带增置了郡和县,都是以山越族人为县户,另处料出精健者为兵有两万多人。

《三国志·吴志·全琮传》载:“权以为奋威校尉,授兵数千人,使讨山越。因开募召,得精兵万余人,出屯牛渚,稍迁偏将军。”

“黄武七年……是时丹杨、吴、会(今江苏南部、浙江北部)山民复为寇贼,攻没属县,权分三郡险地为东安郡,琮领太守。至,明赏罚,招诱降附,数年中,得万余人。”

《钟离牧传》载:“会建安、鄱阳、新都三郡山民作乱(按:事在赤乌五年

或后)，出牧为监军使者，讨平之。贼帅黄乱、常俱等出其部伍，以充兵役。”

《张昭传》载：“(子)承……权为骠骑将军，辟西曹掾，出为长沙西部都尉。讨平山寇，得精兵万五千人。”

《顾雍传》载：“(孙)承……后为吴郡西部都尉，与诸葛恪等共平山越，别得精兵八千人。”

《陆逊传》载：“逊建议曰：‘方今英雄棋跱，豺狼窥望，克敌宁乱，非众不济。而山寇旧恶，依阻深地。夫腹心未平，难以图远。可大部伍，取其精锐。’权纳其策，以为帐下右部督，会丹杨贼帅费栈受曹公印绶，扇动山越，为做内应，权遣逊讨栈。栈支党多而往兵少，逊乃益施牙幢，分布鼓角，夜潜山谷间，鼓噪而前，应时破散。遂部伍东三郡，强者为兵，羸者补户，得精卒数万人，宿恶荡除，所过肃清，还屯芜湖。”

“(嘉禾)六年，中郎将周祗乞于鄱阳召募，事下问逊。逊以为此郡民易动难安，不可与召，恐致贼寇。而祗固陈取之，郡民吴遽等果作贼杀祗，攻没诸县。豫章、庐陵宿恶民，并应遽为寇。逊自闻，辄讨即破，遽等相率降，逊料得精兵八千余人，三郡平。”

又《三国志 · 吴志 · 诸葛恪传》载：“恪以丹杨山险，民多果劲，虽前发兵，徒得外县平民而已，其余深远，莫能禽尽，屡自求乞为官出之，三年可得甲士四万。众议咸以丹杨地势险阻，与吴郡、会稽、新都、鄱阳四郡邻接，周旋数千里，山谷万重，其幽邃民人，未尝入城邑，对长吏，皆仗兵野逸，白首于林莽。逋亡宿恶，咸共逃窜。山出铜铁，自铸甲兵。俗好武习战，高尚气力，其升山赴险，抵突丛棘，若鱼之走渊，猿狖之腾木也。时观闲隙，出为寇盗，每致兵征伐，寻其窟藏。其战则蜂至，败则鸟窜，自前世以来，不能羁也。皆以为难。……恪盛陈其必捷。权拜恪抚越将军，领丹杨太守。……恪到府，乃移书四郡属城长吏，令各保其疆界，明立部伍，其从化平民，悉令屯居。乃分内诸将，罗兵幽阻，但缮藩篱，不与交锋，候其谷稼将熟，辄纵兵芟刈，使无遗种。旧谷既尽，新田不收，平民屯居，略无所人，于是山民饥穷，渐出降首。恪乃复下敕曰：‘山民去恶从化，皆当抚慰，徙出外县，不当嫌疑，有所执拘。’……民……知官惟欲出之而已，于是老幼相携而出，岁期，人数皆如本规。恪自领万人，余分给诸将。”

从上引几个传的记载来看，已可知山越问题对吴政权带来的麻烦。但孙吴对山越的征伐从另一方面看，却是对江南的开发。山越族的经济生活、文化水平都是低于汉族的，汉族对山越族的征伐，强制其出山，当然是不好的，但也加速了山越族的历史发展。人类历史的发展，往往是这样的，文明从痛苦中产生。

孙吴从山越人中，得到很多兵，就从上引各传中得兵的数字，已很可观了。诸葛恪是得兵四万人，陆逊是得“精卒数万”，数万不知是几万，暂以三、四万计，因为两万人是不能说数万的。贺齐“拣其精健为兵”，钟离牧“以充兵役”，也不知各得兵多少，暂以各得兵五千人计，加上其他几个已知数字，得兵总数已是十四万多。

孙吴亡国时的兵数是二十三万。山越兵已是吴兵总数的一半以上了。赤壁之战前夕，黄盖给曹操的诈降书说：“用江东六郡山越之人，以当中国百万之众，众寡不敌，海内所共见也。”（《三国志·吴志·周瑜传》注引《江表传》）黄盖就竟以山越兵代表吴的兵力了。但也只有吴兵多是山越人，黄盖才能这样说，不合实情的话是不能取信于曹操的。

黄盖所说的江东六郡是：丹杨、吴郡、会稽、豫章、庐陵、鄱阳。但孙权所能及的地区，不过是郡治、县治所在地及其周围的地区，而深远的山区、广大的内陆则仍是山越人的居住地区。山越人居住的地区，有的只供租税不负担役调，有的连租税也不负担。太史慈对孙策说：“鄱阳民帅别立宗部，阻兵守界，……海昏（今江西修水一带）有上缭壁，有五六千家相结聚作宗伍，惟输租布于郡耳，发召一人遂不可得。”（《三国志·吴志·太史慈传》注引《江表传》）

这里所说“宗部”、“宗伍”，大约都是山越族。山越族的历史发展阶段因为文献不足，不好论断。大约在父系家长制末期，宗族组织仍是山越人的社会基本组织，民帅大约都是些氏族部落大小酋长。

吴国除对今江苏、浙江、江西、福建作了大量开发工作外，对今湖南、广东等地区也有开发。

吴对岭南地区的开发，前后有三个人起了重要作用。第一个是士燮一家。

士燮，苍梧广信人。这一家族，原是鲁国汶阳人，避王莽之乱，来到交州。父士赐，桓帝时为日南太守。士燮，少时曾游学京师，师事颍川刘子奇，

治《左氏春秋》。他父亲死后，任交阯太守。中国有董卓之乱的时候，交阯刺史朱符被杀，州郡扰乱，士燮以他弟弟士壹领合浦太守，弟䵋领九真太守，弟武领南海太守，一家四太守。当时中国扰乱，“中国士人往依避难者以百数”(《三国志·吴志·士燮传》)。

士燮在交阯四十余年，岭南保持和平安定、经济发展的局面。陈国袁徽向汉朝尚书令荀彧上书称赞士燮说：“交阯士府君既学问优博，又达于从政，处大乱之中，保全一郡，二十余年疆场无事，民不失业，羁旅之徒，皆蒙其庆。”(《三国志·吴志·士燮传》)

士燮经常不断地把当地的物产，遣使献给孙权，“杂香细葛，辄以千数，明珠、大贝、流离、翡翠、玳瑁、犀、象之珍，奇物异果，蕉、邪、龙眼之属，无岁不至。壹时贡马凡数百匹”(同上)。

黄武五年(226 年)，士燮年九十，卒，上推四十余年，士燮任交阯太守当在灵帝光和元年(178 年)到中平元年(184 年)之间，袁徽给荀彧的信当在建安十年(205 年)左右。

建安十五年，孙权派步骘为交州刺史，士燮兄弟相率供命。岭南归附吴自此始，步骘在岭南十年。

延康元年(220 年)，孙权遣吕岱代步骘为交州刺史。到州，高凉贼帅钱博乞降，吕岱以博为高凉西部都尉。郁林夷人攻围郡县，岱讨平之。桂阳浈阳人王金合众于南海界上，首乱为害。岱讨之，生缚金，斩首获生几万余人。士燮死后，孙权以燮子徽为安远将军，领九真太守，徽不承命，举兵戍海口。吕岱讨徽，徽率兄弟六人肉袒迎岱，岱皆斩杀之。孙权称赞吕岱的功劳说：“元恶既除，大小震慑，其余细类，扫地族矣。自今已去，国家永无南顾之虞，三郡宴然，无怵惕之惊，又得恶民以供赋役，重用叹息。”(《三国志·吴志·吕岱传》)

吕岱之后，在岭南的有陆胤。《三国志·吴志·陆凯传附陆胤传》载：“赤乌十一年，交阯九真夷贼攻没城邑，交部骚动。以胤为交州刺史、安南校尉。胤入南界，喻以恩信，务崇招纳，高凉渠帅黄吴等支党三千余家皆出降。引军而南，重宣至诚，遗以财币。贼帅百余人，民五万余家，深幽不羁，莫不稽颡，交域清泰。就加安南将军。复讨苍梧建陵(今广西荔浦西南)贼，破之，前后出兵八千余人，以充军用。”

吴国在交州的三人中，步骘时交州始归顺吴。吕岱杀士徽兄弟六人，最不得人心，吕岱曾先约士徽兄弟降后只免官，可得不死，随后弃信妄杀。

陆胤是陆凯之弟，陆逊之族子，江南名门，有文化。吴中书丞华覈上表称赞陆胤在交州，"流民归附，海隅肃清。……商旅平行，民无疾疫，田稼丰稔。州治临海，海流秋咸，胤又畜水，民得甘食。……自诸将合众，皆胁之以威，未有如胤结以恩信者也。衔命在州，十有余年，宾带殊俗，宝玩所生，而内无粉黛附珠之妾，家无文甲犀象之珍，方之今臣，实难多得"(《三国志·吴志·陆凯传附陆胤传》)。

陆胤有才有德，有知识，有文化，他对交州的开发是特有贡献的。

但直到孙吴时期，岭南交州地区仍是很落后的。薛综，沛郡人，少依族人避地交州，曾在交州多年，对交州社会情况了解比较多，他对孙权的一个上疏，可以认为是对交州民人社会生活的比较深入的认识，节录如下：

"秦置桂林、南海、象郡，然则四国之内属也，有自来矣。赵佗起番禺，怀服百越之君，珠官之南是也。汉武帝诛吕嘉，开九郡，设交阯刺史以镇监之。山川长远，习俗不齐，言语同异，重译乃通，民如禽兽，长幼无别，椎结徒跣，贯头左衽，长吏之设，虽有若无。"(《三国志·吴志·薛综传》)

这是汉武帝以前交阯的情况。

"自斯以来，颇徙中国罪人杂居其间，稍使学书，粗知言语，使驿往来，观见礼化。及后锡光为交阯，任延为九真太守，乃教其耕犁，使之冠履；为设媒官，始知聘娶；建立学校，导之经义。由此已降，四百余年，颇有类似。"(同上)

这是汉代四百年时期的情况，风俗文化、经济生产，都有进步。

"自臣昔客始至之时，珠崖除州县嫁娶，皆须八月引户，人民集会之时，男女自相可适，乃为夫妻，父母不能止。交阯糜泠、九真都庞二县，皆兄死弟妻其嫂，世以此为俗，长吏恣听，不能禁制。日南郡男女裸体，不以为羞。"(同上)

这是薛综亲眼看到的情况。

对如何统治交南，薛综提他自己的意见，一不要多收田户之租赋，二要有好官，清廉官吏。他说："然而土广人众，阻险毒害，易以为乱，难使从治。县官羁縻，示令威服，田户之租赋，裁取供办，贵致远珍名珠、香药、象牙、犀

角、玳瑁、珊瑚、琉璃、鹦鹉、翡翠、孔雀、奇物，充备宝玩，不必仰其赋入，以益中国也。”他说：“然在九甸之外，长吏之选，类不精核。”他枚数了一些粗暴贪婪的太守，引起南人的暴乱，归结说：“故国之安危，在于所任，不可不察也。”（同上）

2. 世代领兵

孙吴有授兵或称给兵制度，对领兵将领授给他一部分兵，由他率领。例如：

《三国志·吴志·太史慈传》载：“策……即署（慈）门下督，还吴授兵，拜折冲中郎将。”（以下只举传名）

《妃嫔传·孙破虏吴夫人传》载：“建安八年，（吴）景卒官，子奋授兵为将，封新亭侯。”

《周瑜传》载：“自居巢还吴。是岁，建安三年也。策亲自迎瑜，授建武中郎将，即与兵二千人，骑五十匹。”

《韩当传》载：“及孙策东渡，从讨三郡，迁先登校尉，授兵二千，骑五十匹。”

《蒋钦传》载：“及策东渡，拜别部司马，授兵。”

《周泰传》载：“策入会稽，署别部司马，授兵。”

《徐盛传》载：“孙权统事，以为别部司马，授兵五百人……黄武中卒。子楷，袭爵领兵。”

《甘宁传》载：“权……禽（黄）祖，尽获其士众。遂授宁兵，屯当口。……宁益贵重。增兵二千人。”

《陆绩传》载：“孙权统事……出为郁林太守，加偏将军，给兵二千人。”

《全琮传》载：“权以为奋威校尉，授兵数千人，使讨山越。”

《妃嫔传·吴主权潘夫人传》载：“孙亮即位，以夫人姊婿谭绍为骑都尉，授兵。”

《孙休传》载：“诏以左将军张布讨奸臣，加布为中军督，封布弟惇为都亭侯，给兵三百人。”

《孙皓传》载：凤凰二年“秋九月，改封淮阳为鲁，东平为齐，又封陈留、章陵等九王,凡十一王,王给三千兵”。“天纪二年秋七月,立成纪、宣威等十一王,王给三千兵”。

对于手下将领,给予一部分兵让他率领,这是古今的通例,都是如此,孙吴授兵、给兵并不足奇。但奇在孙吴授兵,是父子继承的。兵,有点像各将领的私兵,可以代代传下去,父兄死后子弟接替领兵。例如:

《宗室传·孙奂传》载:“孙奂字季明。兄皎既卒,代统其众,以扬武中郎将领江夏太守。……嘉禾三年卒。子承嗣,以昭武中郎将代统兵,领郡。赤乌六年卒。无子,封承庶弟壹奉奂后,袭业为将。”按《孙皎传》载:“孙皎字叔朗,始拜护军校尉,领众二千余人。……黄盖及兄瑜卒,又并其军。……建安二十四年卒。权追录其功,封子胤为丹杨侯。胤卒,无子。弟晞嗣,领兵。有罪自杀。国除。”孙奂代领兄皎兵,大约是在孙晞有罪自杀之后。孙皎的兵,是孙权授给他的。孙权给孙皎的信说:“授卿以精兵。”(《孙皎传》)

《宗室传·孙韶传》载:“孙韶……伯父河……韶年十七,收河余众……以御敌。权……即拜(韶)承烈校尉,统河部曲。”

《鲁肃传》载:“肃遗腹子淑……凤凰三年卒。子睦袭爵,领兵马。”

《诸葛瑾传》载:“(瑾)卒……恪已自封侯,故弟融袭爵,摄兵业。驻公安,部曲吏士亲附之。”

《周泰传》载:“黄武中卒。子邵以骑都尉领兵。……黄龙二年卒。弟承领兵袭侯。”

《蒋钦传》载:“(钦)卒。……子壹封宣城侯,领兵……与魏交战,临阵卒。壹无子,弟休领兵,后有罪失业。”

《韩当传》载:“黄武二年,封石城侯。……讨丹杨贼,破之。会病卒,子综袭侯领兵。”

《凌统传》载:“统年十五,左右多称述者,权亦以(统父)操死国事,拜统别部司马,行破贼都尉,使摄父兵。”

《陆抗传》载:“逊卒时,(抗)年二十,拜建武校尉,领逊众五千人……卒,子晏嗣。晏及弟景、玄、机、云,分领抗兵。”

《全琮传》载:“(赤乌)十二年卒,子怿嗣。后袭业领兵。”

《潘濬传》注引《吴书》载:“(芮)玄兄良,随孙策平定江东,策以为会稽

东部都尉。卒，玄领良兵。”

《潘濬传》载：“赤乌二年，濬卒，子翥嗣。”注引《吴书》曰：“翥字文龙，拜骑都尉，后代领兵。”

《钟离牧传》载：“封都乡侯，徙濡须督。……卒官。家无余财，士民思之。子祎嗣，代领兵。”

《朱桓传》载：“（桓）赤乌元年卒。……（子）异……以父任除郎，后拜骑都尉，代桓领兵。”

在制度上，世袭领兵和世袭爵位一样，一般由长子、长孙继承。长子不在，孙又年幼，则由长子之弟继承领兵。孙皎子胤为丹阳侯，卒，无子，由弟晞嗣侯领兵，传中虽然只说胤为丹杨（阳）侯，没有说他领兵，但从“弟晞嗣侯领兵”来看，胤当是领兵的。孙胤的兵，是从父亲孙皎那里继承来的。孙晞的兵，是从兄胤那里继承来的。又如周泰卒，子邵领兵，邵卒，弟承领兵。

也有父死之后，兵由诸子分领的。如陆抗死后，由其子五人晏、景、玄、机、云分领抗兵。但这样的事例不多。

遇到子弟年幼，或无子弟，或子弟有罪不能领兵的情况，就由别人代领。周瑜死，其子胤以罪徙庐陵，周瑜的兵就由鲁肃代领。《鲁肃传》载：“拜肃奋武校尉，代瑜领兵。瑜士众四千余人、奉邑四县，皆属焉。”凌统死，“二子烈、封，年各数岁”（《凌统传》），遂由骆统代领其兵（《骆统传》）。甘宁死，其“子瓌，以罪徙会稽，无几死”（《甘宁传》），遂由潘璋并其军（《潘璋传》）。潘璋死，子平，以无行徙会稽（同上）。吕岱领潘璋士众（《吕岱传》）。芮玄死后，“（潘）濬并领玄兵，屯夏口”（《潘濬传》注引《吴书》）。

父子继承的世袭领兵制，是政治上、社会上都承认的固定制度，由于子弟年幼或犯罪而失掉世袭领兵权的情况，被认为是不正常的现象。如果因为子弟年幼，一时兵交别人代领，一俟子弟长大成人，就要把兵交还他们。凌统死时，二子烈、封年幼，孙权把凌统的兵交骆统代领，但等到烈、封年岁稍长，孙权就“追录统功，封烈亭侯，还其故兵。后烈有罪免，封复袭爵领兵”（《凌统传》）。就是子弟年少，别人也多不愿代领他们父兄的兵。如《吕蒙传》载：“时蒙与成当、宋定、徐顾屯次比近，三将死，子弟幼弱，权悉以兵并蒙。蒙固辞，陈启顾等皆勤劳国事，子弟虽小，不可废也。书三上，权乃听。”

即使子弟有罪，废不得领兵，同僚也多一再代为申请，要求使他们领兵。如周瑜死，子周胤，初拜兴业都尉，授兵千人，后以罪废。诸葛瑾、步骘就一再上疏请对周胤还兵复爵。《周瑜传》载："赤乌二年，诸葛瑾、步骘连名上疏曰：'故军将周瑜子胤，昔蒙粉饰，受封为将，不能养之以福，思立功效，至纵情欲，招速罪辟。臣窃以瑜昔见宠任，入作心膂，出为爪牙。……瑜身没未久，而其子胤降为匹夫，益可悼伤。……乞丐余罪，还兵复爵……'瑾、骘表比上，朱然及全琮亦俱陈乞，权乃许之。会胤病死。"

孙权的兵，自然是分层的由大小将校率领。但肯定不会是全部都授给他们作他们的世袭兵。如果兵全都分给将校世领，孙权就不会再有兵授人。但可以世袭的兵，究竟有多少，占孙吴总兵数的多少，则无统计，也难估计。

孙吴世袭领兵制的出现，肯定和东汉以来部曲的私兵化是有关系的。部曲私兵化的过程，在东汉末年统一政权瓦解，地方豪强势力发展的时代，更加快了步伐。孙坚的兵，是集合"乡里少年"，招募"商旅及淮泗精兵"组成的。他死后，他的部曲归了袁术。孙策一再向袁术索取他父亲的部曲，称之为故兵，袁术也不得不以一部分部曲一千余人归还孙策。《孙破虏讨逆传·孙策传》称："兴平元年，从袁术。术甚奇之，以坚部曲还策。"《太史慈传》注引《江表传》说："策谓慈曰：'……先君手下兵数千人，尽在公路许。孤志在立事，不得不屈意于公路，求索故兵，再往才得千余人耳。……'"从这里不难看出，部曲已向私兵转化，父亲的兵，儿子有权要求归还，别人如袁术也不得不勉强归还，尽管不愿意归还。

孙坚的兵，孙策称之为故兵，有权向袁术讨还。这对孙吴的世代领兵制可能产生影响。孙策向别人索取他父亲的故兵部曲，他就不得不承认带领私兵随他起事或带领私兵家客投奔他的人对他们的部曲、兵的世袭领有权。

但孙吴将领的兵，不都是其父祖的私兵，大多是由孙家给予的。给予之后，也就建立起父死子代领的世代领兵制。这是孙吴特有的制度。

3. 豪族强宗

孙权死后，邓艾对司马师说："孙权已没，大臣未附，吴名宗大族，皆有部曲，阻兵仗势，足以建命。"（《三国志·魏志·邓艾传》）

《抱朴子·吴失篇》在说到吴的豪族强宗时，说："势力倾于邦君，储积富乎公室。出饬翟黄之卫从，入游玉根之藻棁。僮仆成军，闭门为市。牛马掩原隰，田池布千里。"

这两条记载，很足以说明孙吴豪族强宗的权势和财富了。他们的财富是"牛马掩原隰，田池布千里"，他们的威势是"倾于邦君"，"阻兵仗势，足以建命"。

世代领兵制，会更扩大吴豪族强宗的势力。他们世代所领的部曲、兵，虽然不是他们的私兵，但实际上也和他们的私兵差不多，可以为他们所用，惟他们的令是从。吴大将韩当死后，子综袭侯领兵。综行为不轨，内怀忧惧，遂"载父丧，将母家属部曲男女数千人奔魏"（《三国志·吴志·韩当传》）。这个部曲男女数千人，当然包括原来授给他父亲韩当的、由他"袭侯领兵"的兵。部曲是惟主人之命是从的。也就因此，邓艾才说："吴名宗大族，皆有部曲，阻兵仗势，足以建命。"

吴的豪族强宗，首推顾、陆、朱、张四家。孙皓时，陆凯上疏说："先帝外仗顾、陆、朱、张，内近胡综、薛综，是以庶织雍熙，邦内清肃。"（《三国志·吴志·陆凯传》）

先帝指孙权。这里陆凯所举出的外仗四家，都是吴人。顾是顾雍，吴郡吴人也；陆是陆逊，吴郡吴人也；朱是朱据，吴郡吴人也；张是张温，吴郡吴人也（皆见《三国志·吴志》本传）。我们平常总以为孙策、孙权开国，依靠的是周瑜、鲁肃、吕蒙和张昭。张昭虽然在赤壁战前劝孙权迎曹操，以后就不再受重视。但孙策死、孙权立之际，确实靠他维持住局面，否则孙权的地位是很危险的。周瑜、鲁肃、吕蒙之重要，更不必多说。但陆凯这里竟根本不提周瑜、鲁肃、吕蒙和张昭，而所提外仗四家都是吴人。除陆逊外，都不算太重要的人物。而陆逊比起周、鲁、吕等来也是后起。

这里有个内在的关键问题，是顾、陆、朱、张四家都是吴的名门大宗，或者说是豪族强宗。如陆逊就是"世江东大族"（《三国志·吴志·陆逊传》）。孙权晚年猜忌大臣，也猜忌到陆逊，这和陆家是江东名门大宗不无关系。孙皓对吴大臣都果于杀戮，但对陆家却多有顾虑。如陆凯（陆逊族子）常对孙皓犯颜直谏，皓恨之切齿，但"既以重臣，难绳以法。又陆抗时为大将在疆场，故以计容忍"，只是在陆抗卒后，才"徙凯家于建安"（《三国志·吴志·陆凯传》)。

图47 陆逊像

张温,"父允,以轻财重士,名显州郡"(《三国志·吴志·张温传》)。能轻财重士,当然是豪富宗族。张温"少修节操,容貌奇伟"。孙权问公卿:"温当今与谁为比?"大农刘基曰:"可与全琮为辈。"太常顾雍曰:"基未详其为人也。温当今无辈。"孙权召见时,温"文辞占对,观者倾竦,权改容加礼"。罢出,张昭执其手曰:"老夫托意,君宜明之。"(同上)

张昭的"老夫托意",张温当然是明白的。他是以门户为托。观者倾竦,孙权改容,都是衬托张温的才气。但孙权对张温是"嫌其声名大盛,众庶炫惑"。又"恐终不为己用",又恨张温出使蜀汉时,"称美蜀政"(引句皆见《张温传》)。把他斥还本郡,终身不用。

诸葛亮对孙权废张温不用,初亦不得其解,后才省悟,说:"吾已得之矣,其人于清浊太明,善恶太分。"(《三国志·吴志·张温传》注引《会稽典录》)诸葛亮也许看得对了,但我想张温所以被废,怕是因为他是名门大宗,势力太盛了。孙权晚年,为儿孙计,猜忌大臣名门大宗。孙权靠豪族强宗起家,晚年却为孙家政权计,而猜疑打击豪族强宗了。

周瑜、鲁肃,原是江北豪族。周瑜,庐江舒(今安徽舒城)人,从祖父景,景子忠,皆为汉太尉,瑜从父尚为丹杨太守,父异洛阳令,孙坚起兵讨董卓,徙家于舒,周瑜与孙策友好,"推道南大宅以舍策"(《三国志·吴志·周瑜传》)。周瑜家族,是庐江名家大族。鲁肃,临淮东城(今安徽定远东南)人,"家富于财,性好施与。……大散财货,标卖田地,以赈穷弊结士为务"(同

上)。与周瑜为友,“乃携老弱将轻侠少年百余人,南到居巢就瑜”(同上)。鲁肃也是一家豪强。

周、鲁两家在江东似乎都未扎住根。周瑜两子,一子早卒,次子胤无行,亦未得用而死。周瑜兄子峻,曾以瑜功为偏将军,领吏士千人。峻死,子护亦以“性行危险”未被用。周家在吴便湮灭无闻。

鲁肃有遗腹子淑,曾为昭武将军、都亭侯、武昌督,迁夏口督,死后子睦袭爵,领兵马。但亦无下文。

吕蒙死后,子霸袭爵,与守冢三百家,复田五十顷,霸卒,兄琮袭侯。琮卒,弟睦嗣。霸以下只袭侯,未说领兵,后亦无闻。

吴的豪族强宗,多半是江东土著。

4. 政治悲剧

早期的孙权,是英明的,内征山越,外灭黄祖,决计抗曹,使东吴一片兴旺气象。能识人,能用人,与臣下相待以诚。夷陵之战前,有人说诸葛瑾遣亲人与刘备通消息,孙权说:“孤与子瑜(诸葛瑾字)有生死不易之誓,子瑜之不负孤,犹孤之不负子瑜也。”(《三国志·吴志·诸葛瑾传》)不仅对诸葛瑾,而且对别人都能如此。

灭关羽,取荆州称吴王后,孙权骄傲起来。他于武昌临钓台饮酒,大醉,使人以水洒群臣说:“今日酣饮,惟醉堕台中。乃当止耳。”(《三国志·吴志·张昭传》)又一次与群臣饮,自起行酒,虞翻伏地佯醉,不持。孙权去,翻起坐,孙权大怒,手剑欲击之(《三国志·吴志·虞翻传》)。

同时,吞并荆州以后,领域扩大,人事增多,君臣之间,猜疑之情渐生。嘉禾(232—237年)末年,孙权信用中书吕壹,“典校诸官府及州郡文书。壹等因此渐作威福,遂造作榷酤障管之利,举罪纠奸,纤介必闻,重以深案丑诬,毁短大臣,排陷无辜”(《三国志·吴志·顾雍传》)。吴太子登数谏,孙权不听,群臣莫敢言。

吕壹诬白故江夏太守刁嘉诽谤国政,孙权大怒,收嘉,萦狱审问。与此案相关联的人,畏惧吕壹,都说听到过他非议国政。只有侍中是仪说没有听到过。于是迫着问他。诏旨迫得很严厉,群臣都屏息,不敢大声呼吸。是仪说："今刀锯已在臣颈，臣何敢为嘉隐讳、自取夷灭，为不忠之鬼！顾以闻知当有本末。"（《三国志·吴志·是仪传》）仍是据实回答，不说假话。

上大将军陆逊、太常潘濬愤吕壹构谗乱国，一再向孙权献言，孙权不听。潘濬自武昌到建业，欲因会手刃吕壹。吕壹知道了，不去赴会。

图48　孙权像

西陵督步骘上疏说："丞相顾雍、上大将军陆逊、太常潘濬，忧深责重，志在竭诚。……念欲安国利民，建久长之计，可谓心膂股肱，社稷之臣矣。宜各委任，不使他官监其所司，责其成效，课其负殿。"（《三国志·吴志·步骘传》）意指吕壹对他们的谗构。

大臣尚且受害，由此而下的更多遭诬害，如朱据，《三国志·吴志·朱据传》载："据部曲应受三万缗，工王遂诈而受之，典校吕壹疑据实取，考问主者，死于杖下，据哀其无辜，厚棺敛之。壹又表据吏为据隐，故厚其殡。权数责问据，据无以自明，藉草待罪。数月，典军吏刘助觉，言王遂所取，权大感寤，曰：'朱据见枉，况吏民乎？'乃穷治壹罪。"

这是嘉禾年间（232—237年）的事，跟着，赤乌年间（238—250年）出现两宫之争。两宫指孙权两个儿子——太子休和鲁王霸。

孙权长子是孙登。孙权称吴王后，立登为王太子，以南郡太守诸葛瑾之子恪、绥远将军张昭之子休、大理吴郡顾雍之子谭、偏将军庐江陈武之子表为中庶子，入讲诗书，出从骑射，谓之四友。这四个人，都是名家之子，以才见称的，东宫（太子宫）号为多士。

孙登自幼读《诗》、《书》,孙权又让他读《汉书》。他接受的是儒家思想,从有些行事上看,他是有教养的。他出去行猎,常避开良田,不践踏苗稼。尝乘马出外,有弹丸飞过,左右求索射丸之人,适好有一人操弹佩丸,被执,此人不服,太子左右欲捶之。太子不听,使对证弹丸,与此人所携者不同,此人得释。又失盛水金马盂,乃左右所盗,不忍致罚,遣归家,令左右勿言。凡此种种,都证明他有仁人之心,相当有教养。

不幸的是,孙登立为太子二十一年,病死,死年三十三岁。

孙权又立子和为太子,孙和少岐嶷有智意,孙权很喜爱他,常在左右,诸子莫得比。孙权又爱和母弟霸,又立霸为鲁王。鲁王和太子同等待遇,嫡庶不分,这会乱国乱家。尚书仆射领鲁王傅是仪,上疏谏说:"鲁王天挺懿德,兼资文武,当今之宜,宜镇四方,为国藩辅。……愚以二宫宜有降杀,正上下之序,明教化之本。"(《三国志·吴志·是仪传》)疏三四上,孙权不听。

臣下看到这种情况,一些图富贵、争权力的人便竞奔鲁王之门。孙权长女嫁左护军全琮,小女嫁骠骑将军朱据。长公主与太子母王夫人有隙,孙权欲立王夫人为后,长公主加以阻止。长公主怕太子怨己,将来得立后于己不利,常常在孙权面前谮毁太子。孙权生病,遣太子去孙策庙祈祷。祈祷后,太子就近去太子妃叔父张休家小坐。长公主侦察到这一情况,就对孙权说,太子不在庙中,专就妃家计议。又说王夫人见孙权有病,有喜色。孙权大怒,王夫人忧死。太子和宠爱稍衰。

鲁王霸谋做太子,党羽日日在孙权面前毁谤太子和。大臣有维护太子和的,有支持鲁王霸的。丞相陆逊、大将军诸葛恪、太常顾谭、骠骑将军朱据、会稽太守滕胤、大都督施绩、尚书丁密、太子太傅吾粲等,奉理而行,维护太子。全寄、吴安、孙奇、杨竺等依附鲁王,图危太子。陆逊、吾粲、顾谭屡谏,孙权怒,吾粲下狱诛,顾谭徙交州。陆逊世家名族,很有势力,且领兵在外,孙权有顾虑,但仍疑忌,多所责问。陆逊忧愤而死。谭,顾雍长子邵之子,年少时即与诸葛恪等为太子登四友。

孙权是有深谋远虑的人,加之几十年的政治经验,亲自看到刘表、袁绍家庭争位之惨,对太子和之废,犹豫不决者数年。后来还是下狠心把和幽闭起来,不许交宾客。骠骑将军朱据、尚书仆射屈晃,率诸将泥头自缚,连日诣阙请和。孙权在宫中登高望见,甚不高兴。无难督陈正、五营督陈象上书，称引春秋时晋献公废太子申生立奚齐、晋国扰乱的故事，向孙权进谏。

孙权大怒。无难督、五营督，都是孙权亲兵的首领，竟来参与太子之立废，尤使孙权忧虑，遂族诛陈正、陈象，把朱据、屈晃拉入殿内，重打一百，徙太子和于故鄣。群臣坐谏而被诛杀流放者十数家。太子和终被废。

鲁王霸，并没有得立为太子，也落了个被赐死的悲惨下场。党羽们也未得好下场。杨竺被诛，流尸于江，他的兄长杨穆，不同意杨竺的做法，数次劝诫他，虽得免死，犹徙南州。霸死以后，全寄、吴安、孙奇都以党霸勾和被杀。

孙和、孙霸，都是孙权喜爱的儿子。争的结果是一废一死。大臣分成了两派，诛死者十数家。这是孙权晚年政治上的悲剧，也是他家庭的悲剧。

周瑜、鲁肃、吕蒙等人以后，孙吴有才气干略的人，要推陆逊和诸葛恪了。陆逊灭关羽，败刘备，取荆州，是为吴立下大功的。前已述过。

诸葛恪是诸葛瑾的儿子，聪明有智慧，《三国志·吴志·诸葛恪传》说："恪父瑾面长似驴，孙权大会群臣，使人牵一驴入，长检其面，题曰诸葛子瑜。恪跪曰：'乞请笔，益两字。'因听与笔。恪续其下曰：'之驴。'举座欢笑，乃以驴赐恪。他日复见，权问恪曰：'卿父与叔父（诸葛亮）孰贤？'对曰：'臣父为优。'权问其故，对曰：'臣父知所事，叔父不知，以是为优。'权又大噱。"

还有几个故事，都是这一类的。这些故事说明，诸葛恪才思聪敏。但亦显示他自幼就有才华而不够深沉。

诸葛恪为将，伐山越立了不少的功劳，但性格中矜己陵人的缺点，也暴露出来。丞相陆逊曾与友人书，对诸葛恪的缺点有所指述。大约暗示或说明请传达于诸葛恪。恪遂致书陆逊说："杨敬叔传达清论，以为方今人物凋尽，守德业者不能复几，宜相左右，更为辅车，上熙国事，下相珍惜。……闻此喟然，诚独击节。……时务纵横，而善人单少，国家职司，常苦不充。苟令性不邪恶，志在陈力，便可奖就，骋其所任。苦于小小宜适，私行不足，皆宜阔略，不足缕责。且士诚不可纤论苛克，苛克则彼贤圣犹将不全，况其出入者邪？……夫不舍小过，纤微相责，久乃至于家户为怨，一国无复全行之士

也。”(《三国志·吴志·诸葛恪传》)

诸葛恪知道陆逊在谈自己的缺点,于是他给陆逊信,用“广其理而赞其旨”的方法,表示他懂得的比陆逊说的还深刻。可惜,人都是知道自己的缺点容易,改正缺点却是大难,而诸葛恪连自己的缺点都不认识。诸葛恪终是吃了自己缺点的亏。

吴太元元年(251 年)冬,孙权病,征大将军诸葛恪为太子太傅、会稽太守滕胤为太常,并受诏辅太子,这是《三国志·吴志·三嗣主传·孙亮传》的记载,同书《诸葛恪传》则说:“权不豫,而太子少,乃征恪以大将军领太子太傅,中书令孙弘领少傅。权疾困。召恪、弘及太常滕胤、将军吕据、侍中孙峻,属以后事。”

太元二年四月十六日,孙权死,少帝孙亮即位。

孙弘素与诸葛恪不和,惧为恪所治,秘不报丧,欲矫诏杀恪。孙峻秘以孙弘阴谋告恪。恪请弘议事,于座中诛之。

自孙权以来,魏吴所争者在淮南,孙权黄龙二年(230 年)曾于东兴筑堤(今安徽无为北,濡须坞北),后征淮南失败,遂废不复修。诸葛恪主政,又于孙亮建兴元年(252 年)于东兴更作大堤,左右结山夹筑两城,各留千人据守。魏命大将胡遵、诸葛诞率众七万攻两城,作浮桥渡,陈(通阵)于堤上。诸葛恪率兵四万往救。由于魏军的骄傲轻敌,吴军的勇敢猛攻,魏兵大败。魏兵争走浮桥逃生,桥塌,人落水死者数万。吴俘获车乘牛马驴骡各数千,资财器物山积。吴军大胜,振旅而还。

但这次大胜利,也滋长了诸葛恪骄傲轻敌之心。

东兴大战,是在建兴二年(230 年)冬十二月(可能已入 231 年)。诸葛恪被胜利冲昏了头脑,次年春又想出兵攻魏,诸大臣以为数数出兵,战士疲劳,同来劝阻。诸葛恪不听。

同受孙权顾命的大臣滕胤,也不同意出兵攻魏,他对诸葛恪说:“君以丧代之际,受伊、霍之托,入安本朝,出摧强敌,名声振于海内,天下莫不震动。百姓之心,冀待蒙君而息。今猥以劳役之后,兴师出征,民疲力屈,远主有备,若攻城不克,野略无获,是丧前劳而招后责也。不如案甲息师,观隙而动。且兵者大事,事以众济,众苟不悦,君独安之?”(《三国志·吴志·滕胤传》)

诸葛恪回答说："诸云不可者，皆不见计算，怀居苟安者也，而子复以为然，吾何望焉？夫以曹芳暗劣，而政在私门，彼之臣民，固有离心。今吾因国家之资，借战胜之威，则何往而不克哉！"（同上）

诸葛恪也有他的道理、他的想法。他写了一篇文章，申述他的想法。他说："夫天无二日，士无二王，王者不务兼并天下而欲垂祚后世，古今未之有也。"（《三国志·吴志·诸葛恪传》）这是主张国家统一，长久分治是不可能的。他又说："凡敌国欲相吞，即仇雠欲相除也。有雠而长之，祸不在己，则在后人，不可不为远虑也。"（同上）这是说不可养痈遗患。又说："今以魏比古之秦，土地数倍，以吴与蜀比古六国，不能半之。然今所以能敌之，但以操时兵众，于今适尽，而后生者未悉长大。正是贼衰少未盛之时。……当今伐之，是其厄会。圣人急于趋时，诚谓今日。"（同上）这是说伐魏，今日机不可失。又说："今者贼民岁月繁滋，但以尚小，未可得用耳。若复十数年后，其众必倍于今，而国家劲兵之地，皆已空尽，唯有此见众可以定事。若不早用之，端坐使老，复十数年，略当损半，而见子弟数不足言。若贼众一倍，而我兵损半，虽复使伊、管图之，未可如何。"（同上）这是说，失去今天的机会，以后根本无伐魏拓境的可能。又说："今闻众人或以百姓尚贫，欲务闲息，此不知虑其大危，而爱其小勤者也。昔汉祖幸已自有三秦之地，何不闭关守险，以自娱乐，空出攻楚，身被创痍，介胄生虮虱，将士厌困苦，岂甘锋刃而忘安宁哉？虑于长久不得两存者耳！"（同上）这是要害的地方。众人反对出兵的理由是百姓尚贫，欲务闲息。诸葛恪反驳的理由是不知虑其大厄而爱其小勤。

诸葛恪的话，许多地方是强词夺理。这且不去管它。众人反对出兵，主要是多年役重，人民困苦，现在是应该休养生息的时候，不应贸然出兵。孙权后期以来，赋役繁重，人民生活艰难。群臣常常向孙权提出。《三国志·吴志·骆统传》载："是时（建安末年），征役繁数，重以疫疠，民户损耗，统上疏曰：'……今强敌未殄，海内未乂，三军有无已之役，江境有不释之备，征赋调数，由来积纪，加以殃疫死丧之灾，郡县荒虚，田畴芜旷，听闻属城，民户浸寡，又多残老，少有丁夫。……前后出为兵者，生则困苦，无有温饱，死则委弃，骸骨不反。是以尤用恋本畏远，同之于死。每有征发，羸谨居家重累者先见输送。小有财货，倾居行赂，不顾穷尽；轻剽者则进入险阻，党就群恶。百姓虚竭,嗷然愁扰。……又闻民间,非居处小能自供,生产儿子,多不起养;屯田贫兵,亦多弃子。”

《三国志·吴志·陆逊传》载:“逊虽身在外,臣心于国,上疏陈时事曰:‘臣以为科法严峻,下犯者多。顷年以来,将吏罹罪,虽不慎可责,然天下未一,当图进取,小宜恩贷,以安下情。……夫峻法严刑,非帝王之隆业,有罚无恕,非怀远之弘规也。’权欲遣偏师取夷州及朱崖,皆以咨逊,逊上疏曰:‘臣愚以为四海未定,当须民力,以济时务。……治乱讨逆,须兵为威,农桑衣食,民之本业,而干戈未戢,民有饥寒。臣愚以为宜育养士民,宽其租赋……’”

大臣所谈的这些情况,都是事实,孙权也是清楚的,他的诏书也常提到。如:

黄武五年春,令曰:“军兴日久,民离农畔,父子夫妇,不听相恤,孤甚愍之。今北虏缩窜,方外无事,其下州郡,有以宽息。”(《三国志·吴志·吴主传》)

嘉禾三年春正月,诏曰:“兵久不辍,民困于役,岁或不登。其宽诸逋,勿复督课。”(同上)

话虽这样说,但孙权的征调,仍是不停稍止的。他有他的道理。黄武五年,就在他下令“其下州郡,有以宽息”之后,陆逊上书陈便宜提到“宽赋息调”时,孙权在回报中就又说:“至于发调者,徒以天下未定,事以众济。若徒守江东,修崇宽政,兵自足用,复用多为?顾坐自守可陋耳。若不豫调,恐临时未可便用也。”(同上)

所以,从孙权后期以来,就存在着两种思想的对立:一种倾向以保境安民、休养生息为重;一种倾向是不能只顾眼前民苦,而要有远见,不能坐守江东,而要争强,争强就要征调,人民苦难,也只好如此。

诸葛恪的思想,在这方面和孙权是一条战线的,长处是都看得远,看到鼎峙、对抗不是长久之局,坐守一隅最后只有灭亡。诸葛亮的一再北伐,思想背景也是如此。问题在于具体到当前,审时度势应当如何。诸葛恪的错误,不在有远识,而在看不清当前。他没有考虑到:孙权已死,他的威望还远远未能使人尽服;人民困苦,加强了上下厌战的思想情绪。这种思想情绪,在孙权时不敢多表示,还未形成一股反战势力;到他主政,这种思想情绪不但敢公开表现，而且成为反战的强大力量。不估计这种力量是不行的。东兴大胜之后，诸葛恪产生轻敌思想，认为时不可失，应即进取，而诸将所想，适得其反。他们认为大胜之后，民亦疲累。而且攻守不同，东兴之战，魏是攻，吴是守；魏攻而败，吴守而胜。出兵攻魏，攻守易位。魏是守，吴是攻，难保胜利。对形势的认识，不是使保守反战者同意出兵，而是使他们更反对出兵。

在违反众人意愿的情况下，诸葛恪刚愎自用，独断独行，决定出兵。他大发州郡兵二十万众。这是倾国而出的孤注一掷的做法。

诸葛恪意欲耀威淮南，驱略人民，诸将对他说："今引军深入，疆场之民，必相率远遁，恐兵劳而功少，不如止围新城（今安徽合肥市西）。新城困，救必至，至而图之，乃可大获。"（《三国志·吴志·诸葛恪传》）

诸葛恪听从他们的意见，回军还围新城。

诸葛恪倾全国兵力二十万众，乃欲耀威淮南，驱略民人，已不可解，听了众将的话又回师围新城，更使人困惑。他这次出兵，好似既无战略思想，又无战术思想，更谈不上政略。倾二十万大军出征，只是扬威略人已是目标太小，众将一说就回师围新城，可见出军无预谋。这已是败机。

攻城数月，城坚不能破，士卒疲劳。天热，饮水不洁，士卒多病，泻肚不止，死伤涂地。诸营吏上报士兵病者多，恪以为诈，欲斩之，于是莫敢言。攻城不下，内心失措，诸葛恪怒形于色。将军朱异有所是非，恪怒，立夺其兵。都尉蔡林数陈军计，恪不能用，策马投魏。魏知吴军情，乃进兵，恪不支，引兵而退。士卒伤病，流曳道路，或死坑壑，或被俘略，大败而回。吴国士庶失望，而怨愤兴起。

野心家孙峻因人民的怨愤，将士的不满，看到了杀恪夺权的机会；使幼主孙亮于宫中置酒请恪，伏兵帐中。恪到，伏兵起，杀恪。

孙峻，孙坚弟孙静之曾孙，既杀诸葛恪，遂进位为丞相大将军，督中外诸军事。

孙峻素无名望，骄矜阴险，多所刑杀，百姓嚣然。孙亮五凤元年（254年）吴侯孙英谋杀峻，事泄，英被杀。孙英，孙策之子。次年，将军孙仪等欲因会杀峻，谋泄，仪等自杀，死者数十人。

诸葛恪死后，吴国出现君臣上下互不信任的局面。政治不安定，政变、

废立迭起。掌权者越孤立,越不敢信任人,就越会上下猜忌,越会出现政变,祸起肘腋。

五凤三年,孙峻使骠骑将军吕据、车骑将军刘纂、镇南将军朱异等,随魏之降将文钦自江都(今江苏扬州市南)入淮、泗以图青、徐。孙峻与滕胤到石头城(建业西)为他们饯行。到吕据营,见吕据御军齐整,恶之,称心痛去。夜梦为诸葛恪所击,恐惧,发病死。梦可能是真的,梦为诸葛恪所击也可能是真的,恐惧是真的,心痛也可能是真的,但死于诸葛恪一击,大约不可靠。孙峻大约死于因杀人恐惧而引起的心脏病。

孙峻死,把大权交给他同祖弟孙綝。

孙綝始为偏将军,及峻死,为侍中武卫将军,领中外诸军事。代峻执朝政。吕据闻之,大怒,领兵还,使人报滕胤,欲共废孙綝。綝杀滕胤,使兵拒据,据自杀。

孙虑,孙峻之从弟,曾与峻合谋杀诸葛恪。孙峻厚待孙虑,使为右将军、无难督。孙綝待虑薄于峻时,虑怒,与将军王惇谋,欲杀孙綝。綝杀惇,孙虑自杀。

孙亮始亲政事,对綝多所责问,孙綝害了怕,身在建业,却称病不朝,孙亮与臣下密议诛綝。孙亮妃,是綝从姊的女儿,以孙亮密谋告綝,綝杀与亮同谋大臣,领兵围宫,废亮为会稽王,另立孙权子琅邪王孙休为帝。

孙綝一门五侯,皆典禁兵,权倾人主。

但这样震主之威,他和孙休之间自然难免互相猜忌又互相畏惧。孙休一方面对孙綝恩礼有加,数数赏赐;一方面与近臣张布、丁奉密谋杀綝。永安元年十二月,腊会,綝称疾不入。孙休使者十余辈,请綝入宫。孙綝不得已强起,遂入。张布、丁奉使左右武士缚之。孙綝叩头求徙交州,孙休说:“卿何以不徙滕胤、吕据?”孙綝求没为官奴。休说:“何不以胤、据为奴乎!”遂杀之,夷三族。孙休又下诏:“诸葛恪、滕胤、吕据盖以无罪为峻、綝兄弟所见残害,可为痛心,促皆改葬,各为祭奠。其罹恪等事见远徙者,一切召还。”(《三国志·吴志·孙綝传》)

会稽郡谣言:会稽王亮当还为天子,亮宫人告亮使巫祷祠,有恶言。孙休遂黜亮为侯官侯,遣之国。亮于道自杀,卫送者皆因亮死伏诛。或云孙休鸩杀亮,很可能。

自孙权赤乌十三年(250 年)废太子和,赐鲁王霸死,到孙休永安二年(259 年)孙休鸩死孙亮,十年之间,废杀事件多次出现,这是孙吴政治上的悲剧,也是孙氏家族的悲剧。但到此,孙吴政治悲剧并未演完,更大的悲剧还在后面,在亡国之君孙皓一朝。

十四、诸葛亮治蜀和南征北战

1. 诸葛亮治蜀

诸葛亮在刘备集团里的地位和作用，以刘备之死和托孤为契机，可以分为前后两个阶段。刘备在世之时，诸葛亮是政治方面的主要参谋；军事方面，则全由刘备决策，诸葛亮很少参加意见，更很少在决策方面起主要作用。刘备死后，蜀汉的政治、军事才由诸葛亮一人做主，全面负责。

联吴抗曹、赤壁大战，诸葛亮起了重要作用。在孙权手下“迎”和“抗”两派中，他协助抗派鲁肃、周瑜争取孙权决心抗击曹操。其实，孙权抗曹是必然的。鲁肃、周瑜不说话，孙权也会抗曹，不会投降。当然，如果鲁肃、周瑜一班人都主张迎曹，会给孙权带来困难，但那是不可能的。孙权决策抗曹，周瑜、鲁肃等也不可能反对。决定孙权抗曹的是他的东南领袖地位，是大形势。孙权之不能迎曹虽不如刘备之不能迎曹，迎曹是死路一条，但迎的结果也绝没有好下场。形势、地位，决定孙权也非抗曹不可，诸葛亮、周瑜、鲁肃适逢其会，立了功，成了名。

在赤壁之战中，指挥吴军作战的是周瑜，指挥刘军的，史籍中没有明确记载，推论仍然是刘备。因为诸葛亮随吴军西上，刘备迎到周瑜时都没有看见诸葛亮。诸葛亮何时回到刘备身边不清楚。后来，孙权遣鲁肃向关羽讨还荆州时，关羽对鲁肃说：“乌林之役，左将军（指刘备）身在行间，寝不脱介，戮力破魏，岂得徒劳，无一块壤，而足下来欲收地邪？”（《三国志·吴志·鲁肃传》注引《吴书》）仍是刘备直接指挥军队参加赤壁战役。

赤壁战后，刘备驻屯油江口。“先主遂收江南，以亮为军师中郎将，使督零陵、桂阳、长沙三郡，调其赋税，以充军实。”（《三国志·蜀志·诸葛亮传》）当时，调荆州江南三郡赋税，是很重要的。但诸葛亮不留在刘备身边，而去调三郡税赋，恰说明刘备决定军国大事时，诸葛亮还不是不离左右的人物。

图 49　清殿藏本诸葛亮像

刘备入益州，带了庞统、黄忠，诸葛亮、关羽、张飞、赵云都留在荆州，这可说荆州重要，离不开诸葛亮；也可以说，刘备在军事决策方面不需要诸葛亮。后来的两次大战，争汉中和争荆州，刘备都是自己负责，没有带诸葛亮做参谋，更足以说明诸葛亮的地位。争汉中，是刘备和曹操之间的一次大战，刘备没有带诸葛亮，去的是法正。关羽死后，刘备倾全力去和孙权争荆州，这是刘备生死存亡的大关，也是刘备独往，没有带诸葛亮。夷陵之战惨败后，诸葛亮感叹地说：“法孝直若在，则能制主上，令不东行；就复东行，必不倾危矣。”（《三国志·蜀志·法正传》）那么可问，法孝直不在，诸葛亮何以不能制刘备令东行？既东行了，诸葛亮何以不跟随前往，使刘备倾危？这都说明，诸葛亮还没有不使刘备东行的力量和地位，也还没有随之东行使不倾危的能力和作用。

总之，在刘备生前，诸葛亮只是受命而行的行政能臣，并不是协助刘备决策的人；特别在军事方面，还不是赞助刘备决策的人。

刘备一死，诸葛亮的地位有很大变化。章武三年春，刘备于永安病笃，召诸葛亮于成都嘱以后事，谓亮曰：“君才十倍曹丕，必能安国，终定大事。若嗣子可辅，辅之；如其不才，君可自取。”亮涕泣曰：“臣敢竭股肱之力，效忠贞之节，继之以死！”刘备又为诏敕后主说：“汝与丞相从事，事之如父。”

(《三国志·蜀志·诸葛亮传》)

建兴元年,蜀后主封亮武乡侯。开府治事。顷之,又领益州牧。"政事无巨细,咸决于亮。"(同上)从此时(223年)起,诸葛亮成为蜀汉政治军事的决策人。事无大小,皆由诸葛亮决定。这种情势维持了十一年,直到诸葛亮病死五丈原(234年)。

诸葛亮治蜀。刑罚是严峻的。《蜀记》所载金城郭冲赞美诸葛亮"权智英略,有逾管、晏"。他条论诸葛亮五事,其一就说:"亮刑法峻急,刻剥百姓,自君子小人咸怀怨叹。法正谏曰:'昔高祖入关,约法三章,秦民知德。今君假借威力,跨据一州,初有其国,未垂惠抚,且客主之义,宜相降下。愿缓刑弛禁,以慰其望。'亮答曰:'君知其一,未知其二。秦以无道,政苛民怨,匹夫大呼,天下土崩,高祖因之,可以弘济。刘璋暗弱,自焉已来有累世之恩,文法羁縻,互相承奉,德政不举,威刑不肃,蜀土人士,专权自恣,君臣之道,渐以陵替。宠之以位,位极则贱;顺之以恩,恩竭则慢。所以致弊,实由于此。吾今威之以法,法行则知恩;限之以爵,爵加则知荣。恩荣并济,上下有节。为治之要,于斯而著。"(《三国志·蜀志·诸葛亮传》注引)

裴松之怀疑郭冲的意见。他提出两点来驳郭冲:(1)"法正在刘备前死,今称法正谏,则刘主在也。诸葛职为股肱,事归元首,刘主之世,亮又未领益州,庆赏刑政,不出于己。寻冲所述亮答,专自有其能,有违人臣自处之宜。以亮谦顺之体,殆必不然。"(2)"云亮刑法峻急,刻剥百姓,未闻善政以刻剥为称。"(同上)

裴松之所论,也无多大道理。(1)有刘备在,军国大事虽不由诸葛亮决策,但治国之政却会是由诸葛亮主持的。法正自然会向诸葛亮提出。这里说不到诸葛亮不谦顺。(2)刑法峻急,是对士大夫豪家;刻剥百姓,对百姓也包括士大夫豪家。刘璋父子在蜀,德政不举,威刑不肃,租赋负担偏在不公。诸葛亮治蜀,租赋不会减轻,但会公平;公平,也会有人怨叹。

诸葛亮治蜀,最为后人称道的是,他对人对事都能"开诚心,布公道",依法办事,赏罚分明。

因此,受他惩罚的人,都能对他没有怨恨。如廖立,以罪废,徙汶山郡。"立躬率妻子耕殖自守,闻诸葛亮卒,垂泣叹曰:'吾终为左衽矣!'后监军姜维率偏军经汶山,诣立,称立意气不衰,言论自若。立遂终徙所,妻子还

蜀。”(《三国志·蜀志·廖立传》)

又如李严,诸葛亮出兵祁山,李严运粮不继,又巧言饰非,诸葛亮表严之罪,“乃废平(严后改名平)为民,徙梓潼郡。(建兴)十二年,平闻亮卒,发病死。平常冀亮当自补复,策后人不能,故以激愤也”(《三国志·蜀志·李严传》)。

廖立、李严,虽以罪废,但都抱希望于诸葛亮能再用他们。听到诸葛亮死,一个垂泣叹曰:“吾终为左衽矣!”一个激愤发病死。不管他们心中有些什么想法,但一个想法是共有的,认为诸葛亮对人对事公平。

诸葛亮用人,能选贤任能。蒋琬、费祎、姜维,都是有才略可以任事的。选任地方郡守,也都能委任得人。《三国志·蜀志·杨洪传》说:“洪少不好学问,而忠清款亮,忧公如家,事继母至孝。(建兴)六年卒官。始洪为李严功曹,严未至犍为而洪已为蜀郡。洪迎门下书佐何祗,有才策功干,举郡吏,数年为广汉太守,时洪亦尚在蜀郡。是以西土咸服诸葛亮能尽时人之器用也。”

但诸葛亮用人,很有局限性。他能用有才干的人,但最好是忠勤谨慎的。对于有权略而又有偏激、自负、好胜等毛病的,他不能用。他用人的气度,不能比刘备,也不能比曹操。魏延随刘备取汉中时,才是个牙门将军,刘备为汉中王,迁治成都,当选重将以镇汉川,众论以为必在张飞,飞亦以心自许,乃拔延为督汉中镇远将军,领汉中太守,一军尽惊。诸葛亮对这位刘备赏识的将军如何呢?“延每随亮出,辄欲请兵万人,与亮异道会于潼关。如韩信故事,亮制而不许。延常谓亮为怯,叹恨己才用之不尽。”(《三国志·蜀志·魏延传》)诸葛亮为什么不能用魏延使尽其才呢?因为魏延不仅“善养士卒,勇猛过人”,“又性矜高”(同上)。性矜高,害了魏延。又如彭羕,有才气,但“恣性骄傲,多所轻忽”。庞统、法正、刘备都很器重他。“羕欲纳说先主,乃往见庞统。统与羕非故人,又适有宾客,羕径上统床卧,谓统曰:‘须客罢当与卿善谈。’统客既罢,往就羕坐,羕又先责统食,然后共语,因留信宿,至于经日。统大善之。而法正宿自知羕,遂并致之先主。先主亦以为奇,数令羕宣传军事,指授诸将,奉使称意,识遇日加。成都既定,先主领益州牧,拔羕为治中从事。羕起徒步,一朝处州人之上,形色嚣然,自矜得遇滋甚。诸葛亮虽外接待羕,而内不能善,屡密言先主,羕心大志广,难可保安。

先主既敬信亮,加察羕行事,意以稍疏,左迁羕为江阳太守。”(《三国志·蜀志·彭羕传》)羕因失意而不满。“往诣马超。超问羕曰:‘卿才具秀拔,主公相待至重,谓卿当与孔明、孝直诸人齐足并驱,宁当外授小郡,失人本望乎?’”(同上)一句话问到彭羕的痛心处,遂大发一阵不应发的牢骚,说刘备是“老革”(老兵)。又谓马超说:“卿为其外,我为其内,天下不足定也。”(同上)马超害怕,把彭羕的话告诉了刘备,遂下羕狱。彭羕虽与诸葛亮信,有所解释,终仍被诛死。又如廖立,年未三十,即被刘备擢为长沙太守,“立本意,自谓才名宜为诸葛亮之贰。而更游散在李严等下,常怀怏怏”(《三国志·蜀志·廖立传》)。因不满,而评核朝廷,说刘备与吴人争三郡,“徒劳役吏士,无益而还”;说关羽“怙恃勇名,作军无法,直以意突耳”;说“向朗、文恭,凡俗之人耳”(同上)。诸葛亮于是废立为民。

魏延、彭羕、廖立,都是有才能的人,也都因他们自负才能而不能为诸葛亮所用。

诸葛亮不能用有才而自负有才的人的主要原因,是由于后主无能,怕这些有才的人由自负、好胜、偏激,而发展为争权、争位、作乱。诸葛亮劝刘备及早处死刘封,就是很好的说明。刘封,是刘备的养子。刘备入川时,“封年二十余,有武艺,气力过人”(《三国志·蜀志·刘封传》)。关羽围樊城、襄阳,时刘封在上庸,羽呼封发兵为助,封未承羽命。关羽败死,刘备对刘封不满。刘封到成都,“先主责封之侵陵(孟)达,又不救(关)羽。诸葛亮虑封刚猛,易世之后终难制御,劝先主因此除之。于是赐封死,使自裁”(同上)。

诸葛亮如此用人,好处是蜀汉朝廷上下都是循规蹈矩的人,诸葛亮之后几十年除出了一个宦官黄皓小小弄权外,没有出一个欺上压下的权臣。大体上满朝文武都是好人;坏处是除姜维外未出一个权略出众的人。

诸葛亮的开诚心,布公道,赏罚分明,主要是对官僚阶层。他以这种态度,保持官僚阶层的平衡和稳定。当然,官僚守法,不敢胡作乱为,欺压百姓,对人民也是有好处的;蜀汉人民对诸葛亮是会有好感的。陈寿所说:“吏不容奸,人怀自厉,道不拾遗,强不侵弱,风化肃然。”又说:“黎庶追思,以为口实。至今梁、益之民,咨述亮者,言犹在耳,虽《甘棠》之咏召公,郑人之歌子产,无以远譬也。孟轲有云:‘以逸道使民,虽劳不怨;以生道杀人,虽死不忿。’信矣!”(陈寿编定《诸葛氏集》于泰始十年二月一日上晋武帝

表,见《三国志·蜀志·诸葛亮传》)

陈寿是巴西安汉人,师事谯周,蜀后主时任观阁令史,他所说“至今梁、益之民,咨述亮者,言犹在耳”,当是实录。这里所谓梁、益之民的“民”,虽然有上层人,但主要是老百姓。诸葛亮治蜀,对老百姓是有好处的,他受到人民的歌颂和追思。

诸葛亮也注意发展农业生产,他给杜微的信说:“今因(曹)丕多务,且以闭境勤农,育养民物,并治甲兵,以待其挫,然后伐之。”(《三国志·蜀志·杜微传》)袁子论诸葛亮说:“亮之治蜀,田畴辟,仓廪实,器械利,蓄积饶,朝会不华,路无醉人。”(《三国志·蜀志·诸葛亮传》注引《袁子曰》)但以蜀汉小国,连年征战,虽然是“以逸道使民,虽劳不怨”、“黎庶追思”,而社会经济总会受到破坏,人民会因而生活困苦。吴大鸿胪张俨作《默记》,其《述佐篇》论诸葛亮是有见识的。他说:“诸葛丞相诚有匡佐之才,然处孤绝之地,战士不满五万,自可闭关守险,君臣无事。空劳师旅,无岁不征,未能进咫尺之地,开帝王之基,而使国内受其荒残,西土苦其役调。”(《三国志·蜀志·诸葛亮传》注引)

国内受其灾荒,西土苦其役调,也是实情。历史,对事对人都不能只看一面。

图 50　蜀弩机图

2. 征南中

东汉末年的南中,即今天的云南和贵州的一部分。这是一个多民族聚居的地区。

秦始皇统一,南服越族,置桂林、南海、象郡,地域大约都在今广东、广西境内。秦的势力没有到达古南中、今西南地区。

西南地区和中央朝廷之有政治联系,始自汉武帝通西南夷。司马迁作《史记·西南夷列传》,对西南约略有了点了解。知道:“西南夷君长以什数,夜郎最大;其西靡莫之属以什数,滇最大;自滇以北君长以什数,邛都最大。此皆魋结,耕田,有邑聚。其外西自同师以东,北至楪榆,名为巂、昆明,皆编发,随畜迁徙,毋常处,毋君长,地方可数千里。”汉武帝以后,这一带逐渐设立郡县。但关系也只是羁縻而已,汉人政治进不去,文化影响也很小。

刘备入蜀,以安远将军邓方为朱提太守、庲降都督,治朱提县(今云南昭通)。邓方死,以治中从事李恢为都督,治平夷县(今贵州毕节),总领南中。

刘备死后,南中大姓乘机作乱,越巂郡叟帅高定元(依《华阳国志·南中志》。《三国志·蜀志·李恢传》作高定)杀郡将军焦璜,带郡称王以叛。益州大姓雍闿也杀太守正昂。后主更以蜀郡张裔为太守。雍闿又执张裔送吴,吴王孙权遥用闿为永昌(郡治不韦县,今云南保山县东北)太守。牂柯郡丞朱褒领太守,以郡叛,丞相诸葛亮以刘备死,新遭大丧,国家以安定为上,未出

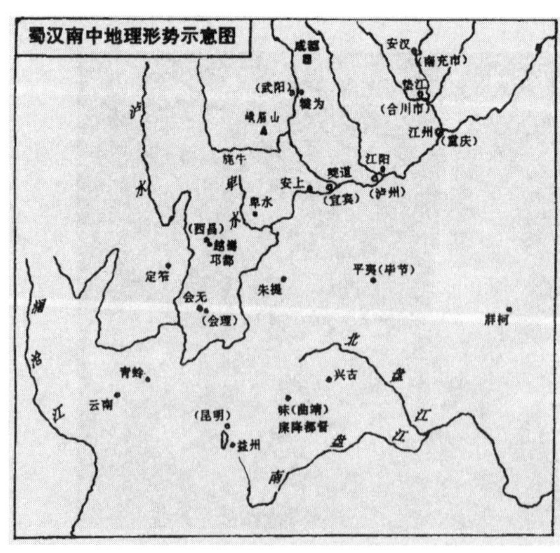

图 51　蜀汉南中地理形势示意图

兵讨。

建兴三年(225 年)春三月,诸葛亮帅师南征。马谡向诸葛亮建议说:"南中恃其险远,不服久矣,虽今日破之,明日复反耳。今公方倾国北伐以事强贼。彼知官势内虚,其叛亦速。若殄尽遗类以除后患,既非仁者之情,且又不可仓卒也。夫用兵之道,攻心为上,攻城为下,心战为上,兵战为下,愿公服其心而已。"(《三国志·蜀志·马良传附马谡传》注引《襄阳记》)诸葛亮采纳了马谡的意见,以后在南中的战争中七擒七纵孟获,就是以攻心为上的。

诸葛亮征南中,兵分三路:东路由门下督马忠率领从牂柯入,即以马忠为牂柯太守。中路由庲降都督李恢率领,趋建宁。李恢时驻军平夷。裴松之说:"臣松之讯之蜀人,云:庲降地名,去蜀二千余里,时未有宁州,号为南中,立此职以总摄之。"(《三国志·蜀志·李恢传》注)《资治通鉴》胡注引此段话"去蜀二千余里"称"去蜀三千余里"(见《资治通鉴》卷七〇,文帝黄初六年注)。诸葛亮自率西路军,由越嶲(郡治在今四川西昌)入南中。《三国志·蜀志·李恢传》载:"丞相亮南征,先由越嶲。"

李恢一路,军功最多,《李恢传》说:"恢案道向建宁。诸县大相纠合,围恢军于昆明。时恢众少敌倍,又未得亮声息,绐谓南人曰:'官军粮尽,欲规退还,吾中间久斥乡里(李恢建宁俞元人,今云南澄江),乃今得旋,不能复北,欲还与汝等同计谋,故以诚相告。'南人信之,故围守怠缓。于是恢出击,大破之,追奔逐北,南至槃江,东接牂柯,与亮声势相连。南土平定,恢军功居多。"昆明,不知今何地,当在平夷到槃江的路上,"东接牂柯",大约指的是马忠所率领的东路军。这是由"与亮声势相连"所得的启发,西边是与"亮声势相连",指的是诸葛亮率领的西路军。东边"东接牂柯",也以指马忠军为宜。槃江,所指亦不明确。今自毕节(即古平夷)到曲靖(古味县,建宁郡治,庲降都督驻地),路经北盘江和南盘江两水,李恢所到的槃江,大约即盘江。今南盘江在曲靖城东,北盘江在贵州水城县南,北盘、南盘都是由毕节到曲靖的必经之水,如果把李恢"南至槃江",解释为南盘江,则李恢已将到味县——建宁郡治和庲降都督的驻地。至此,三路蜀军大约要在建宁郡治、庲降都督驻地——味县汇合,再南攻滇池,征南中的目的地。

马忠东路军由牂柯入南中,目的地在味县(今云南曲靖),如上所述,他

要在这里和李恢、诸葛亮汇合。

建兴三年三月，诸葛亮兵发成都，五月渡泸，秋七月南中悉平定，十二月回到成都，用了将近一年的时间（见《三国志·蜀志》之《后主传》和《诸葛亮传》）。

诸葛亮西路军进军南中，第一步是先到越巂郡（郡治邛都，今四川西昌）。

《华阳国志·南中志》记诸葛亮南征的战事说："建兴三年春，亮南征，自安上（今四川宜宾市西屏江县）由水路入越巂。别遣马忠伐牂柯，李恢向益州，以犍为太守广汉王士为益州太守。高定元自旄牛（今四川汉源县）、定筰（今四川盐源彝族自治县）、卑水（今四川昭觉县）多为垒守。亮欲俟定元军众集合并讨之，军卑水。定元部曲杀雍闿及士庶等。孟获代闿为主。亮既斩定元，而马忠破牂柯，李恢败于南中。夏五月，亮渡泸，进征益州，生虏孟获，置军中，问曰：'我军如何？'获对曰：'恨不相知，公易胜耳！'亮以方务在北而南中好叛乱，宜穷其诈，乃赦获，使还合军更战。凡七虏七赦，获等心服，夷汉亦思反善，亮复问获，获对曰：'明公天威也，边民长不为恶矣。'秋，遂平四郡。"

从这段话看，诸葛亮征南中的路线，大约是先从成都到安上，由安上乘船逆泸江水（金沙江）西上，转卑水到卑水驻军。高定元的叛乱地区大约北自旄牛，西到定筰，东到卑水，越巂郡北部大部分地区成为他的叛乱区域。高定元杀了雍闿，他又为诸葛亮所平定杀死。"李恢败于南中"，大约指的前引《三国志·蜀志·李恢传》所说"诸县大相纠合，围恢军于昆明"（越巂郡一县，《史记·西南夷列传》注《正义》曰："昆明，巂州县，盖南接昆明之地，因名也"）。诸葛亮夏五月渡泸，进征益州郡孟获，诸葛亮渡泸的地方大约在会无（今云南会理）以南泸水沿岸什么地方，渡过泸水，在进抵滇池途中，曾对孟获七擒七纵，最后才得到孟获心服口服、"边民长不为恶矣"的保证。

诸葛亮平定南中后，对南中郡的建置作了些调整。改益州郡为建宁郡，以李恢为太守、庲降都督，加安汉将军，移治味县。分建宁、越巂、永昌置云南郡，以吕凯为太守。又分建宁、牂柯置兴古郡。吕凯，永昌不韦（永昌郡治不韦，在今云南保山东北）人。吴孙权以雍闿为永昌太守，吕凯时为永昌郡五官掾功曹,与郡府丞王伉帅励永昌吏民,闭境拒闿使不得入。诸葛亮平南中后,上表后主说:"永昌郡吏吕凯、府丞王伉等,执忠绝域,十有余年。雍闿、高定元逼其东北,而凯等守义又不与交通。臣不意永昌风俗敦直乃尔。"遂以凯为云南太守。

《汉晋春秋》赞扬诸葛亮对南中的政策说:"南中平,皆即其渠率而用之。或以谏亮,亮曰:'若留外人,则当留兵,留兵则无所食,一不易也;加夷新伤破,父兄死丧,留外人而无兵者,必成祸患,二不易也;又夷累有废杀之罪,自嫌衅重,若留外人,终不相信,三不易也。今吾欲使不留兵,不运粮,而纲纪粗定,夷、汉粗安故耳。"(《三国志·蜀志·诸葛亮传》注引)

诸葛亮的设想,不留人、不留兵,只求粗定、粗安。用心是良苦的。但从以后的情况看,有些做到了,有些是做不到的。诸葛亮远征南中,是为了有一个安定的后方,北伐时无后顾之忧。但他既已得到南中的土地、人民、财富,就不会不征发、征收以助北伐,有征发征收,就难免反抗,粗定、粗安就做不到。诸葛亮南征后,南中的暴乱是时常发生的,平定暴乱的战争自然也就时常发生。不留人、不留兵也就做不到了。下面几段材料,有助于了解诸葛亮征南中后,蜀汉和南中各族的关系。

《华阳国志·南中志》:"移南中劲卒青羌万余家于蜀,为五部,所当无前,号为飞军。分其羸弱,配大姓焦、雍、娄、爨、孟、量、毛、李为部曲。置五部都尉,号五子。故南人言四姓五子也。以夷多刚很(狠),不宾大姓富家,乃劝令出金帛聘策恶夷为家部曲,得多者奕世袭官。于是夷人贪货物,以渐服属于汉,成夷汉部曲。亮收其俊杰,建宁爨习、朱题、孟琰及获为官属。习官至领军,琰辅汉将军,获御史中丞。出其金银、丹漆、耕牛、战马,给军国之用。"

蜀小国,要抗击魏,需要的是战士,诸葛亮平南中后,即从南中调出青羌劲卒万余家。和孙权以山越人为兵一样,蜀也以南中人为兵。所不同的,可能在:孙权残酷的抄出山越人为兵,蜀汉诸葛亮用的是柔道;诸葛亮移出的青羌只有万余家,远比孙权抄出的山越为少。

诸葛亮对南中的大姓富家,用官职和贵族身份争取他们支持蜀汉政权。在南中地方上,用南中大族做地方官,如前引《汉晋春秋》所说:"皆即其渠率而用之。"又把一些大族用为朝廷大官,爨习、孟琰、孟获就是三例。

诸葛亮到南中的时候,南中各族的氏族部落组织大约早已解体。社会是以家为单位,史料里没有看到提到他们的氏族、部落的,但大姓、豪帅、邑君等,仍是以姓氏为基础的。诸葛亮争取的就是这些大姓、豪帅、邑君,争取到他们,就争取到了地方的支持。

这些大姓、豪帅,都已有依附民,汉族的记载里称为“部曲”。如《华阳国志·南中志》:“(高)定元部曲杀雍闿及士庶等。”诸葛亮以劲卒青羌为兵移于蜀,又以羸弱配给大姓为部曲。家部曲多者奕世为官。这就把南中各族的社会和贵族纳入到汉族社会中来,有利于两者的友好和同化,促进了南中各族的封建化。

这里“出其金银、丹漆、耕牛、战马,给军国之用”,《三国志·蜀志·李恢传》作“赋出叟、濮、耕牛、战马、金银、犀革,充继军资,于时费用不乏”,叟、濮,大约是叟、濮的族人,赋出叟、濮,即调出叟、濮人作兵。另一不同是:《南中志》的丹漆,《李恢传》里变成了犀革。再一不同是:《李恢传》多出了“于时费用不乏”。如果这是实录,蜀汉从南中得到的东西还不少,已不是“纲纪粗定,夷汉粗安”了。

图52　诸葛亮像

《三国志·蜀志·李恢传》载:“南土平定,恢军功居多。……后军还,南夷复叛,杀害守将。恢身往扑讨,锄尽恶类。”

《马忠传》载:“(建兴)三年,亮入南,拜忠牂柯太守。郡丞朱褒反。叛乱之后,忠抚育恤理,甚有威惠。……十一年,南夷豪帅刘胄反,扰乱诸郡。征庲降都督张翼还,以忠代翼。忠遂斩胄,平南土。……初,建宁郡杀太守正昂,缚太守张裔于吴,故都督常驻平夷县。至忠,乃移治味县,处民夷之间。又越巂郡亦久失土地,忠率将太守张嶷开复旧郡。”

《张嶷传》载:“初,越巂郡自丞相亮讨高定之后,叟夷数反,杀太守龚录、焦璜,是后太守不敢之郡,只住安上县,去郡八百余里,其郡徒有名而已。时论欲复旧郡,除嶷为越巂太守。嶷将所领往之郡,诱以恩信,蛮夷皆服,颇来降附。北徼捉马最骁劲,不承节度,嶷乃往讨,生缚其帅魏狼,又解纵告喻,使招怀余类。表拜狼为邑侯,种落三千余户皆安土供职。诸种闻之,多渐降服……苏祁邑君冬逢、逢弟隗渠等,已降复反。嶷诛逢。逢妻,旄牛王女,嶷以计原之。而渠逃入西徼。渠刚猛捷悍,为诸种深所畏惮,遣所亲二人诈降嶷,实取消息。嶷觉之,许以重赏,使为反间,二人遂合谋杀渠。渠死,诸种皆安。又斯都耆帅李求承,昔手杀龚录,嶷求募捕得,数其宿恶而诛之。……定莋(今四川盐源彝族自治县)、台登(今四川西昌冕宁间)、卑水三县去郡三百余里,旧出盐铁及漆,而夷徼久自固食(不外运,自己吃)。嶷率所领夺取,署长吏焉。嶷之到定莋,定莋率豪狼岑,槃木王舅,甚为蛮夷所信任,忿嶷自侵,不自来诣。嶷使壮士数十直往收致,挞而杀之,持尸还种,厚加赏赐,喻以狼岑之恶。且曰:‘无得妄动,动即殄矣!’种类咸面缚谢过。嶷杀牛飨宴,重申恩信。遂获盐铁,器用周赡。汉嘉郡界旄牛夷种类四千余户,其率狼路,欲为姑婿冬逢报怨,遣叔父离将逢众相度形势。嶷逆遣亲近赍牛酒劳赐,又令离姊逆逢妻宣畅意旨。离既受赐,并见其姊,姊弟欢悦,悉率所领将诣嶷,嶷厚加赏待,遣还。旄牛由是辄不为患。郡(指越巂郡)有旧道,经旄牛中至成都,既平且近;自旄牛绝道,已百余年,更由安上,既险且远。嶷遣左右巂货币赐路,重令路姑喻意,路乃率兄弟妻子悉诣嶷,嶷与盟誓,开通旧道,千里肃清,复古亭驿。奏封路为旄牛畇毗王,遣使将路朝贡。”

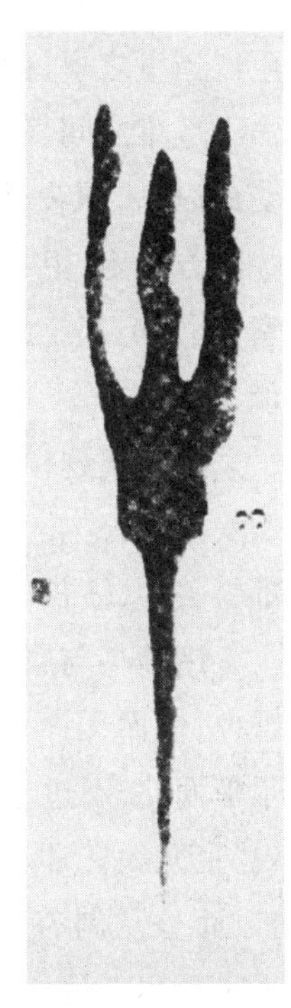
图 53　蜀出土铁兵器

这些材料说明,自诸葛亮征南回去后,南中的叛乱

就没有停止过。马忠、李恢、张嶷几位郡太守,都是汉人,没有"不留人";他们所率领的兵,即使有本地人也必然是以外来的为主,也就没有"不留兵"。蜀汉夺其盐铁,使其"安土供职"。重要的是:断绝百余年的经过旄牛、汉嘉到成都的既平且近的道路,又复开通。这一定有利于蜀地和南中的物资交流,有利于两地区的经济发展。

3. 北伐

征南中后,回去休息了一年,建兴五年(227 年)春,诸葛亮率军北驻汉中。临行,上疏后主说:"先帝创业未半而中道崩殂,今天下三分,益州疲弊,此诚危急存亡之秋也。然侍卫之臣不懈于内,忠志之士忘身于外者,盖追先帝之殊遇,欲报之于陛下也。……臣本布衣,躬耕于南阳,苟全性命于乱世,不求闻达于诸侯。先帝不以臣卑鄙,猥自枉屈,三顾臣于草庐之中,咨臣以当世之事,由是感激,遂许先帝以驱驰。后值倾覆,受任于败军之际,奉命于危难之间,尔来二十有一年矣。先帝知臣谨慎,故临崩寄臣以大事也。受命以来,夙夜忧叹,恐托付不效,以伤先帝之明,故五月渡泸,深入不毛。今南方已定,甲兵已足,当奖率三军,北定中原,庶竭驽钝,攘除奸凶,兴复汉室,还于旧都。此臣所以报先帝,而忠陛下之职分也。"(《三国志·蜀志·诸葛亮传》)

这时曹魏镇守长安的是夏侯楙木。楙木,魏征西将军夏侯渊之子,尚曹操女清河公主。魏文帝曹丕幼与之亲善。曹丕即位后,即以楙为安西将军,都督关中,镇长安。

诸葛亮与属下议作战方略,丞相司马魏延建议说:"闻夏侯楙木少,主婿也,怯而无谋。今假延精兵五千,负粮五千,直从褒中出,循秦岭而东,当子午而北,不过十日可到长安。楙木闻延奄至,必乘船逃走。长安中惟有御史、京兆太守耳。横门邸阁与散民之谷足周食也。比东方相合聚,尚二十许日,而公从斜谷来,必足以达。如此,则一举而咸阳以西可定矣。"(《三国志·蜀志·魏延传》注引《魏略》)

关中与汉中之间,横贯着一条秦岭山脉。从长安越过秦岭到汉中去,有几条山谷水边路可走,从东到西是子午谷、骆谷、斜谷、散关。魏延的建议是:他领兵五千,北出褒中,然后循秦岭而东,从子午谷道,北向直袭长安。

诸葛亮认为魏延所要走的路是险途,没有采纳。诸葛亮认为不如先取陇右,有十全的把握可以取胜。

诸葛亮扬言要从斜谷道北出取郿,使镇军将军赵云、扬武将军邓芝据箕谷为疑,而自率大军西攻祁山(今甘肃西和北)。他的意图,很明显是先取陇右各郡,再东下争长安。

图 54 栈道

刘备死后,蜀汉忙于休养生息,调整内部,征服南中,数年间蜀魏边界相对安定。魏放松了守备,诸葛亮突然出兵,天水、南安、安定三郡皆叛魏投蜀,一时军威大震,魏朝野颇现惊慌,急遣右将军张郃率步骑五万西拒亮。

诸葛亮出祁山,不用老将魏延、吴懿等为先锋,而以年轻人马谡督诸军在前。马谡与张郃战于街亭(《续汉志·郡国志五》载:汉阳郡略阳有街泉亭。《元和郡县图志》卷三九《陇右道上·秦州》条载:"陇城县,本汉略阳道,属天水郡。……又有街泉亭,蜀将马谡为魏将张郃所败。"其地大约在今甘肃天水市西南)。马谡违背诸葛亮的节度,"依阻南山,不下据城。郃绝其汲道,击,大破之。南安、天水、安定反应亮,郃皆破平之"(《三国志·魏志·张郃传》)。

诸葛亮出兵时,诸将皆以为宜令老将魏延、吴懿等为先锋,亮违众拔

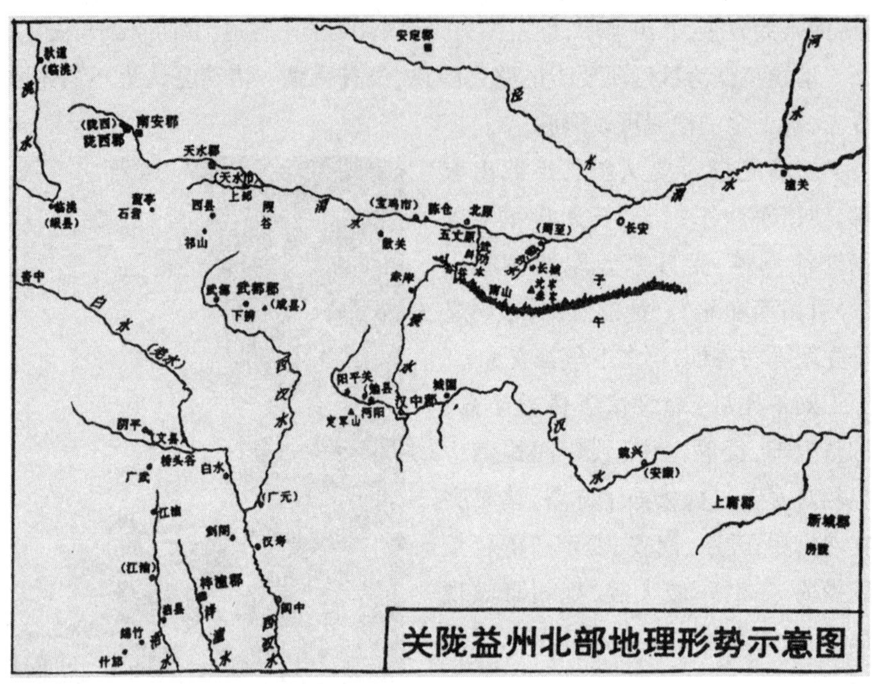

图 55　关陇益州北部地理形势示意图

谡，统大军在前，结果大败。士卒离散，诸葛亮退还汉中。诸葛亮不得已，流涕依法斩了马谡。马谡死时年三十九。

马谡临死，对诸葛亮说："明公视谡犹子，谡视明公犹父，愿深惟殛鲧兴禹之义，使平生之交不亏于此，谡虽死无恨于黄壤也。"（《三国志·蜀志·马谡传》注引《襄阳记》）于时十万之众为之垂涕。诸葛亮亲自临祭，待其遗孤若平生。

马谡，襄阳宜城人，以荆州从事随刘备入蜀，任绵竹、成都令，越嶲太守。才器过人，好论军事，诸葛亮深加器重。刘备对马谡另有看法，临死时对诸葛亮说："马谡言过其实，不可大用，君其察之。"（《三国志·蜀志·马谡传》）诸葛亮没有听刘备的话。诸葛亮爱马谡的才器，每引见谈论，自昼达夜。（同上）

诸葛亮喜爱马谡而又不得不流涕杀了马谡，法不可废也。诸葛亮靠法，靠以身作则取得属下的尊敬和心服。爱马谡而废法，诸葛亮不为。后来，丞相参军蒋琬来到汉中,对诸葛亮说:“昔楚杀得臣,然后文公喜可知也。天下未定而戮智计之士,岂不惜乎!”亮流涕说:“孙武所以能制胜于天下者,用法明也。是以杨干乱法,魏绛戮其仆。四海分裂,兵交方始,若复废法,何用讨贼邪!”(《三国志·蜀志·马谡传》注引《襄阳记》)

后人之评诸葛亮不当杀马谡者很好,如习凿齿说:“诸葛亮之不能兼上国也,岂不宜哉!夫晋人规林父之后济,故废法而收功;楚成暗得臣之益己,故杀之以重败。今蜀僻陋一方,才少上国,而杀其俊杰,退收驽下之用,明法胜才,不师三败之道,将以成业,不亦难乎?且先主诫谡之不可大用,岂不谓其非才也?亮受诫而不获奉承,明谡之难废也。为天下宰匠,欲大收物之力,而不量才节任,随器付业;知之大过,则违明主之诫,裁之失中,即杀有益之人,难乎其可与言智者也。”(《三国志·蜀书·马谡传》注引)

对于诸葛亮应不应该杀马谡可以讨论,对诸葛亮不用魏延的建议出奇兵取长安,亦可以研究。刘备争荆州大败,兵员丧失略尽。刘备死后,蜀汉寂寂无活动。魏放松了警惕,是很自然的。夏侯楙木,公子哥,无能无勇,魏延出奇兵,取长安,不是没有可能。诸葛亮一生惟谨慎,不敢冒这个险。魏延“常谓亮为怯,叹恨己才用之不尽”(《三国志·蜀志·魏延传》),是可以同情的。

诸葛亮上疏,把失败的责任完全由自己担起,说“咎皆在臣授任无方。《春秋》责帅,臣职是当”,并“请自贬三等,以督厥咎”,于是“以亮为右将军,行丞相事,所总统如前”(《三国志·蜀志·诸葛亮传》)。

公开承认过错,公开承担责任并惩罚自己,这都是一个负责任的大政治家应有的品德,但大多数人是做不到的,因此这是难能可贵的了。

这年夏,吴以鄱阳太守周鲂伪降于魏以诱魏师,魏明帝以征东大将军、扬州牧曹休出兵向寻阳,司马懿出汉水向江陵,贾逵向东关(即濡须江),三道俱进伐吴。曹休一路是主力,步骑十万。

孙权以陆逊为大都督,以朱桓、全琮为左右督,各督三万人以迎击曹休。孙权自率兵驻皖口(今安徽安庆市)。陆逊与曹休战于石亭(今安徽潜山东北)。陆逊为中路,朱桓、全琮为左右翼,三路并进,大破魏兵,追至夹石(今安徽舒城南),斩获万余,牛马骡驴车乘万辆,休军资器械略尽。

诸葛亮闻知曹休大败,魏兵东下,关中虚弱,遂于这年冬十二月(大约已进入229年)复率兵出征。这次出兵的路线是:出散关(今陕西宝鸡市西南),围陈仓(今陕西宝鸡市东)。陈仓守将郝昭坚守不降。诸葛亮起云梯、冲车以临城,郝昭以火箭烧云梯,以绳连石磨压冲车;云梯燃,冲车折。诸葛亮以土填城堑,欲直攀城;昭遂于城内筑重墙。诸葛亮又为地突,欲从地道出于城里;郝昭于城内掘沟横截之,昼夜相攻守二十余日。魏救兵到,诸葛亮粮尽,遂退兵。魏将王双追击蜀军,为蜀军斩杀。

次年(229年)春,诸葛亮遣将军陈式攻武都(郡治下辨,今甘肃成县北)、阴平(郡治阴平,今甘肃文县)二郡。魏雍州刺史郭淮率兵来救。诸葛亮自出至建威(今甘肃西和),截击郭淮后路,郭淮退,诸葛亮取得武都、阴平两郡。这年冬十二月(可能已进入230年),诸葛亮筑汉城于沔阳(今陕西勉县),筑乐城于成固(今陕西城固)。汉城在南郑(汉中郡治,今汉中)西,乐城在南郑东,筑此两城以为汉中的左右翼,需要时可以分兵驻守,以成犄角之势。

图56　诸葛亮坐像

建兴八年(230年),魏大司马曹真以“蜀连出侵边境,宜遂伐之,数道并入,可大克也”(《三国志·魏志·曹真传》)。魏明帝从其计,诏大将军司马懿溯汉水西上,与曹真会南郑。八月,曹真自长安出发,从子午道南入。会天大霖雨,三十余日不止,栈道或断绝。曹真兵士边治道边前进,山坡峻滑,一个多月,还未走完子午谷之半。九月,魏帝诏曹真班师。

诸葛亮闻魏兵进攻,遂驻军成固赤坂(今陕西洋县东)以待之。并召都督江州(今重庆)李严将两万人赴汉中,加强汉中防御。

建兴九年，诸葛亮率兵出围祁山。镇守关中的魏将大司马曹真有病，遂以司马懿西屯长安，督将军张郃、费曜、郭淮等防击诸葛亮。司马懿使费曜等率五千兵守上邽（今甘肃天水市），其余全部人马西救祁山。张郃建议分兵驻守雍县（今陕西凤翔）、郿（今陕西眉县东）。司马懿说："料前军能独当之者，将军言是也；若不能当而分为前后，此楚之三军所以为黥布禽也。"（《三国志·蜀志·诸葛亮传》注引《汉晋春秋》）司马懿没有接受张郃的建议。诸葛亮分兵留攻祁山，自率大军迎战司马懿于上邽。魏军郭淮等与诸葛亮两军相遇，诸葛亮一战而胜。田野麦熟，遂放兵收割以为军粮。诸葛亮前进，又与司马懿相遇于上邽以东。司马懿引兵守险，不与交战。诸葛亮军缺粮，不得已而退兵。司马懿则尾随其后，蜀军进，他退；蜀军退，他跟，又不进战，这样尾随到了卤城，张郃对司马懿说："祁山知大军以在近，人情自固，可止屯于此，分为奇兵，示出其后，不宜进前而不敢逼，坐失民望也。今亮县（通悬）军食少，亦行去矣。"（同上）懿不从。诸将请战说："公畏蜀如虎，奈天下笑何！"（同上）夏五月，司马懿不得已乃使张郃攻蜀军围祁山之南屯者，自据中道攻亮。诸葛亮使魏延等迎战，魏兵大败。

图 57　张郃像

六月，诸葛亮以粮尽退兵，司马懿命张郃追击。张郃说："军法，围城必开出路，归军勿追。"（《三国志·魏志·张郃传》注引《魏略》）司马懿不听。张郃不得已而进，追至木门（在祁山东，今甘肃天水市南）。蜀军于高地布置伏军，张郃到，乱箭齐发，张郃中箭身亡。张郃名著关中,司马懿不从其计而又不敢战,为诸将所笑,大约怀恨在心,欲置张郃于死地,不当追而使之追,一追而死。此虽推测之辞,不见记载,但测量司马懿猜狠奸毒之心,很有可能也。

诸葛亮回汉中后,息民养士,劝农讲武。三年之后,建兴十二年(234年)春二月,率兵十万出斜谷北伐,并遣使约吴同时大举。这次,蜀吴配合得是比较好的。孙权亲率大军十万人居巢湖口(今安徽巢县境),向合肥新城(今安徽合肥市西)进攻,又遣陆逊、诸葛瑾率领万余人入江夏、沔口向襄阳(今湖北襄阳),将军孙韶等入淮,向广陵、淮阴(魏淮阴,广陵郡治,今江苏清江市)。四月,诸葛亮率大军到郿,驻军渭水之南,司马懿渡水渭南与蜀军对垒。司马懿对诸将说:“亮若勇者,当出武功,依山而东。若西上五丈原(武功水出斜谷入渭,五丈原在武功水西,今陕西眉县西),则诸将无事矣。”(《晋书·宣帝纪》)诸葛亮没有出武功依山而东,而是西上五丈原了。

图 58　造木牛流马图

雍州刺史郭淮,策亮必争北原,宜先据之,说:“若亮跨渭登原,连兵北山,隔绝陇道,摇荡民、夷,此非国之利也。”(《三国志·魏志·郭淮传》)司马懿遂命郭淮屯北原,堑垒未成,诸葛亮来争北原,为郭淮击退。

诸葛亮以前此数次北伐,多因运粮不继,不得已而退兵。这次遂为久驻之计,乃分兵屯田为久驻之基,“耕者杂于渭滨居民之间,而百姓安堵,军无私焉"(《三国志·蜀志·诸葛亮传》)。

诸葛亮和司马懿在五丈原相持一百多天,司马懿坚守不动,任诸葛亮怎样嘲笑辱骂,就是不出击。诸葛亮大兵在外,军粮是第一大事,虽然可以屯田,但也难于全部解决问题。诸葛亮食少事繁,欲战不得,退又不愿,心情坏,身体渐不支。这年八月卒于五丈原前线,年五十四。

蜀军退后,司马懿案行诸葛亮的营垒处所,赞誉说:"天下奇才也。"(同上)

诸葛亮是一个奇才,是中国历史上一个杰出的政治家。难得的是,他品德高,有智慧,又有才能。《三国志》撰者陈寿对他非常尊敬、崇拜,对他的评价几乎是对他的讴歌。陈寿说:"诸葛亮之为相国也,抚百姓,示仪轨,约官职,从权制,开诚心,布公道;尽忠益时者虽雠必赏,犯法怠慢者虽亲必罚,服罪输情者虽重必释,游辞巧饰者虽轻必戮;善无微而不赏,恶无纤而不贬;庶事精练,物理其本,循名责实,虚伪不齿;终于邦域之内,咸畏而爱之,刑政虽峻而无怨者,以其用心平而劝诫明也。可谓识治之良才,管、萧之亚匹矣。然连年动众,未能成功,盖应变将略,非其所长欤!"(《三国志·蜀志·诸葛亮传》评曰)又说:"立法施度,整理戎旅,工械技巧,物究其极,科教严明,赏罚必信,无恶不惩,无善不显,至于吏不容奸,人怀自厉,道不拾遗,强不侵弱,风化肃然也。"(《上(诸葛氏集)表》)又说:"然亮才于治戎为长,奇谋为短;理民之干,优于将略。"(同上)又说:"黎庶追思,以为口实。至今梁、益之民,咨述亮者,言犹在耳,虽《甘棠》之咏召公,郑人之歌子产,无以远譬也。"(同上)

从文字里,可以看到陈寿对诸葛亮讴歌崇拜的程度。这是一位良史的心声!陈寿虽生于蜀汉,但作史已在异代(西晋)。时代使他贬抑易,讴歌难。而言犹如此,是发自内心也。

或谓陈寿父为马谡参军,谡为诸葛亮所诛,寿父亦坐被髡,故陈寿为诸葛亮立传,贬抑诸葛亮,说"亮将略非长,无应敌之才"(见《晋书·陈寿列传》)。这是对陈寿的诬蔑。诸葛亮实不长于将略,"治戎为长,奇谋为短;理民之干,优于将略",对诸葛亮实最合实际、最公允之论。司马懿称赞诸葛亮"天下奇才也",也批评他"志大而不见机,多谋而少决,好兵而无权"(《晋书·宣帝纪》)。司马懿和诸葛亮是多年的敌手,而且是军事

对手。司马懿对诸葛亮在军事方面的长和短，应当是知之很深刻的。他批评诸葛亮“不见机”、“少决”、“无权”，这在军事上都是严重的。陈寿说诸葛亮“奇谋为短”、“应变将略，非其所长”，是公允的、平实的，毫无贬抑诸葛亮之意。

4. 蜀汉儒学

益州地区文化的渊源，是古老的，有历史的。到战国两汉时期，经济文化发展水平和中原地区已差不多拉平。东汉时期，儒学已普遍到全国各地，正如《后汉书·儒林列传》后范晔《论曰》所说：“自光武中年以后，干戈稍戢，专事经学，自是其风世笃焉。其服儒衣，称先王，游庠序，聚横塾者，盖布之于邦域矣。”蜀地的学术文化核心，也和中原地区一样是儒学。《后汉书·儒林列传》有传的有四十二人，益州地区有任安、任末、景鸾、杜抚、杨仁、董钧六人，占七分之一。和全国州郡比，已是在平均线以上。

图 59　武侯祠

刘备早年曾师事大儒卢植。诸葛亮尊重司马德操，刘备曾访世事于司马德操，德操说：“儒生俗士，岂识时务？识时务者在乎俊杰。此间自有伏龙、凤雏。”（《三国志·蜀志·诸葛亮传》注引《襄阳记》）司马德操的话，好像儒生俗士和识时务者是对立的，识时务者不是儒生。这话不能这样理解。识时务者的俊杰，仍然是儒家，但不是泥古不化、白头穷经的儒生俗士，而是有韬略智慧的儒生俊杰。司马德操本人就是儒学之士。《三国志·蜀志·尹默传》说：“（默）乃远游荆州，从司马德操、宋仲子等受古学。皆通诸经史。”司马德操能以经史授人，自然是儒家，只是他是识时务的俊杰而不是俗士。

儒家，至少可以大别之分为两类：一类是读书、教书的，如博士、教授等人；一类是通过读书明理成为识时务的政治家。三家村的冬烘先生，思想迂腐，知识浅陋，实在算不得儒了。

孟光和郤正的一段对话，很有意思，《三国志·蜀志·孟光传》说：“后进文士秘书郎郤正数从光咨访，光问正太子所习读并其情性好尚，正答曰：‘奉亲虔恭，夙夜匪懈，有古世子之风；接待群僚，举动出于仁恕。’光曰：‘如君所道，皆家户所有耳；吾今所问，欲知其权略智调何如也。’正曰：‘世子之道，在于承志竭欢，既不得妄有所施为，且智调藏于胸怀，权略应时而发，此之有无，焉可豫设也。’光解正慎宜，不为放谈，乃曰：‘吾好直言，无所回避，每弹射利病，为世人所讥嫌；省君意亦不甚好吾言，然语有次。今天下未定，智意为先，智意虽有自然，然亦可力强致也。此储君读书，宁当效吾等竭力博识以待访问，如博士探策讲试以求爵位邪！当务其急者。’”

孟光所说的两种人，都是读儒家书的。儒家所要培养的人，一类是博士，一类是政治家。

刘备、诸葛亮的政权，称作汉，是继承的东汉帝统。在学术上也是继承的东汉的儒家道统，他们按儒家道统要求办事。

后主时，诸葛亮奏请册封甘夫人为先主皇后，就是按儒家礼制来做的。《三国志·蜀志·二主妃子传·先主甘皇后传》载：“丞相亮上言：‘……《礼记》曰：‘立爱自亲始，教民孝也；立敬自长始，教民顺也。’不忘其亲，所由生也。《春秋》之义，母以子贵。……今皇思夫人宜有尊号，以慰寒泉之思，辄与（太常臣赖）恭等案谥法，宜曰‘昭烈皇后’。《诗》曰：‘穀则异室，死则同穴。’故昭烈皇后宜与大行皇帝合葬。”《礼记》、《春秋》、《诗》都是儒家经典，诸葛亮引三书作根据，请立甘夫人为皇后，并与大行皇帝（刘备）合葬，可知他是服膺儒家思想的。

刘备、诸葛亮对蜀地的儒学、儒生都是尊重的。杜微，梓潼涪人，少受学于广汉任安。建兴二年，丞相亮领益州牧，选迎皆妙简旧德，以秦宓为别驾，五梁为功曹，微为主簿。亮以微不闻人语，于坐上疏曰：“服闻德行，饥渴历时……猥以空虚，统领贵州，德薄任重，惨惨忧虑。……欲与君因天顺民，辅此明主。"诸葛亮对杜微是如此的敬重,拜为谏议大夫以从其志(《三国志·蜀志·杜微传》)。五梁,也是儒家。他是"犍为南安人,以儒学节操称。从议郎迁谏议大夫、五官中郎将"(同上)。

周群,巴西阆中人,少学术于广汉杨厚,名亚董扶、任安,刘备定蜀,署儒林校尉。(《三国志·蜀志·周群传》)

杜琼,蜀郡成都人,少受学于任安。刘备定益州,领益州牧,以琼为议曹从事。(《三国志·蜀志·杜琼传》)

许慈,南阳人,师事刘熙,善郑氏学,治《易》、《尚书》、《三礼》、《毛诗》、《论语》。建安中,与许靖等俱自交州入蜀。刘备定蜀,承丧乱历纪,学业衰废,乃鸠合典籍,沙汰众学,慈为博士。后主时,慈至大长秋。子勋传其业,复为博士。(《三国志·蜀志·许慈传》)

孟光,河南洛阳人,好《公羊春秋》而讥呵《左氏》。后主时,曾任大司农。(《三国志·蜀志·孟光传》)

来敏,义阳新野人,来歙之后,父艳为汉司空。敏随姊入蜀,为刘璋宾客。涉猎书籍,善《左氏春秋》。刘备定益州,署敏典学校尉。及立太子,以为家令。后主践阼,以为虎贲中郎将。丞相亮住汉中,请为军祭酒、辅军将军。后为大长秋、光禄大夫。孟光、来敏俱以耆宿学士见礼于世。敏子忠,亦博览经学。(《三国志·蜀志·来敏传》)

尹默,梓潼涪人。益部多贵今文而不崇章句,默知其不博,乃远游荆州,从司马德操、宋仲子等受古学,皆通诸经史。又专精于《左氏春秋》,自刘歆条例,郑众、贾逵父子、陈元方、服虔注说,咸略诵述,不复按本。刘备定益州,领牧,以为劝学从事。及立太子,以默为仆,以《左氏传》授后主。后主践阼,拜谏议大夫。丞相亮住汉中,请为军祭酒。还成都,拜太中大夫。子宗传其业,为博士。(《三国志·蜀志·尹默传》)

李譔,梓潼涪人。父仁,与同县尹默俱游荆州,从司马徽、宋忠等学。譔具传父业,又从默讲论义理,五经、诸子,无不该览。著古文《易》、《尚书》、《毛诗》、《三礼》、《左氏传》、《太玄指归》皆依准贾、马,异于郑玄。后主立太子,以李譔为庶子。后主时,位历中散大夫、右中郎将。(《三国志·蜀志·李譔传》)

谯周,巴西西充国人,父𡸫,治《尚书》,兼通诸经。周,耽古笃学,研精

《六经》。丞相亮领益州牧,命周为劝学从事。亮卒,大将军蒋琬领刺史,徙为典学从事,总州之学者。后主立太子,以周为仆,转家令。后迁光禄大夫,位亚九卿。周虽不与政事,以儒行见礼。(《三国志·蜀志·谯周传》)

郤正,河南偃师人,祖父俭,灵帝末为益州刺史。正少以父死母嫁,单茕只立,而安贫好学,博览坟籍。正依则先儒,假文为意,号曰《释讥》。(《三国志·蜀志·郤正传》)

以上所举,都是刘备入蜀前后益州的儒家。刘备对他们都很尊重。他们有的被请出来做官,有的被任命为儒林校尉、典学校尉、劝学从事、典学从事,有的被任命为太子家令、太子仆、太子庶子。蜀汉的政治指导思想,和东汉一样,都是儒。

刘备死前,曾有遗诏于后主,教他"可读《汉书》、《礼记》,闲暇历观诸子及《六韬》、《商君书》,益人意智"(《三国志·蜀志·先主传》注引《诸葛亮集》)。诸葛亮也曾为后主"写《申》、《韩》、《管子》、《六韬》一通"(同上)。这完全不能理解为刘备、诸葛亮是法家,不能理解为他们要后主读《申》、《韩》、《商君书》是为了培养他做法家皇帝。他们这样做,只是像刘备说的,是为了"益人意智",叫他做个有权略的人。也正像孟光所说的"天下未定,智意为先"。不能把有权略就理解为是法家。儒法之分在于:法家依靠刑法,不要德政;儒家也要刑法,但以德政为最终理想。这是孔子宽、猛相济思想的发展和延伸。儒法之区别,在于要不要德政,而不在于要不要刑法。

十五、建安文学

1. 时代和传统

建安时代，是中国文学史上的盛世，出了很多文学家，写了很多描绘现实、反映现实的优秀作品。建安文学成就中最主要的是诗，建安时代是五言诗的成熟时期。

建安时代以前，先有黄巾暴动，后有董卓之乱，社会遭受极大的破坏，人口减少，土地荒芜。千里无人，万里无烟，名都空而不居的情况已如第一章的描述。人民生活在这个乱世，历尽艰辛困苦，对人生、对社会都有深刻的感性认识，这是文学创作的源泉。

文学，一般说是客观现实的反映，但是是通过人的思想、人的感情的反映。文学作品，反映现实越真实，艺术手法越高，创作的价值就越高。建安文学，反映了东汉末年以来社会生活的各个方面，特别是，它写人生艰难困苦、悲欢离合给人留下深刻的印象。

现实生活是文学创作的源泉。没有生活，文学创作便没有灵魂。文学的发展繁荣，又要有积累，有传统。优秀而又丰富的文化传统、文学传统，又是文学繁荣提高的重要条件。

建安之前，文学作品的积累已有近千年的历史。中国最早的一部文学作品总集是《诗经》。里面所收，都是西周到东周早期的作品。相传诗原有三千篇，经孔子审订删除，保留下来三百篇。这传说是不可靠的。但古代的诗，不会只有这三百篇。收入这诗集的这三百篇保存下来了，没有收入这总集里的，便逐渐亡失了。

诗之外,先秦的文学作品保存下来的还有楚辞,多是战国时代的作品,主要是屈原的作品。屈原是战国末年的楚人,是中国历史上著名的文学家。楚文化是古老的文化;楚辞,是楚文化传统哺育下的产物。

北方的“诗”,多是写实的。南方的“辞”,增加了浪漫色彩。

两汉文学继承了先秦的这两个传统。战国的楚辞,发展而为两汉的辞赋。诗的传统,发展而为西汉乐府诗歌。

汉武帝立乐府,采集民间歌谣。《汉书·艺文志》说:“自孝武立乐府而采歌谣,于是有代赵之讴,秦楚之风,皆感于哀乐,缘事而发,亦可以观风俗,知厚薄云。”所以,在性质上汉代乐府诗是诗经的延续。

武帝以后,乐府组织在两汉一直是存在的。民间歌谣,一直有存录。

《诗经》多是四言一句。汉代出现了五言诗,即五字一句的诗。

五言诗是从民歌和童谣演变出来的。不十分规则的五言歌,在西汉初年已有。刘邦的爱姬戚夫人在刘邦死后为吕后所囚被罚去舂米。她思念儿子赵王如意,一面舂米一面歌诉:“子为王,母为虏,终日舂薄暮,常与死为伍!相离三千里,谁当使告汝?”(《汉书·外戚传》)前两句是三言,后面都是五言。成帝时的歌谣:“邪径败良田,谗口乱善人。桂树华不实,黄爵巢其颠。故为人所羡,今为人所怜。”(《汉书·五行志》中之上)这首歌谣是五言的。

汉代乐府之外,也还有诗。《文选》选了十九首,称为《古诗十九首》。古诗十九首,都是五言的。已是比较成熟的五言诗。

建安时代是五言诗的成熟期。建安时代的诗,从形式到内容都受汉乐府和古诗的深刻影响。有了汉末的时代和社会,又有文学传统,才产生了建安文学。

2.《为焦仲卿妻作》和蔡文姬《悲愤诗》

中国文学史上两首著名的长诗,无名氏的《为焦仲卿妻作》和蔡文姬的《悲愤诗》都是建安时代的作品。

《为焦仲卿妻作》,见于《玉台新咏》,原题为《古诗为焦仲卿妻作》。作者没有留下名字。诗的写作年代,后人也有争论。诗前有序,云:“汉末建

安中，庐江府小吏焦仲卿妻刘氏，为仲卿母所遣，自誓不嫁。其家逼之，乃投水而死。仲卿闻之，亦自缢于庭树。时人伤之，为诗云尔。”从“建安中”、“时人伤之”和诗的内容看，我们可以暂时把它定为建安年间的作品。

《为焦仲卿妻作》通常又称作《孔雀东南飞》，因为诗的开头一句就是“孔雀东南飞”。全诗一千七百多字，既是叙事又是抒情。它是“古今第一首长诗”。它写一个家庭悲剧，凄楚、感伤，极为动人。全文如下：

孔雀东南飞，五里一徘徊。十三能织素，十四学裁衣。十五弹箜篌，十六诵诗书。十七为君妇，心中常悲苦。君既为府吏，守节情不移。鸡鸣入机织，夜夜不得息。三日断五匹，大人故嫌迟。非为织作迟，君家妇难为。妾不堪驱使，徒留无所施。便可白公姥，及时相遣归。

府吏得闻之，堂上启阿母：儿已薄禄相，幸复得此妇。结发同枕席，黄泉共为友。共事二三年，始尔未为久。女行无偏斜，何意致不厚？阿母谓府吏，何乃太区区！此妇无礼节，举动自专由。吾意久怀忿，汝岂得自由！东家有贤女，自名秦罗敷。可怜体无比，阿母为汝求。便可速遣之，遣去慎莫留。府吏长跪告，伏惟启阿母：今若遣此妇，终老不复取！阿母得闻之，槌床便大怒。小子无所畏，何敢助妇语！我已失恩义，会不相从许。

府吏默无声，再拜还入户。举言谓新妇，哽咽不能语。我自不驱卿，逼迫有阿母。卿但暂还家，我今且报府。不久当归还，还必相迎取。以此下心意，慎勿违吾语。新妇谓府吏：勿复重纷纭！往昔初阳岁，谢家来贵门。奉事循公姥，进止敢自专？昼夜勤作息，伶俜萦苦辛。谓言无罪过，供养卒大恩。仍更被驱遣，何言复来还？妾有绣腰襦，葳蕤自生光。红罗复斗帐，四角垂香囊。箱帘六七十，绿碧青丝绳。物物各自异，种种在其中。人贱物亦鄙，不足迎后人。留待作遗施，于今无会因。时时为安慰，久久莫相忘。

鸡鸣外欲曙，新妇起严妆。著我绣夹裙，事事四五通。足下蹑丝履，头上玳瑁光。腰若流纨素，耳著明月珰。指如削葱根，口如含朱丹。纤纤作细步，精妙世无双。上堂谢阿母，母听去不止。昔作女儿时，生小出野里。本自无教训，兼愧贵家子。受母钱帛多，不堪母驱使。今日还家去，念母劳家里。却与小姑别，泪落连珠子。新妇初来时，小姑始扶床。今日被驱遣，小姑如我长。勤心养公姥，好自相扶将。初七及下九，嬉戏莫相忘。出门登车去，涕落百余行。

府吏马在前，新妇车在后。隐隐何甸甸，俱会大道口。下马入车中，低头共耳语：誓不相隔卿，且暂还家去，吾今且赴府，不久当还归，誓天不相负。新妇谓府吏：感君区区怀。君既若见录，不久望君来。君当作磐石，妾当作蒲苇。蒲苇纫若丝，磐石无转移。我有亲父兄，性行暴如雷。恐不任我意，逆以煎我怀。举手长劳劳，二情同依依。

入门上家堂，进退无颜仪。阿母大拊掌：不图子自归！十三教汝织，十四能裁衣，十五弹箜篌，十六知礼仪，十七遣汝嫁，谓言无誓违。汝今无罪过，不迎而自归？兰芝惭阿母，儿实无罪过。阿母大悲摧。还家十余日，县令遣媒来。云有第三郎，窈窕世无双。年始十八九，便言多令才。阿母谓阿女：汝可去应之。阿女衔泪答：兰芝初还时，府吏见丁宁，结誓不别离。今日违情义，恐此事非奇。自可断来信，徐徐更谓之。阿母白媒人，贫贱有此女，始适还家门。不堪吏人妇，岂合令郎君？幸可广问讯，不得便相许。

媒人去数日，寻遣丞请还。说有兰家女，承籍有宦官。云有第五郎，娇逸未有婚。遣丞为媒人，主簿通语言。直说太守家，有此令郎君。既欲结大义，故遣来贵门。阿母谢媒人，女子先有誓，姥姥岂敢言？阿兄得闻之，怅然心中烦。举言谓阿妹，作计何不量！先嫁得府吏，后嫁得郎君。否泰如天地，足以荣汝身。不嫁义郎体，其往欲何云？兰芝仰头答：理实如兄言。谢家事夫婿，中道还兄门。处分适兄意，那得自任专？虽与府吏要，渠会永无缘！登即相许和，便可作婚姻。

媒人下床去，诺诺复尔尔。还部白府君：下官奉使命，言谈大有缘。府君得闻之，心中大欢喜。视历复开书，便利此月内。六合正相应，良吉三十日。今已二十七，卿可去成婚。交语速装束，络绎如浮云。青雀白鹄舫，四角龙子幡。婀娜随风转，金车玉作轮。踯躅青骢马，流苏金镂鞍。赍钱三百万，皆用青丝穿。杂彩三百匹，交广市鲑珍。从人四五百，郁郁登郡门。阿母谓阿女：适得使君书，明日来迎汝。何不作衣裳？莫令事不举。阿女默无声，手巾掩口啼，泪落便如泻。移我琉璃榻，出置前窗下。左手持刀尺，右手执绫罗。朝成绣夹裙，晚成单罗衫。晻晻日欲暝，愁思出门啼。

府吏闻此变，因求假暂归。未至二三里，摧藏马悲哀。新妇识马声，蹑履相逢迎。怅然遥相望，知是故人来。举手拍马鞍，嗟叹使心伤：自君别我后，人事不可量。果不如先愿，又非君所详。我有亲父母，逼迫兼弟兄。以

我应他人,君还何所望。府吏谓新妇:贺卿得高迁！磐石方且厚,可以卒千年。蒲苇一时纫,便作旦夕间。卿当日胜贵,吾独向黄泉。新妇谓府吏:何意出此言,同是被逼迫,君尔妾亦然。黄泉下相见,勿违今日言。执手分道去,各各还家门。生人作死别,恨恨那可论。念与世间辞,千万不复全。

府吏还家去,上堂拜阿母:今日大风寒。寒风摧树木,严霜结庭兰。儿今日冥冥,令母在后单。故作不良计,勿复怨鬼神。今如南山石,四体康且直。阿母得闻之,零泪应声落。汝是大家子,仕宦于台阁。慎勿为妇死,贵贱情何薄？东家有贤女,窈窕艳城郭。阿母为汝求,便复在旦夕。府吏再拜还,长叹空室中。作计乃尔立,转头向户里,渐见愁煎迫。

其日牛马嘶,新妇入青庐。庵庵黄昏后,寂寂人定初。我命绝今日,魂去尸长留。揽裙脱丝履,举身赴清池。府吏闻此事,心知长别离。徘徊庭树下,自挂东南枝。

两家求合葬,合葬华山傍。东西植松柏,左右种梧桐。枝枝相覆盖,叶叶相交通。中有双飞鸟,自名为鸳鸯。仰头相向鸣,夜夜达五更。行人驻足听,寡妇起彷徨。多谢后世人,戒之慎莫忘。

诗写得凄凄缠绵,好不悲惨。

蔡琰,字文姬,她的长诗《悲愤诗》,也是中国文学史上的名作。蔡文姬是东汉末年大学问家蔡邕的女儿。兴平中(194—195 年),天下丧乱,文姬为胡骑所获,没于南匈奴左贤王。在胡中十二年,生二子。曹操素与蔡邕善,痛其无嗣,乃遣使者以金璧赎之。他回到中原的时间,大约在建安十年(205 年)左右。她感伤离乱,追怀悲愤,做诗二章,一五言体,一离骚体,俱载《后汉书·列女传·董祀妻传》即蔡文姬传。现录其五言《悲愤诗》于下:

汉季失权柄,董卓乱天常。志欲图篡弑,先害诸贤良。逼迫迁旧邦,拥主以自强。海内兴义师,欲共讨不祥。卓众来东下,金甲耀日光。平土人脆弱,来兵皆胡羌。猎野围城邑,所向悉破亡。斩截无孑遗,尸骸相撑拒。马边县(通悬)男头,马后载妇女。长驱西入关,迥路险且阻。还顾邈冥冥,肝脾为烂腐。所略有万计,不得令屯聚。或有骨肉俱,欲言不敢语。失意机微间,辄言毙降虏。要当以亭刃,我曹不活汝。岂复惜性命,不堪其詈骂。或便加棰杖,毒痛参并下。旦则号泣行,夜则悲吟坐。欲死不能得,欲生无一可。彼苍者何辜,乃遭此厄祸。

边荒与华异，人俗少义理。处所多霜雪，胡风春夏起。翩翩吹我衣，肃肃入我耳。感时念父母，哀叹无穷已。有客从外来，闻之常欢喜。迎问其消息，辄复非乡里。

图 60　蔡文姬像

邂逅徼时愿，骨肉来迎己。己得自解免，当复弃儿子。天属缀人心，念别无会期。存亡永乖隔，不忍与之辞。儿前抱我颈，问母欲何之。“人言母当去，岂复有还时。阿母常仁恻，今何更不慈？我尚未成人，奈何不顾思！”见此崩五内，恍惚生狂痴。号泣手抚摩，当发复回疑。兼有同时辈，相送告离别。慕我独得归，哀叫声摧裂。马为立踟蹰，车为不转辙。观者皆歔欷，行路亦呜咽。去去割情恋，遄征日遐迈。悠悠三千里，何时复交会？念我出腹子，匈臆为摧败。

既至家人尽，又复无中外。城郭为山林，庭宇生荆艾。白骨不知谁，从横莫覆盖。出门无人声，豺狼号且吠。茕茕对孤景，怛咤糜肝肺。登高远眺望，魂神忽飞逝。奄若寿命尽，旁人相宽大。为复强视息，虽生何聊赖！托命于新人，竭心自勖厉。流离成鄙贱，常恐复捐废。人生几何时，怀忧终年岁！

这是又一首建安年间的长诗，和《古诗为焦仲卿妻作》同样有名，脍炙人口，流传千古。它写汉末战争给人造成的痛苦，家人离散，白骨遍野，城郭为山林，庭宇生荆艾。这正是三国初期建安前夕的写照。

诗中“虽生何聊赖”似应在“奄若寿命尽”之后，作：“奄若寿命尽，虽生何聊赖。”

也有人说这诗不是蔡文姬写的,是后人假托的。也让研究文学史的人去研究吧,我们仍信它是蔡文姬的作品。

3. 曹氏父子

建安文学中,成就最高的应推曹氏父子,曹操和他儿子曹丕、曹植。他们在中国文学史上都享有盛名。

曹操是文学家,更是政治家、军事家,在中国他是一位家喻户晓的人物,不用再介绍。他的诗脱胎于乐府民歌,犹保存民间粗犷风格,又反映乱世愤怨情怀。曹操的诗,质朴而豪迈有力。刘勰评论建安文学说:“观其时文,雅好慷慨,良由世积乱离,风衰俗怨。”(《文心雕龙·时序篇》)李白诗说:“蓬莱文章建安骨。”(《宣州谢朓楼饯别校书叔云》)这慷慨,这建安风骨,在曹操诗里表现得最有代表性。现录曹操几首诗(选自《曹操集》,1959 年中华书局版)如下:

苦寒行

北上太行山,艰哉何巍巍。羊肠坂诘屈,车轮为之摧。树木何萧瑟,北风声正悲!熊罴对我蹲,虎豹夹路啼。溪谷少人民,雪落何菲菲!延颈长叹息,远行多所怀。我心何怫郁?思欲一东归。水深桥梁绝,中路正徘徊。迷惑失故路,薄暮无宿栖。行行日已远,人马同时饥。担囊行取薪,斧冰持作糜。悲彼《东山》诗,悠悠令我哀。

短歌行

对酒当歌,人生几何?譬如朝露,去日苦多。慨当以慷,忧思难忘。何以解忧?唯有杜康。青青子衿,悠悠我心。但为君故,沉吟至今。呦呦鹿鸣,食野之苹。我有嘉宾,鼓瑟吹笙。明明如月,何时可辍。忧从中来,不可断绝。越陌度阡,枉用相存。契阔谈宴,心念旧恩。月明星稀,乌鹊南飞。绕树三匝,何枝可依?山不厌高,海不厌深。周公吐哺,天下归心。

龟虽寿

神龟虽寿,犹有竟时。腾蛇乘雾,终为土灰。老骥伏枥,志在千里;烈士暮年,壮心不已。盈缩之期,不但在天;养颐之福。可得永年。幸甚至哉!歌以咏志。

曹丕是曹操的儿子,但不是长子。曹操的长子曹昂,在曹操征张绣时兵败被害。曹丕,小有才,心胸狭隘。曹操爱曹植的才华,本有意立曹植为嗣。曹丕设计离间曹操对曹植的宠爱,又伪装恭良孝顺,取得曹操的欢心,立为王嗣,后继曹操为魏王,受汉献帝“禅让”而代汉为帝。他嫉恨曹植,几置之于死地。

但这个心地狭窄而小有才的人,文学天才却也极高。他的风格,和他父亲却大不相同。曹操的诗是粗犷、雄健、豪迈,曹丕的诗却是细腻婉约。现录一首于下:

杂诗

漫漫秋夜长,烈烈北风凉。展转不能寐,披衣起彷徨。彷徨忽已久,白露沾我裳。俯视清水波,仰看明月光。天汉迴西流,三五正纵横。草虫鸣何悲,孤雁独南翔。郁郁多悲思,绵绵思故乡。愿飞安得翼,欲济河无梁。向风长叹息,断绝我中肠。

曹植,字子建,曹丕的同母弟。年十岁余,诵读诗论及辞赋数十万言,善属文。性简易,不治威仪。舆马服饰,不尚华丽。曹操每有所问,应声而对,特受曹操的宠爱。曹操封魏王,应立世子。以长应立曹丕,以才曹操爱曹植。曹操狐疑不决。各有党羽,曹植的党羽,如杨修、丁仪、丁廙,多以才显名当世;曹丕的党羽,如吴质、贾诩,长于术策。曹植虽然“几为太子者数矣”,而终因“任性而行,不自雕励,饮酒不节。文帝(曹丕)御之以术,矫情自饰,宫人左右,并为之说,故遂定为嗣”(《三国志·魏志·陈思王曹植传》)。

曹操死,曹丕做了魏王,立即杀了曹植的助手丁仪、丁廙,对曹植怀恨在心,又要迫死曹植。赖他母亲代为求饶,才得赦免。虽有封国,形同囹圄。一个天才纵横、极有抱负、降位受辱、怀才不申的王子,其悲愤痛苦是可以想见的。他几次上书求试和写他的境遇,都是极好的散文。现节录他一个上书如下:

臣初受封,策书曰:“植受兹青社,封于东土,以屏翰皇家,为魏藩辅。”而所得兵百五十人,皆年在耳顺,或不逾矩,虎贲官骑及亲事凡二百余人。正复不老,皆使年壮,备有不虞,检校乘城,顾不足以自救,况皆复耄耋罢曳乎?而名为魏东藩,使屏翰王室,臣窃自羞矣!就之诸国,国有士子,合不过

图 61　曹植像

五百人，伏以为三军益损，不复赖此。方外不定，必当须办者，臣愿将部曲倍道奔赴，夫妻负襁，子弟怀粮，蹈锋履刃，以徇国难，何但习业小儿哉？……又臣士息前后三送，兼人已竭，惟尚有小儿，七八岁已上，十六七已还，三十余人。今部曲皆年耆，卧在床席，非糜不食，眼不能视，气息裁属者，凡三十七人，疲瘵风靡、疣盲聋聩者，二十三人。……伏以为陛下既爵臣百寮之右，居藩国之任，为置卿士，屋名为宫，冢名为陵，不使其危居独立，无异于凡庶。若伯成欣于野耕，子仲乐于灌园。蓬户茅牖，原宪之宅也；陋单瓢，颜子之居也。臣才不见效用，常慨然执斯志焉。若陛下听臣悉还部曲，罢官属，省监官，使解玺释绂，追伯成、子仲之业，营颜渊、原宪之事，居子臧之庐，宅延陵之室。如此，虽进无成功，退有可守，身死之日，犹松、乔也。然伏度国朝终未肯听臣之若是，固当羁绊于世绳，维系于禄位，怀屑屑之小忧，执无已之百念，安得荡然肆志，逍遥于宇宙之外哉？（《三国志·魏志·陈思王曹植传》注引《魏略》）

他有两首《送应氏诗》，大约是送应玚的。写洛阳的残破，凄凄感人。其一首是：

步登北芒阪，遥望洛阳山。洛阳何寂寞，宫室尽烧焚。垣墙皆顿擗，荆棘上参天。不见旧耆老，但睹新少年。侧足无行径，荒畴不复田。游子久不归，不识陌与阡。中野何萧条，千里无人烟。念我平常居，气结不能言。

曹植的诗,也以晚年的为好,郁郁不得志,悲愤慷慨,都反映在他的诗里。如他的《野田黄雀行》,就表现了一个囚人渴望自由的感情:

高树多悲风,海水扬其波。利剑不在掌,结友何须多。不见篱间雀,见鹞自投罗。罗家见雀喜,少年见雀悲。拔剑捎罗网,黄雀得飞飞。飞飞摩苍天,来下谢少年。

又如《薤露篇》,写怀才不遇,不得展功业,只有学孔子删《诗》、《书》,致力文章:

天地无穷极,阴阳转相因。人居一世间,忽若风吹尘。愿得展功勤,输力于明君。怀此王佐才,慷慨独不群。鳞介尊神龙,走兽宗麒麟。虫兽犹知德,何况于士人。孔氏删诗书,王业粲已分。骋我径寸翰,流藻垂华芬。(两诗选自黄节《曹子建诗注》,人民文学出版社1957年版)

用虫兽来比拟他对君王的忠心,这可以见出曹植的荦荦胸怀,而曹丕对他却是那样疑忌、防范、折磨,亦可悲矣!

图62 元卫九鼎绘《洛神图》

4. 建安七子

建安七子是指:孔融、陈琳、王粲、徐干、阮瑀、应玚和刘桢。七子之名始见于曹丕《典论·论文》,说:"今之文人,鲁国孔融文举,广陵陈琳孔璋,山阳王粲仲宣,北海徐干伟长,陈留阮瑀元瑜,汝南应玚德琏,东平刘桢公干。斯七子者,于学无所遗,于辞无所假,咸以自骋骥騄于千里,仰齐足而并驰。以此相服,亦良难矣。"(见《文选》卷五二)

图 63　孔融像

建安时代，人才济济，文人辈出，于上述七人外，又有应璩、杨修、吴质、繁钦、路粹、丁仪、丁廙等，也极有才名。杨修、丁仪、丁廙是党于曹植的；吴质党于曹丕，给曹丕出了些坏主意陷害曹植。

曹丕评论建安七子的才华和各有长短说："王粲长于辞赋，徐干时有齐气，然粲之匹也。如粲之初征、登楼、槐赋、征思，干之玄猿、漏卮、圆扇、橘赋，虽张蔡不过也。然于他文，未能称是。琳、瑀之章表书记，今之隽也。应玚和而不壮，刘桢壮而不密，孔融体气高妙有过人者，然不能持论，理不胜词，以至乎杂以嘲戏。及其所善，杨、班俦也。常人贵远贱近，向声背实，又患暗于自见，谓己为贤。夫文本同而末异，盖奏议宜雅，书论宜理，铭诔尚实，诗赋欲丽。此四科不同，故能之者偏也，唯通才能备其体。"（同上）

曹丕的评论，大体上说是恰当的。其论"常人贵远贱近，向声背实，又患暗于自见，谓己为贤"，更是人之通疾，不可不深刻自警。

建安七子中，王粲的辞赋和诗写得最好。他的《七哀诗》写汉末董卓之乱对人民所造成的浩劫，是极好的现实主义作品：

西京乱无象，豺虎方遘患。复弃中国去，委身适荆蛮。亲戚对我悲，朋友相追攀。出门无所见，白骨蔽平原。路有饥妇人，抱子弃草间。顾闻号泣声，挥涕独不还。未知身死处，何能两相完。驱马弃之去，不忍听此言。南登霸陵岸，回首望长安。悟彼下泉人，喟然伤心肝。（《文选》卷二三）

王粲，山阳高平（今山东邹县西南）人。曾祖父龚、祖父畅，皆为汉三公。王粲年十七，司徒辟、诏除黄门侍郎，以西京长安扰乱皆不就，乃南至荆州依刘表。刘表也是山阳高平人，与王粲是同乡。王粲死于建安二十二年（217 年）。王粲十七岁是在献帝初平四年（193 年）。《七哀诗》所写，大约是他一路上所看到的悲惨景象。这年正是献帝逃回洛阳的前一年,正是李傕、郭汜乱长安的时候。

王粲居乱世而是赞成统一的。他在荆州所写的《登楼赋》中,一则说荆州“虽信美而非吾土兮,曾何足以少留”,再则说“冀王道之一平兮,假高衢而骋力”(《文选》卷一一)。

陈琳长于写章表书记。官渡战前他为袁绍写的一篇讨曹操的檄文,把曹操骂得好苦。他说曹操是“赘阉遗丑”。阉指曹操祖父曹腾,桓帝时宦官;赘指操父曹嵩,是曹腾养子。袁绍败后,陈琳归降曹操,曹操说他“卿昔为本初(袁绍字)移书,但可罪状孤而已,恶恶止其身,何乃上及父祖邪?”(《三国志·魏志·王粲传附陈琳传》)陈琳谢罪说:“矢在弦上,不得不发。”(《太平御览》卷五九七引《魏书》)曹操“爱其才而不咎”(《三国志·魏志·王粲传附陈琳传》)。唯大英雄能本色。曹操这胸怀、这气概,真是大英雄本色!

十六、司马懿夺权

1. 起家、托孤

司马懿，字仲达，河内温县孝敬里人。东汉以来，家世二千石。东汉世家大族多是儒家，司马氏亦儒门。司马懿就是“博学洽闻，伏膺儒教”(《晋书·宣帝纪》)。前面已经提到过，东汉以来的儒生，有的以德行显，皓首穷经，搞训诂章句，教授门徒；有的练达世务，学而优则仕。司马懿“少有奇节，聪朗多大略”，“汉末大乱，常慨然有忧天下心”(同上)。他属于儒门的后一类。当然，两汉时期，特别是东汉时期各家学术皆统一于儒学，儒学也就成了杂学。大别之有上述两类，实则有多少类，都自名为儒。

司马氏和曹氏不同，曹氏出自宦官家族。东汉以来，宦官和世家豪族即外戚所自出的阶层，是对立的两大政治派系。从这个渊源上说，司马懿和曹氏是不同历史派系的两家人。最初，司马懿是不愿在曹氏家族下做官的。《晋书·宣帝纪》载：“建安六年，郡举上计掾。魏武帝为司空，闻而辟之。帝知汉运方微，不欲屈节曹氏，辞以风痹，不能起居。魏武使人夜往密刺之，帝坚卧不动。及魏武为丞相，又辟为文学掾，敕行者曰：‘若复盘桓，便收之。’帝惧而就职。”

建安六年时，司马懿才二十四岁，曹操就对他那么疑忌。不是司马名声出众，就是《晋书》记载有夸大。但他虽然不愿屈节，还是屈节了。曹操第二次辟他、不出就逮捕时，他惧而屈节出来了。司马懿的出仕是不得已的。

但终曹操之世，司马懿并未得到重用。有一个故事说：“帝(司马懿)内忌而外宽，猜忌多权变。魏武察帝有雄豪志，闻有狼顾相，欲验之。乃召使前行,令反顾,面正向后而身不动。又尝梦三马同食一槽,甚恶焉。因谓太子丕曰:'司马懿非人臣也,必预汝家事。'太子素与帝善,每相全佑,故免。”(同上)

恐怕这也是后来之笔,非当日实录。如果曹操真是如此疑忌司马懿,会把他杀掉,不会留个祸根给子孙。大概曹氏、司马懿出身阶层不同,司马懿对曹操并无好感,不愿去在他手下做官;曹操对司马懿也不怎么喜爱,但还不至已起疑忌之心,更不会想到将来会“必预汝家事”。司马懿之为人是深沉狡诈,多权略。他在曹操手下是知道应该如何韬光养晦、善自保护的。司马懿不得曹操的喜爱,但曹丕对司马懿却极为信任。魏国既建,曹丕被立为王太子,司马懿为太子中庶子,与陈群、吴质、朱铄号为四友,为太子密谋划策。

魏文帝曹丕时,司马懿的官位越来越高,也越来越被信任。

黄初元年(220年),任尚书,转督军、御史中丞。

二年,迁侍中、尚书右仆射。

五年,曹丕统兵征吴,以司马懿留镇许昌,转抚军将军,假节,加给事中、录尚书事。

六年,曹丕征吴,命司马懿据守,内镇百姓,外供军资。诏曰:“吾深以后事为念,故以委卿。……使吾无西顾之忧,不亦可乎?”曹丕自广陵还洛阳,召司马懿说:“吾东,抚军当总西事;吾西,抚军当总东事。”(同上)以司马懿留镇许昌。

《晋书》所载,也可能有夸大,《三国志》就无这等记载。

七年,曹丕病危,召中军大将军曹真、镇军大将军陈群、征东大将军曹休、抚军大将军司马懿,并受遗诏辅嗣主。

魏明帝时,司马懿做过两件大事,一是消灭孟达,一是消灭辽东公孙渊。

孟达原是蜀将,屯驻上庸。孙权袭取荆州时,关羽求助于孟达、刘封,孟达、刘封以上庸、房陵(郡治在今湖北房县)地区山郡初附,未可动摇,按兵不动。关羽失败后,孟达与刘封不和,投降魏。魏合并房陵、上庸、西城(郡治在今陕西安康西北)三郡为新城郡(郡治房陵,今房县),以孟达为新城太守。魏文帝死,明帝立。孟达虽是扶风(今陕西兴平)人,原在刘璋手下任职,曾和法正去荆州迎刘备入川,和魏国朝廷多无渊源。魏文帝很器重他,

图 64　司马懿像

文帝一死，孟达心自不安。诸葛亮知道这情形，劝他仍回蜀汉。孟达与诸葛亮数有密信来往。孟达与魏魏兴（西城郡改，郡治西城，今陕西安康）太守申仪不和，申仪密告孟达与蜀有联系。孟达听到申仪密告他后，即欲举兵。时司马懿为魏都督荆、豫二州诸军事，驻宛（魏南阳郡治，今河南南阳市）。司马懿一面给孟达信，劝他不要听信谣传，一面迅速进兵新城。倍道兼行，八天就到达新城城下。孟达大惊。他先曾与诸葛亮信说："宛去洛八百里，去吾一千二百里，闻吾举事，当表上天子，比相反复，一月间也，则吾城已固，诸军足办。则吾所在深险，司马公必不自来；诸将来，吾无患矣。"（同上）可是，司马懿不是一个月后才到，他没有表上天子，再等天子的诏书，而是自己作出决定。八天就以迅雷不及掩耳之势兵临新城城下了。孟达又告诉诸葛亮说："吾举事八日，而兵临城下，何其神速也。"（同上）

孟达叛魏投蜀大约在魏明帝太和元年（227 年）年底（已入 228 年），二年元月司马懿即兵临新城城下。攻城，十六天城破，斩孟达。

灭公孙渊是明帝景初二年（238 年）。

公孙渊，辽东襄平（郡治辽东，今辽宁辽阳市）人。自渊祖父公孙度起，至父康，皆割据辽东。公孙度分辽东郡为辽西中辽郡，置太守，又越海收山莱诸县（今山东半岛上），置营州刺史，自立为辽东侯、平州牧。曹操以度为武威将军，封永宁乡侯。公孙度说："我王辽东，何永宁也。"建安九年，度死，子康嗣位。建安十二年，曹操征三郡乌桓，屠柳城。袁尚等奔辽东。公孙康斩尚，送首于曹操。封康襄平侯，拜左将军。康死，子晃、渊皆年幼，众立康弟恭为辽东太守。魏文帝遣使拜恭为车骑将军。恭劣弱不能治国。明帝太和二年，渊夺恭位，明帝即拜渊为扬烈将军、辽东太守。

公孙渊却首鼠两端，他一方面接受魏的爵位，一方面又和孙权联络。景初元年（237 年），魏明帝遣幽州刺史毌丘俭携玺书征渊去洛阳。公孙渊知道不好，遂发兵反，迎击毌丘俭于辽隧（今辽宁台安东南，辽河西岸）。毌丘俭退还。公孙渊遂自立为燕王，署置百官。这才有司马懿出兵辽东。

景初二年春，司马懿带兵四万人，从洛阳出发。六月，军至辽东，公孙渊遣将军卑衍、杨祚率步骑数万屯辽隧，作围堑南北六七十里，以迎战司马懿。

司马懿多张旗帜出其南，辽东方面以精锐大军向南迎战，而司马懿却从北潜渡辽水直趋襄平。于襄平西首山地方一场决战，大破辽东军，遂围襄平城。会天大雨三十余日不停，辽水暴涨，运船自辽口直接运抵城下。天晴后，起土山，发石连弩射城中，城内粮尽，人相食，死者甚多，将军杨祚等出降。公孙渊窘急，使相国王建、御史大夫柳甫出城请降。司马懿执而斩之，檄告公孙渊说："二人老耄，必传言失旨，已相为斩之。若意有未已，可更遣年少有明决者来。"（同上）公孙渊又遣侍中卫演乞克日送任，司马懿对卫演说："军事大变有五，能战当战。不能战当守，不能守当走，余二事惟有降与死耳。汝不肯面缚，此为决就死也，不须送任！"公孙渊从南方突围逃走。司马懿纵兵追击，杀渊父子于梁水之上。

魏军进城，男子年十五以上七千多人，皆杀之。公孙渊公卿以下皆伏诛，戮其将军以下二千余人，收户四万，口三十余万。

司马懿性格之狠毒，辽东屠杀初粗表现出来。

司马懿班师回朝还在路上，明帝病，洛阳宫中正上演着一出你死我活的争夺权力的戏。但《三国志·魏志·明帝纪》对此记载简单，而《刘放传》对这段斗争的记载又有所隐讳。正像《资治通鉴考异》所说："陈寿当晋世作《魏志》，若言放、资本情，则于时非美，故迁就而为之讳也。"（《资治通鉴》卷七四，明帝景初二年注引）

《资治通鉴》记此事，则别依习凿齿《汉晋春秋》和郭颁《世语》，"似得其实"（《资治通鉴考异》语）。《资治通鉴》是这样记的：景初二年十二月，明帝"寝疾，深念后事，乃以武帝子燕王宇为大将军，与领军将军夏侯献、武卫将军曹爽、屯骑校尉曹肇、骁骑将军秦朗等对辅政。爽，真之子；肇，休之子也。帝少与燕王宇善，故以后事属之。刘放、孙资久典机任，献、肇心内不平，殿中有鸡栖树，二人相谓曰：'此亦久矣，其能复几！'（胡注：殿中畜鸡以司晨，栖于树上，因谓之栖鸡树。献、肇取以喻放、资。一言而发司马氏篡魏之机，言之不可不谨也如是夫！！！以此观献、肇之轻脱，又何足以托孤哉！）放、资惧有后害，阴图间之。燕王性恭良，陈诚固辞，帝引放、资入卧内，问曰：'燕王正尔为？'对曰：'燕王实自知不堪大任故耳。'帝曰：'谁可任者？'时惟曹爽独在侧，放、资因荐爽，且言：'宜召司马懿与相参。'帝曰：'爽堪其事不？'爽流汗不能对，放蹑其足，耳之曰：'臣以死奉社稷。'帝从放、资言，欲用爽、懿，既而中变，敕停前命；放、资复入见说帝，帝又从之。放曰：'宜为手诏。'帝曰：'我困笃，不能。'放即上床，执帝手强作之，遂赍出，大言曰：'有诏免燕王宇等官，不得停省中。'皆流涕而出。甲申，以曹爽为大将军。"

"是时，司马懿在汲（今河南汲县西），帝令给使辟邪赍手诏召之。先是，燕王为帝画计，以为关中事重，宜遣懿便道自轵关西还长安，事已施行。懿斯须得二诏，前后相违，疑京师有变，乃急驰入朝。"

"三年，春正月，懿至，入见，帝执其手曰：'吾以后事属君，君与曹爽辅少子。……'是日，立齐王为皇太子。帝寻殂。"

这是《资治通鉴》综合各家作出的记载，司马光自己说："似得其实。"（注引《资治通鉴考异》）从这段记载看出，经此一段变化，大权落在司马懿手里，这个变化的关键人物是刘放、孙资。这两人先在曹操身边，后又在文帝、明帝身边，身管机要，权力越来越大。谁要来辅幼主，谁就要和他们两人有矛盾。当时最有可能掌权的是曹氏宗室——燕王曹宇和夏侯献、曹肇、曹爽等人。夏侯献、曹肇因鸡栖树而发的牢骚，说明他们一旦掌权，刘放、孙资轻则失掉权力，重则有杀身之祸。刘放、孙资自然要利用他们在皇帝身边的便利，改变对他们不利的形势。当时，他们还没有自己掌握大权的可能，朝臣中他们还没有强大的党羽，他们又无兵权。他们只能在有能力有地位掌权的人中，寻找对他们有利的人物来依附。他们既然和宗室大臣作了对，只有找宗室以外有权力、有地位的人，司马懿就是理想的人物。

燕王曹宇比较谦和恭良，但似不是无能之辈，这从他劝明帝以关中事重，宜遣司马懿便道自轵关西还长安可知，明帝已病，他不愿这时司马懿回洛阳参与朝政。曹肇是有才智的,《三国志》本传说他“有当世才度”。他和夏侯献鸡栖树暗语,虽不免“轻脱”之讥,但可看出两人是要做事的。

刘放、孙资要排斥宗室,也不能全排挤掉,全排挤掉也不可能,会引起明帝的疑心而坏了他们的大事。他们抓着一个曹爽。曹爽,曹真之子。本传说他“少以宗室谨重,明帝在东宫,甚亲爱之。及即位,……宠待有殊”。抓着曹爽,也就使明帝放心,于是曹爽、司马懿代替了燕王宇、曹肇、夏侯献。

在曹爽、司马懿共同辅政体制中,曹爽的地位更重要些。《三国志·魏志·曹爽传》说:“(明帝)寝疾,乃引爽入卧内,拜大将军,假节钺,都督中外诸军事,录尚书事,与太尉司马宣王并受遗诏辅少主。明帝崩,齐王即位,加爽侍中。”《三国志·魏志·三少帝纪·齐王芳纪》说:“大将军曹爽,太尉司马宣王辅政。诏曰:‘……大将军,太尉奉受末命,夹辅朕躬。’”

看来,司马懿和曹爽虽同受遗诏辅少主,由于曹爽是宗室,地位之重又是在司马懿之上的。

2. 政变、夺权

在初,曹爽和司马懿两人的关系还是和谐的。两个各领兵三千人轮班值窥殿内,曹爽以司马懿年长,素来地位又高,常父事之,每事咨访,不敢专行。但两人的和谐局面是难于维持长久的,胡三省注《资治通鉴》已说:“或问:‘使爽能守此而不变,可以免魏室之祸否?’曰:‘猫鼠不可以同穴,使爽能率此而行之,亦终为懿所啖食耳。’”(卷七四注)

这个猫鼠的比喻,倒是很恰当的,曹爽和司马懿的关系,确实是猫鼠关系。

明帝时,儒家德治礼教思想在政治上已占上风,这对曹操重才轻德是一个大变局。明帝本人就是很尊儒的,他即位后的第二年,太和二年六月就下诏说:“尊儒贵学,王教之本也。自顷儒官或非其人,将何以宣明圣道?其高选博士,才任侍中、常侍者。申敕郡国,贡士以经学为先。”(《三国志·魏志·明帝纪》)四年二月,又下诏说:“世之质文,随教而变。兵乱以来,经学废绝,后生进趣,不由典谟。岂训导未洽,将进用者不以德显乎?其郎吏学通一经,才任牧民,博士课试,擢其高第者,亟用;其浮华不务道本者,皆罢退

之。"(同上)

这里,明帝诏书把"浮华"和"道本"即儒学对立起来。"浮华不务道本者,皆罢退之",明帝是这样说的,也是这样做的。他对浮华之士,深恶痛绝,"务绝浮华谮毁之端"(《三国志·魏志·明帝纪》注引《魏书》)。对当时有浮华之名的人,他都加以屏弃。

《三国志·魏志·诸葛诞传》说:"诸葛诞……累迁御史中丞尚书,与夏侯玄、邓飏等善,收名朝廷,京都翕然。言事者以诞、飏等修浮华,合虚誉,渐不可长。明帝恶之,免诞官。"

此传注引《世语》说:"是时,当世俊士散骑常侍夏侯玄、尚书诸葛诞、邓飏之徒,共相题表,以玄、畴四人为四聪,诞、备八人为八达。中书监刘放子熙、孙资子密、吏部尚书卫臻子烈三人,咸不及比,以父居势位,容之为三豫,凡十五人。帝以构长浮华,皆免官废锢。"

《魏略》说:"邓飏,字玄茂,邓禹后也。少得士名于京师。明帝时为尚书郎,除洛阳令,坐事免,拜中郎,又入兼中书郎。初,飏与李胜为浮华友,及在中书,浮华事发,被斥出,遂不复用。""李胜,字公昭。父休字子朗,有智略。……胜少游京师,雅有才智,与曹爽善。明帝禁浮华,而人白胜堂有四窗八达,各有主名。用是被收,以其所连引者多,故得原,禁锢数岁。"(《三国志·魏志·曹爽传》注引)

明帝时被贬抑的所谓浮华之士,曹爽主政以后都上了台。何晏为尚书,典选举。何晏字平叔,何进孙也,曹操为司空时,纳晏母并收养晏,晏无所顾惮,服饰拟于王太子曹丕,曹丕特憎恶之,每不呼其姓字,谓之为"假子"。何晏是被目为浮华者中的领袖人物。《魏氏春秋》说:"初,夏侯玄、何晏等名盛于时,司马景王(司马师)亦预焉。晏尝曰:'唯深也,故能通天下之志,夏侯泰初是也;唯几也,故能成天下之务,司马子元是也;唯神也,不疾而速,不行而至,吾闻其语,未见其人。'盖欲以神况诸己也。"(同上)何晏与夏侯玄是同类人物,自然是浮华一伙。邓飏,明帝时被斥出,曹爽辅政,乃出为颍川太守,转大将军长史,迁侍中尚书。与邓飏为浮华友的李胜,明帝死,曹爽辅政,胜为洛阳令。夏侯玄亦与胜厚,玄为征西将军,以胜为长史。夏侯玄,少知名,弱冠为散骑黄门侍郎。明帝时,玄进见,与皇后弟毛曾并坐,玄耻之,形之于色,明帝恨之,左迁为羽林监。曹爽辅政,累迁散骑常侍、中护军、征西将军，假节都督雍、凉州诸军事。

浮华，是贬抑他们的词。上面所引一些浮华之士的传记里，常常用“才智”、“智略”来形容他们，他们都不是无能之辈。西晋史书对这些浮华人物的评介诸多诬蔑之词，不是实录。如《魏略》(《三国志·魏志·曹爽传附何晏传》注引)说何晏“好色”，“动静粉白不去手”，“为尚书，主选举，其宿与之有旧者，多被拔擢”，还说“何晏选举不得人，颇由(邓)飏之不公忠”，其实多是诬词。西晋人傅咸说：“正始中任何晏以选举，内外之众职各得其才，粲然之美于斯可观。”(《晋书·傅咸列传》)他的话，泄露些何晏典选举的真实情况。当时被诬为浮华之士者，并不欣赏浮华奢靡，反而主张质朴禁除华丽。如夏侯玄，他和司马懿讨论服制时就说：“车舆服章，皆从质朴，禁除末俗华丽之事，使干朝之家，有位之室，不复有锦绮之饰，无兼采之服。”(《三国志·魏志·夏侯玄传》)

明帝时，浮华和反浮华之争，实质上是精明有才华、阔达放纵的一派和谨守礼法、拘泥名教的一派的斗争。明帝尊儒尊经的两个诏书，反映得很清楚，太和六年董昭陈末流之弊的上疏反映得更清楚明白，他说：“凡有天下者，莫不贵尚敦朴忠信之士，深疾虚伪不真之人者，以其毁教乱治，败俗伤化也。近魏讽则伏诛建安之末，曹伟则斩戮黄初之始。伏惟前后圣诏，深疾浮伪，欲以破散邪党，常用切齿；而执法之吏皆畏其权势，莫能纠擿，毁坏风俗，侵欲滋甚。窃见当今少年，不复以学问为本，专更以交游为业；国士不以孝悌清修为首，乃以趋势游利为先。合党连群，互相褒叹，以毁訾为罚戮，用党誉为爵赏，附己者则叹之盈言，不附者则为作瑕衅。”(《三国志·魏志·董昭传》)

董昭所谓“虚伪不真”、“浮伪”都是“浮华”的同义语。董昭此疏上于太和六年，“前后圣诏”即指太和二年、四年明帝尊儒贵学、罢退浮华的诏书。诏书的目的是破散邪党，可见浮华之士已“合党连群”，而且这邪党很有势力，执法之吏都畏其权势莫能纠擿。

这派浮华“邪党”在曹爽辅政后，都团聚在曹爽周围，和儒学世家的司马懿一派“正党”形成对立的两派，儒学之士对何晏、邓飏等不满。《三国志·魏志·王肃传》说：“时大将军曹爽专权，任用何晏、邓飏等。肃与太尉蒋济、司农桓范论及时政，肃正色曰：‘此辈即弘恭、石显之属，复称说邪！’

爽闻之,戒何晏等曰:‘当共慎之,公卿已比诸君前世恶人矣。’”王肃是儒家代表人物,谈话已恶狠狠的了。派系已经形成,对立就越来越尖锐化、扩大化。

何晏对曹爽说:“大权不可以委外人。”丁谧为曹爽画策,使爽白天子发诏,转司马懿为太傅,表面上是以名号尊重司马懿,实际上是把司马懿架空,使尚书奏事,先经由曹爽,由曹爽作决定。曹爽从之。于是以司马懿为太傅。

司马懿虽然转为太傅,但并未交出军权,齐王芳的诏书就说:“其以太尉为太傅,持节统兵都督诸军事如故。”(《三国志·魏志·三少帝纪·齐王芳纪》)

曹爽也知道要抓兵权,遂以弟羲为中领军、训为武卫将军,掌握宿卫大权。又以弟彦为散骑常侍、侍讲,其余诸弟皆以列侯侍从,出入禁闼。

在朝廷上也安排自己的人。如徙吏部尚书卢毓为仆射,不久又出之外廷为廷尉,以何晏代卢毓。又以邓飏、丁谧为尚书,毕轨为司隶校尉,又出大将军长史孙礼为扬州刺史。安排了自己的人,自然就排挤了别人,引起别人的愤怒、嫉恨和远离。黄门侍郎傅嘏对曹羲说:“何平叔外静而内〔躁〕(《资治通鉴》补此“躁”字,甚好,但不知何所据),铦巧好利,不念务本,吾恐必先惑子兄弟。仁人将远,而朝政废矣。”(《三国志·魏志·傅嘏传》)这是批评何晏只顾从眼前利害出发施政,而不顾及大局根本之宜。恐怕仁人将要离开了。仁人,自然是指像他那样的礼法之士了,何晏是否如此呢?陈寿不敢明为何晏辩,在《三国志·魏志·三少帝纪·齐王芳纪》里,却录下何晏如下一个奏章,何晏说:“善为国者必先治其身,治其身者慎其所习。所习正则其身正,其身正则不令而行;所习不正则其身不正,其身不正则虽令不从。是故为人君者,所与游必择正人,所观览必察正象,放郑声而弗听,远佞人而弗近,然后邪心不生而正道可弘也。”陈寿在后面加了一句评语,说晏“咸因阙以进规谏”。

齐王芳正始年间(240—248年),曹爽等辅政,大约曾对政治各方面有所改革,但没有留下正面材料可予以说明,我们今天所能看到的多是晋人对曹爽集团的诬蔑。何晏典选举,就多被诬蔑为任用私人,如前所述只从傅咸的口里留下一点真实情况。对曹爽集团的改革则一句评语都没有留下。

《三国志·魏志·蒋济传》载："是时，曹爽专政，丁谧、邓飏等轻改法度。……济上疏曰：'……夫为国法度，惟命世大才，乃能张其纲维以垂于后，岂中下之吏所宜改易哉？终无益于治，适足伤民。望宜使文武之臣各守其职，率以清平，则和气祥瑞可感而致也。'"陈寿只是说丁谧、邓飏"轻改法度"，蒋济也只是说改革须由命世大才，中下之人不易谈改革，最好是按部就班各守其职，也没有攻击改革有什么罪恶，或不可施行。

陈寿以亡国羁旅之臣，身处晋朝为小官，其著《三国志》讲述魏晋禅代之事，偶一不慎就会招来杀身之祸，应是小心谨慎的，但他仍能曲折地反映历史的真实。夏侯玄与曹爽姑表兄弟，曹爽一派的重要人物。何晏非常赞许夏侯玄，说"唯深也，故能适天下之志，夏侯泰初是也"。陈寿抓住他与司马懿讨论改革的机会，几乎全文记录下来夏侯玄对改革的长篇大论（见《三国志·魏志·夏侯玄传》）。文长不能转录，大别之，夏侯玄的意见有以下几点：

（一）改革审官用人制度。他认为："铨衡专于台阁，上之分也，孝行存乎闾巷，优劣任之乡人，下之叙也。""清教审选，在明其分叙，不使相涉。""上过其分，则恐所由之不本，而干势驰骛之路开；下逾其叙，则恐天爵之外通，而机权之门多矣。""天爵下通，是庶人议柄也；机权多门，是纷乱之原也。自州郡中正品度官才之来，有年载矣，缅缅纷纷，未闻整齐，岂非分叙参错，各失其要之所由哉！"他主张："若令中正但考行伦辈，伦辈当行均，斯可官矣"，"奚必使中正干铨衡之机于下，而执机柄者有所委仗于上，上下交侵，以生纷错哉！"

（二）使官长参与考核。他认为："众职之属，各有官长，旦夕相考，莫究于此。""若使各帅其分，官长则各以其属能否献之台阁，台阁则据官长能否之第，参以乡闾德行之次，拟其伦比，勿使偏颇。""中正则唯考其行迹，别其高下，审定辈类，勿使升降。台阁总之，如其所简，或有参错，则其责负自在有司。""斯则人心定而事理得，庶可以静风俗而审官才矣。"

（三）省郡守，但任刺史。他说："今之长吏，皆君吏民，横重以郡守，累以刺史。若郡所摄，唯在大较，则与州同，无为再重。宜省郡守，但任刺史，刺史职存则监察不废，郡吏万数，还亲农业，以省烦费，丰财殖谷。""若省郡守，县皆径达，事不拥隔，官无留滞，三代之风，虽未可必，简一之化，庶几可

致，便民省费，在于此矣。”

（四）改服制。他说：“文质之更用，犹四时之迭兴也……时弥质则文之以礼，时泰侈则救之以质。今承百王之末，秦汉余流，世俗弥文，宜大改之以易民望。”“是故宜大理其本，准度古法，文质之宜，取其中则，以为礼度。车舆服章，皆从质朴，禁除末俗华丽之事，使干朝之家，有位之室，不复有锦绮之饰，无兼采之服，纤巧之物，自上以下，至于朴素之差，示有等级而已。”

司马懿回书，说“审官择人，除重官，改服制，皆大善”，但却说“恐此三事，当待贤能然后了耳”。

司马懿和蒋济一样，不说改革不好，但说须待“贤能”、“命世大才”，实际上不主张改革。自文帝接受陈群的建议，创置九品官人法后，选举权逐渐掌握在世家豪族手里。世家豪族有九品官人法为他们服务，使他们独占政治上的高位。他们只求高层的稳定，不想作任何改革。夏侯玄认为“机权多门，是纷乱之原”，正是集权和分权之争。

很有可能，陈寿所大段采用的夏侯玄的改革议论，就是何晏、邓飏等所要进行的改革纲领，从何晏抓选举，蒋济、司马懿都不说反对改革，而却都说改革须待“贤能”、“命世大才”。陈寿是用这种手法来透露历史的真实。真是良史也。

到了正始八年（247 年），由于曹爽“屡改制度”，司马懿和曹爽间的矛盾越来越尖锐，这年五月，司马懿遂称疾，不与政事。

曹爽只是以他的宗室地位得被顾命，为少帝辅政大臣，但此人并无出众的英明才略。十来年的大将军荣华地位，生活慢慢腐化，骄奢无度。政治上又毫无警惕性，兄弟数人，常常一块儿出游，司农桓范对他说：“总万机，典禁兵，不宜并出，若有闭城门，谁复内人者？”爽曰：“谁敢尔邪？”（《三国志·魏志·桓范传》注引《世语》）这句话，透露了曹爽的平庸！

正始九年冬，李胜出为荆州刺史。曹爽使李胜去向司马懿辞行，并伺察司马懿健康情况。

司马懿伪装老病接见，他使两婢侍，持衣，衣落。指口言渴，婢进粥，司马懿不持杯而饮，粥皆流出沾胸。李胜愍然，为之流涕。说：“众情谓明公旧风发动，何意尊体乃尔！”司马懿声气微细，说：“年老枕疾，死在旦夕。君当屈并州，并州近胡，好为之备。恐不复相见。”李胜说：“当还忝本州，非并州。”司马懿仍错乱其辞说：“君方到并州。”李胜说：“当忝荆州。”司马懿乃若微悟者，说：“年老意荒，不解君言。今还为本州，盛德壮烈，好建功勋。”并以子师、昭兄弟为托。

李胜还，对曹爽说：“司马公尸居余气，形神已离，不足虑矣。”他日，又对曹爽等垂泣曰：“太傅病不可复济，令人怆然！”曹爽等对司马懿不复设备。

对垒的两方：一方是老奸巨猾，装病骗人；一方是愚蠢天真。不上当受骗，是无天理！

正始十年（249 年四月改元嘉平）正月甲午，魏帝齐王芳谒高平陵。高平陵是明帝陵，在洛阳城南九十里。大将军曹爽、中领军羲、武卫将军训、散骑常侍彦，全都随齐王芳谒陵。正在伺机而动的司马懿，抓住这个机会，霍然而起，他假皇太后之命，关闭洛阳城门，勒兵据武库，授兵出屯洛水浮桥。召司徒高柔假节行大将军事，据爽营；太仆王观行中领军事，据羲营。司马懿则将兵出屯洛水浮桥，奏曹爽罪恶于魏帝齐王芳说：“臣昔从辽东还，先

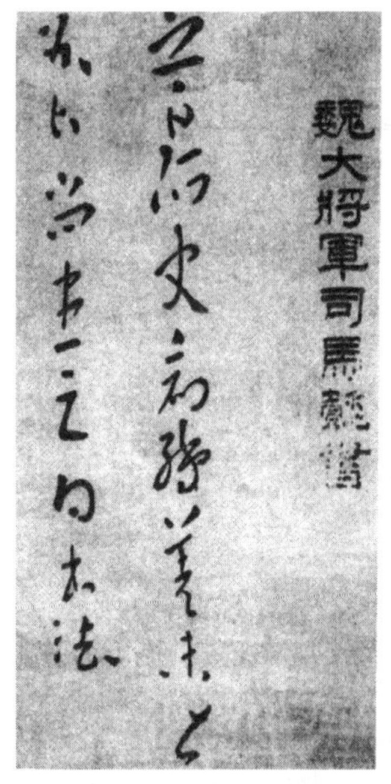

图 65　司马懿手书及装病图

帝诏陛下、秦王及臣升御床，把臣臂，深以后事为念。臣言：'二祖亦属臣以后事，此自陛下所见，无所忧苦；万一有不如意，臣当以死奉明诏。'黄门令董箕等，才人侍疾者，皆所闻知。今大将军爽背弃顾命，败乱国典，内则潜拟，外专威权；破坏诸营，尽据禁兵，群臣要职，皆置所亲；殿中宿卫，历世旧人皆复斥出，欲置新人以树私计；根据槃互，纵恣日甚。外既如此，又以黄门张当为都监，专供交关，看察至尊，候伺神器，离间二宫，伤害骨肉。天下汹汹，人怀危惧，陛下但为寄坐，岂得久安！此非先帝诏陛下及臣升御床之本意也。臣虽朽迈，敢忘往言？昔赵高极意，秦氏以灭；吕、霍早断，汉祚永世。此乃陛下之大鉴，臣受命之时也。太尉臣济、尚书令臣孚等，皆以爽为有无君之心，兄弟不宜典兵宿卫，奏永宁宫。皇太后令敕臣如奏施行。臣辄敕主者及黄门令罢爽、羲、训吏兵，以侯就第，不得逗留以稽车驾；敢有稽留，便以军法从事。臣辄力疾将兵屯洛水浮桥，伺察非常。"(《三国志·魏志·曹爽传》)

曹爽得司马懿奏事，没有及时呈奏魏帝，他窘迫不知所为，留魏帝宿伊水南，发洛阳屯田兵数千人以为卫。

大司农沛国桓范，曹爽同乡人也。闻司马懿起兵，不应太后诏，矫诏开平昌门，南奔曹爽。司马懿对蒋济说："智囊往矣！"蒋济说："范则智矣，然驽马恋栈豆，爽必不能用也。"

桓范至，劝曹爽兄弟以天子诣许昌，发四方兵以自辅。曹爽犹豫不决，桓范说："此事昭然，卿用读书何为邪！于今日卿等门户，求贫贱复可得乎？且匹夫持质一人，尚欲望活，今卿与天子相随，令于天下，谁敢不应者。"曹爽等都不说话，桓范又对曹羲说："卿别营近在阙南，洛阳典农治在城外，呼召如意。今诣许昌，不过中宿，许昌别库，足相被假；所忧当在谷食，而大司农印章在我身。"羲兄弟又默然不语。

司马懿使侍中许允及尚书陈泰劝说曹爽，宜早日归罪，又使爽所信殿中校尉尹大目谓爽唯免官而已。指洛水为誓。陈泰是陈群的儿子。蒋济又书与曹爽，说司马懿也只是要爽免官而已。曹爽犹豫不决。从天黑到天快亮，曹爽想了一夜，最后投刀于地说："我亦不失作富家翁！"桓范哭着说："曹子丹(曹爽父亲曹真的字)佳人，生汝兄弟，豚犊耳！何图今日坐汝等族灭也！"

曹爽把司马懿的奏章送给魏帝,并请魏帝免了他的官,奉帝还官。

曹爽兄弟免官回家,司马懿发洛阳吏民八百人围守之。四角起高楼,令人在楼上视察爽兄弟举动,爽挟弹到后园中,楼上便喊“故大将军东南行”。爽愁闷惶惧。

四天之后,有司奏:黄门张当私以才人与爽,疑有奸。收张当付廷尉考实,当陈说曹爽与尚书何晏、邓飏、丁谧,司隶校尉毕轨,荆州刺史李胜等阴谋反叛,须三月中发。于是捕爽、羲、训、晏、飏、谧、轨、胜并桓范等皆下狱,劾以大逆不道,与张当俱夷三族。“同日斩戮,名士减半”(《三国志·魏志·王凌传》注引《汉晋春秋》)。政治斗争,真是残酷。

兖州刺史令狐愚,车骑将军、假节都督扬州诸军事王凌,以魏帝齐王芳受制于司马懿,不堪为主,密议立楚王彪,都许昌,以兴曹氏。楚王彪是曹操之子,长而有才。王凌子广,为尚书,在洛阳,王凌派人与王广通消息。王广不同意,说:“废立大事,勿为祸先。”(《三国志·魏志·王凌传》)会令狐愚病死,事情遂放下。

嘉平三年(251 年),吴人塞涂水(即滁河,原出合肥,于六合瓜步入江),王凌拟以防吴为借口大发兵。司马懿已察知王凌醉翁之意不在酒,使魏帝诏不许。王凌派将军杨弘以废立之事告兖州刺史黄华。华、弘连名密告司马懿,司马懿将中军乘水道讨凌,大军九日而至百尺堰(百尺堰在今河南项城县北,古沙水入颍处),一面以诏书赦凌罪,一面使王凌子王广为书喻凌。大军到来迅速,王凌措手不及,穷迫,计无所出,乃乘船自出迎司马懿谢罪。司马懿军到丘头(今河南沈丘东南),王凌迎于水次说:“卿直以折简召我,我当敢不至邪?而乃引军来乎!”司马懿说:“以卿非肯逐折简者故也。”王凌说:“卿负我!”司马懿说:“我宁负卿,不负国家。”(《三国志·魏志·王凌传》注引《魏略》)遂使步骑六百送王凌还京师。王凌自知罪重,试索棺钉,以观司马懿意,懿给之,王凌自知必死。五月,行到项县(今河南沈丘),望见贾逵祠,王凌呼曰:“贾梁道(贾逵字)!王凌固忠于魏之社稷者,唯尔有神,知之。”(《三国志·魏志·王凌传》注引干宝《晋纪》)遂饮药自杀。

司马懿穷治王凌与有牵连者,诸相连者,悉夷三族。王凌、令狐愚已死,剖棺陈尸于附近市上三日,楚王彪赐死,魏诸王公,徙置邺,命官监察,禁断

来往。

六月，司马懿病，梦见贾逵、王凌为祟，甚恶之。八月，司马懿死，对梦见王凌、贾逵，不需以迷信待之，司马懿做了亏心事，于心有愧，梦见贾逵、王凌是可能的。

这是司马氏夺权的第一个回合。百足之虫，死而不僵。曹氏做了几十年天子，在朝也有不少忠臣。司马氏野心逐渐暴露，曹氏的忠臣也逐步清醒，斗争一个回合一个回合地展开。

3. 司马氏夺权的社会基础

曹爽被杀后，与曹爽一党的夏侯霸自关中奔蜀。夏侯霸是夏侯渊的儿子，他和蜀汉原有杀父之仇，不得已而投蜀。

夏侯霸到蜀以后，姜维问他："司马懿既得彼政，当复有征伐之志不?"夏侯霸说："彼方营立家门，未遑外事。"（《三国志·魏志·钟会传》注引《汉晋春秋》）

营立家门，有两方面大事要做：一是打击党于曹氏的异己分子；二是争取所有能支持自己权力的人到自己这方面来。司马懿和他的儿子司马师、司马昭，在打击党于曹氏的异己分子方面是很残酷的，另章来说，现在说他争取党羽。

征东将军、假节都督扬州诸军事王凌想起兵讨伐司马懿时，他儿子王广不同意，王广给王凌的信说："凡举大事，应本人情。今曹爽以骄奢失民，何平叔虚而不治，丁、毕、桓、邓虽并有宿望，皆专竞于世，加变易朝典，政令数改，所存虽高而事不下接，民习于旧，众莫之从。故虽势倾四海，声震天下，同日斩戮，名士减半，而百姓安之，莫或之哀，失民故也。今懿情虽难量，事未有逆，而擢用贤能，广树胜己，修先朝之政令，副众心之所求。爽之所以为恶者，彼莫不必改，夙夜匪懈，以恤民为先。父子兄弟，并握兵要，未易亡也。"（《三国志·魏志·王凌传》注引《汉晋春秋》）

裴松之在引了上面这段文字作注后，加了下面一段话："臣松之以为如此言之类，皆前史所不载，而犹出习氏。且制言法体不似于昔，疑悉凿齿所自造者也。"这话似可考量。它内容所谈的，皆合乎当时情势，司马君实《资治通鉴》亦用之而未有疑，似仍可作参考。

从王广的信来看，曹爽集团是不怎么得民心的，尽管他们的改革，意境很高，但可能失之过于理想，而事不下接，不能为一般人所接受，民习于旧，众莫之从。他们的声名虽然很高，都是名士，但却同日斩戮，名士减半，而百姓安之，莫或之哀，失民故也。而司马氏却能修先朝之政令，副众心之所求，换句话说，司马氏却能得到人的支持。

王广所说不支持曹氏而支持司马氏的民和众是什么人呢？有两部分人是支持司马氏的，一是儒家世家豪族，一是普通老百姓农民。

东汉以来，儒家已世家大族化，世家大族也儒家化（此余英时教授说）。大官贵为公卿，一面做官，一面授徒，政治上有地位、社会上有财富、有身份。

司马氏是河内大姓，世代"伏膺儒教"，他家继承的是东汉儒学传统。司马懿值"汉末大乱，常慨然有忧天下心"（《晋书'宣帝纪》）。这忧天下心，就是儒家"达则兼善天下"之心。

曹氏出自宦官家族，宦官是皇帝的贴身奴才，宦官和世家大族自东汉以来就是社会上两大对立的政治社会势力。曹氏、司马氏的对立、斗争，继承的是东汉儒家世家豪族和宦官集团的对立、斗争。陈寅恪先生对此有很精辟的论述。陈先生说："东汉中晚之世，其统治阶级可分为两类人群。一为内廷之阉宦，一为外廷之士大夫。阉宦之出身大抵为非儒家之寒族，所谓'乞丐携养'（官渡战前，袁绍檄州郡文。见《三国志·魏志·袁绍传》注引《魏氏春秋》）之类。……主要之士大夫，其出身则大抵为地方豪族，或间以小族。然绝大多数则为儒之信徒也。""当东汉之季，其士大夫宗经义，而阉宦则尚文辞；士大夫贵仁孝，而阉宦则重智术。""魏为东汉内廷阉宦阶级之代表，晋则外廷士大夫阶级之代表。故魏晋之兴亡递嬗乃东汉晚年两统治阶级之竞争胜败问题。""汉末士大夫阶级之代表人袁绍，其凭借深厚，远过于阉宦阶级之代表人曹操，而官渡一战，曹氏胜，袁氏败，于是当时士大夫阶级乃不得不隐忍屈辱，暂与曹氏合作，但乘机恢复之念，未始或忘也。东汉末世与曹孟德合作诸士大夫，官渡战后五十年间多已死亡。而司马仲达，其年少于孟德二十四岁，又后死三十一年，乘曹氏子孙孱弱昏庸之际，以垂死之年，奋起一击，二子师、昭承其遗业，终于颠覆魏鼎，取而代之，尽复东汉时代士大夫阶级统治全盛之局。"（《书（世说新语文学类钟会撰四本论始毕

条)后》,刊《中山大学学报》1956 年第 3 期,已收入《金明馆丛稿初编》)

我在《中国古代及中世纪史讲义》(北京师范大学出版组 1957 年 5 月版)里也评到这个问题,我说:“自东汉以来,和中央皇权势力相对抗的地方豪强势力兴起,这个地方豪强势力在经济上社会上有强大的巩固的基础。黄巾起义失败,东汉帝国瓦解后,豪族势力更为发展。”“曹操的家世是属于宦官系统的,这一系统从东汉以来是中央皇权的依附物,是站在皇权一边和世家豪族对立的。”“在曹魏中央集权政策的控制下,这些地方势力的世家豪族虽然不敢公开反抗,但对集权蕴藏着不满。”“司马氏对曹氏的政权争夺,正是代表着世家豪族对集权政治的反抗。”“曹氏司马氏的斗争,是集权和分权的斗争,是专制政体和世家豪族的斗争。”

我只看到阉宦和世家豪族的斗争,包括外戚宦官的斗争,是集权和分权的斗争,没有看到儒家和非儒家的斗争。而我现在又觉得,曹操所反对的只是东汉以来大部分儒家所标榜的仁孝廉让、礼法德教,他认为乱世所需的是才能,而非迂缓无能的说教,他是以猛反宽,但还没有反出儒教的圈子,他认为德化是第二步,眼前所需是才能,这和法家根本否定德教者是不同的。

但猛与宽仍是矛盾的,魏明帝时,兖州刺史王昶上疏说:“魏承秦汉之弊。法制苛碎,不大厘改国典以准先王之风,而望治化复兴,不可得也。”(《三国志·魏志·王昶传》)王昶所谓“先王之风”、“治化复兴”都是儒者之教。王昶的话,足以证明魏明帝时,魏的政治仍是繁苛的,不为正宗儒家所喜,朝廷中两派势力和两种思想意识还是并存着的。司马氏正是代表儒家、世家豪族。正像陈寅恪先生所说的,儒学之士在曹氏统治下“不得不隐忍屈辱”。司马氏夺权是深得尚不得势的儒者和世家豪族的支持的。

司马氏夺取权力,除得到世家豪族、正统儒家的支持外,也得到普通老百姓农民的支持。魏曹后期,统治阶层已受到奢侈豪华之风的侵蚀。魏明帝就是代表人物。他大兴土木,兴建宫室,征发民役,人民生活困苦。朝廷大臣,多有谏诤,希即减轻徭役,重视农业生产。《三国志·魏志·王朗传附子肃传》载:“景初间,宫室盛兴,民失农业……肃上疏曰:‘……今宫室未就,功业未讫,运漕调发,转相供奉。是以丁夫疲于力作,农者离其南亩……斯则有国之大患,而非备豫之长策也。……’”同书《蒋济传》载:“景初中,外勤征役,内务宫室,怨旷者多,而年谷饥俭。济上疏曰:‘……今其所急,唯当息耗百姓,不至甚弊。……凡使民必须农隙,不夺其时。……’”司马懿也提出停修宫室以救时急的谏诤。《晋书·宣帝纪》载:“是时大修宫室,加之以军旅,百姓饥弊。帝将即戎(征辽东公孙渊),乃谏曰:‘昔周公营洛邑,萧何造未央,今宫室未备,臣之责也。然自河以北,百姓困穷,外内有役,势不并兴,宜假绝内务,以救时急。’”

这都反映魏朝廷上两种思想的矛盾,魏明帝不顾民间疾苦,役使人民大兴土木,一些大臣反对,反对者的思想是儒家思想,是与民休息的儒家仁政思想。

司马氏是重视农业生产的,司马懿夺权之后在“擢用贤能”、“以恤民为先”的措施中,除为了巩固他夺得的政权和地位外,也确实做了一些有利于人民的兴修水利、振兴农业的事业。

司马懿的仕途中,多是注重农业生产的。《晋书·宣帝纪》载:“魏国既建……(司马懿)迁为军司马,言于魏武曰:‘昔箕子陈谋,以食为首。今天下不耕者盖二十余万(依《晋书斠注》周家禄校勘记,“万”当作“年”),非经国远筹也。虽戎甲未卷,自宜且耕且守。’魏武纳之,于是务农积谷,国用丰赡。”

司马懿出仕,在建安十三年(208年),魏国建在建安二十一年(216年)。司马懿在曹操时期是小心谨慎少说话的,但在重视农业生产方面,他却提出意见。

《晋书·食货志》载:“嘉平四年,关中饥,宣帝表徙冀州农夫五千人佃上邽。兴京兆、天水、南安盐池,以益军实。”

嘉平,应是太和。司马懿死于嘉平三年,不可能于嘉平四年表请徙民(中华书局版《晋书·食货志》校勘记说嘉平四年为太和四年)。

司马懿征辽东还,魏明帝死,齐王芳立,司马懿和曹爽辅政,时役者犹有万余人,司马懿“皆奏罢之,节用务农,天下欣赖”(《晋书·宣帝纪》)。

淮水流域的大规模屯田,是在司马懿主持下兴造的。正始三年三月,司马懿“奏穿广漕渠,引河入汴,溉东南诸陂,始大佃于淮北”(同上)。正始四年,又建议扩大淮颍屯田规模,在淮水之北、颍水两岸大兴屯田,使邓艾去实地考察。

司马氏重视农业生产，注意农民的休养生息，有助于社会安定，取得农民拥护。社会安定，农民支持，这是司马氏夺权成功的有力的社会基础。当然，农民支持是基础，而拥护他们成功的力量还是世家豪族。

十七、曹氏、司马氏的血腥斗争

1. 杀李丰、夏侯玄，废齐王芳

司马师，字子元，司马懿的长子。“少流美誉，与夏侯玄、何晏齐名。”何晏常称赞他说：“惟几也能成天下之务，司马子元是也。”（《晋书·景帝纪》）“成天下之务”，就是说，司马师的才在实干，能治平天下。

正始政变之前，司马师曾任中护军。司马懿称病在家，司马师私养死士三千人在民间。司马懿发起政变，三千人一朝而集，成为司马氏政变的主力。政变之后，司马师任卫将军，司马懿病死，司马师以抚军大将军录尚书事，辅政。嘉平四年，司马师为大将军，加侍中、持节、都督中外诸军事、录尚书事。以诸葛诞、毌丘俭、王昶、陈泰、胡遵都督四方，王基、州泰、邓艾、石苞典州郡，卢毓、李丰掌选举，傅嘏、虞松参计谋，钟会、夏侯玄、王肃、陈本、孟康、赵酆、张缉预朝议。这是一个以司马氏的人为主，曹氏、司马氏两家大体保持平衡的班子。这个班子里，诸葛诞、毌丘俭、李丰、夏侯玄、张缉是曹氏党，王昶、陈泰、王基、州泰、邓艾、石苞、卢毓、傅嘏、王肃等皆司马氏党。曹氏党虽然还有这么多人在朝廷和地方，但一则心不齐，二则司马师为大将军，都督中外诸军事、录尚书事，总领在上，曹氏已处于劣势。司马氏用这些曹氏党人在朝廷和地方，不过是为了平衡人心。

反对司马氏的活动，首先在朝廷中酝酿，主其谋者是中书令李丰和皇后父光禄大夫张缉。嘉平六年（254 年）冬十月，李丰、张缉谋废司马师，以太常夏侯玄为大将军。

李丰，故卫尉李义子。幼有才名。齐王芳正始中任侍中、尚书仆射；嘉平四年,任中书令。丰子韬,尚齐长公主。李丰自以身处机密,子韬又尚公主,心不自安。

夏侯玄,父夏侯尚乃夏侯渊之从子;母,曹氏女,曹爽之姑。夏侯尚和魏文帝曹丕友情极笃。魏初建即为散骑常侍,迁中领军。文帝践祚,迁征南将军,领荆州刺史,假节都督南方诸军事。《魏书》说:"尚有筹划智略,文帝器之,与为布衣之交。"(《三国志·魏志·夏侯尚传》注引)《魏书》又载文帝诏:"尚自少侍从,尽诚竭节,虽云异姓,其犹骨肉,是以入为腹心,出当爪牙,智略深敏,谋谟过人,不幸早殒,命也奈何!"(同上)夏侯玄,少知名。正始中,曹爽辅政。玄,爽之姑子也。累迁散骑常侍、中护军,后为征西将军,假节都督雍、凉州诸军事。曹爽诛死,玄被征为大鸿胪,数迁徙太常,实即废黜。夏侯玄在当时名士中名望极高,和何晏同为领袖人物。夏侯玄调回京师后,即"不交人事,不蓄华妍"(《三国志·魏志·夏侯玄传》注引《魏略》)。但就这样也过不去。司马懿死,中领军许允对玄说:"无复忧矣。"玄叹曰:"士宗,卿何不见事乎?此人犹能以通家年少遇我,子元(司马师)、子上(司马昭)不吾容也。"(《三国志·魏志·夏侯玄传》注引《魏氏春秋》)

司马师微闻李丰等的密谋,请丰相见,以刀环搏杀李丰,遂收丰子韬、夏侯玄、张缉等送廷尉按治。《世语》说:"玄至廷尉,不肯下辞,廷尉钟毓自临治玄。玄正色责毓曰:'吾当何辞?卿为令史责人也?卿便为吾作。'毓以其名士,节高不可屈,而狱当竞,夜为作辞,令与事相附,流涕以示玄。玄视,颔之而已。"(《三国志·魏志·夏侯玄传》注引)夏侯玄不承认自己有罪,没有什么可写的,司马师必欲置之于死,该怎么定案?钟毓自己写好了。钟毓作了诬辞,自愧于心,不免涕泣。于是诛韬、玄、缉、铄、敦、贤等,皆夷三族。其余亲属徙乐浪郡(今朝鲜)。玄死时,年四十六。

中领军许允,素与李丰、夏侯玄善。这年(254 年)秋,以许允为镇北将军,假节、都督河北诸军事。魏帝齐王芳以允当出,诏见群臣,帝特引允以自近。许允与帝别,涕泣歔欷。这下惹了祸,官僚们承司马师意奏允前放散官物,于是收付廷尉,徙乐浪。未至,死在路上。

魏帝以李丰之死,意殊不平。安东将军司马昭时镇许昌,诏召之使西击姜维。九月,司马昭入见,魏帝幸平乐观以临军过。左右欲因昭辞,杀之,勒兵以退大将军。诏书已写好,魏帝惧,不敢发。

司马昭领兵入城，平乐观在洛阳城西，司马昭已过平乐观而又折回洛阳，可能知道了什么消息。司马师乃谋废帝。

司马师以皇太后令召集群臣，以魏帝荒淫无度，亵近倡优，不可以承大业为辞，废帝。群臣皆大惊失色，但莫敢违。乃奏收帝玺绶，帝本由齐王入主，仍归藩于齐。

司马师使皇后从父郭芝入白太后，太后正和帝对坐。芝对帝说："大将军欲废陛下，立彭城王据。"帝乃起去，太后不悦。郭芝说："太后有子不能教，今大将军意已成，又勒兵于外以备非常，但当顺旨，将复何言！"太后说："我欲见大将军，口有所说。"郭芝说："何可见邪？但当速取玺绶。"太后意折，乃遣旁侍御取玺绶著坐侧(《三国志·魏志·三少帝纪·齐王芳纪》注引《魏略》)。

芝出报司马师，师甚喜。又遣使者授齐王印绶，出就西宫。帝与太后垂泪而别，乘王车，从太极殿南出，群臣送者数十人，无不流涕(同上)。无不流涕，也无人可奈何！

齐王芳出宫后，司马师又使使者请玺绶。太后说："彭城王，我之季叔也(彭城王据，魏文帝之子，明帝之弟，故太后谓之季叔)，今来立，我当何之？且明皇帝当绝嗣乎？吾以为高贵乡公者，文皇帝之长孙，明皇帝之弟子，于礼，小宗有后大宗之义，其详议之。"(同上)

司马师不得已又召集群臣更议，并出皇太后令，乃定迎高贵乡公。曹家的妇女也不弱！

高贵乡公名髦，字彦士，魏文帝之孙、东海王霖之子，正始五年，封郯县高贵乡公。嘉平六年十月，至洛阳，见太后，即皇帝位，大赦，改元，以嘉平六年为正元元年。

2. 毌丘俭起兵淮南

正元二年正月，齐王芳被废后三个月，镇东将军毌丘俭、扬州刺史文钦，矫太后诏，起兵寿春(今安徽寿县)，移檄州郡讨伐司马师。

毌丘俭，河东闻喜人，魏明帝为平原王时，俭曾为平原王文学。及明帝即位，为尚书郎、羽林监，以东宫之旧，甚见亲待。出为洛阳典农。明帝喜奢

侈,取农民治宫室,俭上疏谏,说:“臣愚以为天下所急除者二贼,所急务者衣食,诚使二贼不灭,士民饥冻,虽崇美宫室,犹无益也。”(《三国志·魏志·毌丘俭传》)迁荆州刺史。

魏明帝青龙中,以俭有干策,徙为幽州刺史,加度辽将军,曾随司马懿征辽东公孙渊,有功。齐王芳正始中,高句丽数侵犯边地,毌丘俭督大军数万出玄菟(今沈阳市东),诸道进讨,大战于梁口(今辽宁桓仁东北),大破高句丽王宫。毌丘俭束马悬车,以登丸都(高句丽都城,今吉林集安)。正始六年,再征高句丽,高句丽王宫〔《资治通鉴》(卷七十五,正始七年二月)作“位宫”〕奔买沟,深入沃沮千余里,至肃慎南界(今吉林东部)。

毌丘俭后迁左将军,假节监豫州诸军事,领豫州刺史,转为镇南将军。吴大将军诸葛恪北伐。诸葛诞与战于东关,不利,乃令诞、俭对换,诞为镇南将军、都督豫州诸军事,俭为镇东将军、都督扬州诸军事。吴太傅诸葛恪围合肥新城,毌丘俭与文钦御之,太尉司马孚督中军来援,恪退。

毌丘俭,既是明帝旧人,又与夏侯玄、李丰等友善。扬州刺史前将军文钦,曹爽同邑人。司马懿杀曹爽,司马师杀夏侯玄、李丰等,毌丘俭和文钦皆不自安。二人相结,遂于正元元年(255年)二月,说奉太后诏,以讨伐司马师为名,起兵淮南。

毌丘俭等上表列举了司马师十一条罪状,但说司马懿忠正,有大功于社稷,应惠及后世,请废师以侯就第,以弟昭代之。太尉孚,忠孝小心,护军望(司马孚之子),忠公亲事,皆宜亲宠,授以要任。这大约是毌丘俭的斗争策略,略如司马懿当年政变,对曹爽但以侯就第,不再治罪一样。但当年司马懿骗得了曹爽,今日毌丘俭却骗不了司马师。

毌丘俭聚合淮南散军和吏民于寿春城,分一部分兵守城,毌丘俭与文钦将兵五六万渡淮,西至项,俭守城,文钦在外为游军。

司马师问计于河南尹王肃,王肃说:“昔关羽率荆州之众,降于禁于汉滨,遂有北向争天下之志。后孙权袭取其将士家属,羽士众一旦瓦解。今淮南将士父母妻子皆在内州,但急往御卫,使不得前,必有关羽土崩之势矣。”(《三国志·魏志·王肃传》)

时司马师刚割治眼瘤(现在看来,司马师患的是眼癌),创甚,有人以为司马师不宜于此时自己出征,不如遣太尉司马孚前往。唯王肃与尚书傅嘏、中书侍郎钟会劝师自己前往。司马师犹豫未决。傅嘏对司马师说:"淮、楚兵劲,而俭等负力远斗,其锋未易当也。若诸将战有利钝,大势一失,则公事败矣。是时景王新割目瘤,创甚,闻嘏言,蹶然而起曰:'吾请舆疾而东。'"(《三国志·魏志·傅嘏传》注引《汉晋春秋》)

司马师率中外诸军以讨俭、钦。以弟司马昭兼中领军,留镇洛阳,召三万兵会于陈、许。司马昭时为卫将军,又兼中领军,洛阳留守的兵,主力大约都掌握在司马昭手里了。司马师可以安心东征,无虞后方发生政变。

司马师又问计于光禄勋郑袤,郑袤说:"昔与俭俱为台郎,特所知悉。其人好谋而不达事情,自昔建勋幽州,志望无限。文钦勇而无算。今大军出其不意,江、淮之卒锐而不能固,深沟高垒以挫其气,此亚夫之长也。"(《晋书·郑袤列传》)

司马师以荆州刺史王基为行监军,假节,统许昌军。王基与司马师会于许昌,他对司马师说:"淮南之逆,非吏民思乱也,俭等诳胁迫惧,畏目下之戮,是以尚群聚耳。若大兵临逼,必土崩瓦解。俭、钦之首,不终朝而县(通悬)于军门矣。"(《三国志·魏志·王基传》)司马师乃令王基居军前。有人说,俭、钦慓悍,难以争锋,遂又诏王基停驻。王基说:"俭等举军足以深入,而久不进者,是其诈伪已露,众心疑沮也。今不张示威形以副民望,而停军高垒,有似畏懦,非用兵之势也。……此为错兵无用之地,而成奸宄之源。吴寇因之,则淮南非国家之有,谯、沛、汝、豫危而不安,此计之大失也。军宜速进据南顿(今河南项城西),南顿有大邸阁,计足军人四十日粮。保坚城,因积谷,先人有夺人之心,此平贼之要也。"(同上)王基为此屡屡申请,司马师乃听他进据溵水(汝水分支,东流至南顿北入于颍)。既至,又复上言说:"……方今外有强寇,内有叛臣,若不时决,则事之深浅未可测也。……将军持重是也,停军不进非也。……今据坚城,保壁垒,以积实资虏,县运军粮,甚非计也。"(同上)司马师犹不许。王基说"将在军,君令有所不受",遂进据南顿。毌丘俭亦从项来争南顿,闻王基已据南顿,遂退保项。

毌丘俭卫下多有降司马师的。

司马师命令诸军,皆深壁高垒,以待青、徐、兖大军。诸军请攻项。司马师说:"淮南将士本无反志。且俭、钦欲蹈纵横之迹,习仪、秦之说,谓远近必应。而事起之日,淮北不从,史招、李续前后瓦解。内乖外叛,自知必败,

困兽思斗，速战更合其志。……小与持久，诈情自露，此不战而克之也。”（《晋书·景帝纪》）

乃遣镇南将军、都督豫州诸军事诸葛诞督豫州诸军从安风津（今安徽颍上南）向寿春，征东将军胡遵督青、徐诸军出于谯、宋之间（今河南商丘、安徽亳县一线），绝其归路；司马师率大军屯汝阳（今河南商水西）。

毌丘俭、文钦进不得斗，退恐寿春被袭，计穷不知所为。淮南将士家皆在北，众心沮散，降者不断。只有新附淮南农民为之用。

兖州刺史邓艾将兵万余人，日夜兼程前进，先到乐嘉城（今河南商水东南）。作浮桥颍水上以待司马师。

毌丘俭使文钦将兵袭邓艾军。司马师自汝阳暗潜兵就邓艾于乐嘉，文钦猝见大军，惊愕未知所为，钦子鸯，年十八，勇力绝人，对文钦说：“及其未定，击之可破也。”于是分兵为二队，乘夜两面夹攻。鸯军先到，鼓噪进攻，司马师军中震扰，师惊骇，所病目突出、疼痛又恐人知，啮被皆破。文钦失期未应，天明，鸯见兵盛，乃汇合文钦向东撤退。司马师使人率骁骑八千追赶。文鸯单骑入数千骑中，杀伤百余人乃出，如此者六七次，追骑莫敢迫近。

毌丘俭闻钦退，众随大溃，文钦至项。毌丘俭已去，孤军无援，不能自立；欲还寿春，闻寿春已溃，遂降吴。毌丘俭逃至慎县（今安徽颍上北）。大约他打算从安风津一带（今安徽颍上南、霍丘北）南奔吴，但为安风津都尉发现，射死。其弟秀、孙重奔入吴。司马师诛杀毌丘俭三族。

经过正始末年的政变。司马懿杀曹爽、杀王凌，司马师杀夏侯玄、杀李丰、废齐王芳。司马氏又打着儒学的招牌，深得满朝大臣中礼法之士的支持；司马氏的权力已大体稳固，朝廷中拥护曹氏的力量已很微弱，反司马氏的力量只有地方上的将军们了。

但毌丘俭这次起事又失败了。实际上，毌丘俭起兵当时胜利的希望就已不大，因为地方势力也多是支持司马氏的。

毌丘俭也曾希望得到地方势力的联合。他派使者去联合邓艾，被邓艾斩首。他忘了邓艾是司马氏一手提拔起来的。他也曾派人去联合诸葛诞，使者也被诸葛诞斩首。

毌丘俭成了孤军作战，他可能希望一起兵就能得到多方面的支持的，但成了泡影。毌丘俭既然是孤军作战，他的战略安排应当是大军深入，速战速决。如果能击破司马师军,形势可能突变,忠于曹氏的势力会一下起来。

这一战,司马师的战略安排是正确的。大军"急往御卫,使不得前",形成包围形势,但又"深壁高垒"不许出战。毌丘俭陷于被动,最后只有失败一途。

司马师班师,但没有能回到洛阳,就死在许昌路上了。

3. 诸葛诞起兵淮南

司马师死,权力转移到他弟弟司马昭手里。这次转移,表面上很平静,暗地里也有一番斗争。

司马师回师,走到许昌,病重再也不能走了,而且已随时有死的可能。于是一面以司马氏死党、中郎将参军事贾充监诸军事,一面召司马昭速到许昌,嘱以后事。司马师就在许昌死了。

洛阳魏帝高贵乡公看到这是一个恢复曹氏权力的机会,遂以东南新定为理由,令卫将军司马昭暂统大军留在许昌为内外之援,由尚书傅嘏率领军队回洛阳。司马氏的谋臣中书侍郎钟会和傅嘏密议,使傅嘏上表却又不待魏帝的诏示就和司马昭一同回洛阳,屯住洛水以南。估计魏帝意在使司马昭远离朝廷,朝廷可有机会作些调度;司马昭也看透了这点,也就违诏自回洛阳。

魏帝谋不得展,于是只好以司马昭为大将军、录尚书事,代司马师掌管军政大权。

毌丘俭失败后二年,高贵乡公甘露二年(257 年),魏征东大将军诸葛诞又在淮南举兵反,声讨司马昭。

诸葛诞,琅邪阳都人,诸葛丰之后。他和诸葛亮、诸葛瑾都是一家,却分在魏、蜀、吴三国,都做大官。

明帝时,诸葛诞累迁御史中丞、尚书,与夏侯玄、邓飏等友善,收名朝廷,京师翕然。明帝恶其修浮华,合虚誉,免官。明帝死,正始中曹爽专权,夏侯玄等并出,复以诸葛诞为御史中丞、尚书,出为扬州刺史,加昭武将军。

王凌阴图反司马懿时,司马懿以诸葛诞为镇东将军,假节都督扬州诸军事。诸葛恪进兵东关,诸葛诞督诸军与战,大败。遂与毌丘俭对换,徙为镇

南将军、都督豫州诸军事。毌丘俭、文钦反于淮，遣使诣诞，希望招呼豫州士民能同时起事。诸葛诞斩其使，布告天下，向司马氏表示决心。

毌丘俭失败后，司马师以诸葛诞久在淮南，遂又以为镇东大将军、仪同三司、都督扬州诸军事。不久，又转为征东大将军。

诸葛诞既与夏侯玄、邓飏至亲友善，又眼见王凌、毌丘俭的败亡，身在扬州亦惧不自安。遂倾帑藏振施以结众心，厚养亲附及扬州轻侠数千人为死士，又请司马昭增派十万人守寿春，又请临淮筑城以备吴寇。

司马昭初秉政，对地方兵家自然不很放心。时魏国置征东将军屯淮南，征南将军屯襄、沔以备吴，征西将军屯关、陇以备蜀，征北将军顿幽、并以备鲜卑。这四征是地方重兵所在。司马氏心腹贾充请以慰劳为名，去各地观察他们对司马氏的态度。

贾充至淮南，与诸葛诞论说此事，贾充说："洛中诸贤，皆愿禅代，君所知也。君以为云何？"诸葛诞愤怒地回答说："卿非贾豫州子？世受魏恩，如何负国？欲以魏室输人乎？非吾所忍闻。若洛中有难，吾当死之。"（《三国志·魏志·诸葛诞传》注引《魏末传》）

贾充回到洛阳，向司马昭作了汇报，并向司马昭建议说："诞再在扬州，威名夙著，能得人死力。观其规略，为反必也。今征之，反速而事小；不征，事迟而祸大。"（《晋书·贾充列传》）

司马昭听了贾充的话，决定调诸葛诞到洛阳朝廷做司空。

诸葛诞接到诏书，自然知道这意味着什么，于是就发兵反。他集合淮南、淮北郡县屯田口十余万官兵和扬州新附胜兵者四五万人，聚粮足支一年食用，闭寿春门自守。这里有一个不好理解的问题是：两年前诸葛诞如此坚决地拒绝毌丘俭的要求，联合起兵，却于毌丘俭失败后两年，又自己起兵了。

诸葛诞使长史吴纲带着小儿子靓到吴去请救。这时，吴诸葛恪、孙峻已死，主政的是孙𬘭，乃派遣将军全怿、全端、唐咨、王祚与投降在吴的文钦率领三万大军来援，并以诸葛诞为左都护、假节、大司徒、骠骑将军、青州牧、寿春侯。

全怿、文钦等乘魏兵对寿春还没有合围，率吴兵入寿春城，与诸葛诞共城守。

司马昭这次东征是带着魏帝高贵乡公和皇太后一起来的。司马昭上表魏帝:“昔黥布叛逆,汉祖亲征;隗嚣违戾,光武西伐;烈祖明皇帝乘舆仍出:皆所以奋扬赫斯,震耀威武也。陛下宜暂临戎,使将士得凭天威。今诸军可五十万,以众击寡,蔑不克矣。”(《晋书·文帝纪》)

司马昭携带魏帝亲征,说明司马氏在洛阳朝廷中的势力还没有完全巩固。也还没有完全信得过的人可以代他留镇洛阳,怕有人在他东征后在洛阳以魏帝的名义出来反他。他甚至不敢留皇太后在洛阳,怕有人学他父亲司马懿以皇太后的名义反他。这也说明,司马氏父子都是有权谋智略的,决不阿衡倒持、授人以柄,不像曹爽兄弟庸才,刀已在项还幻想不失做富家翁。

甘露二年(257年)秋七月,司马昭携魏帝及皇太后东征,征兵青、徐、荆、豫,分取关中游军,皆会淮北。司马昭进驻丘头。

诸葛诞久在淮南,在地方上有基础,他集合起来的兵力大约在十万人左右,加上吴的援兵三万,兵力在十万人以上。司马昭也以诸葛诞为劲敌,他带领中外军二十六万东征,这是汉末以来出兵作战兵力最多的一次了。司马昭上表说五十万人是夸大其词,二十六万人已够多的了。

诸葛诞反,战略上采取守势,坚守寿春,他大约认为寿春能坚守一年,魏国地方和朝廷内部必会起变化;蜀或能同时向魏进攻,若能如此,变化更会早日出现。司马昭也看到诸葛诞的意图,他说:“诞以毌丘俭轻疾倾覆,今必外连吴寇,此为变大而迟。吾当与四方同力,以全胜制之。”(《晋书·文帝纪》)又说:“或谓大军不能久,省食减口,冀有他变。”(同上)“他变”,就是魏国的内外变化。

当时,司马师刚死,司马昭刚刚接手,内部也不是完全没有问题。《晋书·文帝纪》说:“将军李广临敌不进,泰山太守常时称疾不出,并斩之以徇。”李广、常时,可能就是不愿和诸葛诞作战的。小事可以看出大问题。

吴又使大都督朱异率兵三万进屯安丰(今安徽霍丘西南),为文钦外援。

司马昭的战略安排:一是把寿春城紧紧包围起来,使诸葛诞、文钦等不得外逃;二是打掉来援的吴军。

兵马发到围寿春的是镇南将军王基,围尚未合,唐咨、文钦等才得以从城东北,因山乘险,将吴兵入城。司马昭先命王基围城,吴兵朱异到安丰,司马昭又命王基撤围引诸军转据北山。王基对部下说:“今围垒转固,兵马向集，但当精修守备以待越逸，而更移兵守险，使得放纵，虽有智者不能善后矣。”王基不接受司马昭的调动。上书说：“今与贼家对敌，当不动如山，若迁移依险，人心摇荡，于势大损。诸军并据深沟高垒，众心皆定，不可倾动，此御兵之要也。”（《三国志·魏志·王基传》）司马昭只好听他。

王基的军事思想很高，征毌丘俭时，他就曾违抗司马师的调度进兵抢占南顿，结果证明他对了，比司马师高。这次又违抗司马昭的调度不撤寿春之围，战争的结果又证明他对了。这次战后，司马昭对王基说：“初议者云云，求移者甚众，时未临履，亦谓宜然。将军深算利害，独秉固志，上违诏命，下拒众议，终至制敌禽贼，虽古人所述，不是过也。”（同上）“初议者云云，求移者甚众，时未临履，亦谓宜然”，是司马昭把制造错误的责任推给别人。这且不说，“上违诏命”罪过是大的，却成了称赞王基的词了。王基在征毌丘俭和诸葛诞两次战争中，都为司马氏立了大功。

司马昭使奋武将军监青州诸军事石苞督兖州刺史州泰、徐州刺史胡质领精锐部队为游军以备外寇，并迎击朱异。州泰击破朱异军于阳渊（今安徽霍丘东北），杀伤两千余人，朱异败走。

吴大将军孙𬘭，发兵出屯镬里（今安徽巢县境），再次遣朱异率将军丁奉等五万人攻魏。朱异留辎重于都陆，进屯黎浆（黎浆在今安徽寿县南，都陆又在黎浆南）。朱异为石苞、州泰所击退，都陆又被魏泰山太守胡烈的奇兵所袭烧，朱异大败而回。孙𬘭给兵迫朱异再战，朱异不肯去，孙𬘭斩朱异于镬里，引兵还建业。

胡三省注《资治通鉴》，曾于此处加评语说：“寿春之围已固，虽使周瑜、吕蒙、陆逊复生，不能解也。若孙𬘭能举荆、扬之众出襄阳，以向宛、洛，寿春城下之兵必分归以自救，诸葛诞、文钦等于此时决围力战，犹庶几焉。”（《资治通鉴》卷七七，高贵乡公甘露二年）

胡三省所论，是否是确论，不敢多说，有些情况是可以说明一下的。

（一）魏、蜀、吴三国形势已非昔比。魏国虽有曹氏、司马氏夺权的斗争，但社会是安定的。司马氏注重恢复农业，增加生产，减轻人民租役负担，社会有生气，人口在增殖。反之，吴、蜀役调重，人民生活困苦，小农经济在衰落。从国力上说，魏国在发展，在上升；吴、蜀在衰落，在下降。

（二）社会政治的腐败，影响军队士兵的战斗力。吴、蜀军队的战斗力在下降。反之,魏国士兵的战斗力在增强。

(三)胡三省的设想,是孙膑围魏救赵的战略,但由于战士战斗意识的衰落,荆、扬吴兵即使出宛、洛,能否奏效也大有问题。诸葛诞起兵之前一年(甘露元年),蜀姜维曾出兵祁山,但被邓艾大败于段谷,士卒星散,死者甚众。不需中外大军支援,只安西将军邓艾以所领关中一支军队已能大败姜维。诸葛诞起兵期间,姜维再次出兵又为邓艾所败,吴朱异一再败于监青州诸军事石苞、兖州刺史州泰。魏国只以方面部队已能防御吴、蜀军队并战而胜之,吴、蜀对魏,可以说是只有招架之力而无进攻之势了。

诸葛诞、文钦等坚守寿春,希望寄托在吴军进攻和司马氏内部出问题。但吴兵败退,司马氏内部也未出问题。城中食粮渐感不继。将军蒋班、焦彝,皆诸葛诞的心腹谋主,对诸葛诞说:“朱异等以大众来而不能进,孙綝杀异而归江东,外以发兵为名,而内实坐须(待也)成败,其归可见矣。今宜及众心尚固,士卒思用,并力决死,攻其一面,虽不能尽克,犹可有全者。空坐守死,无为也。”(最后一句,《资治通鉴》所加)蒋班、焦彝主张突围,文钦说:“公今举十余万众内附(“内附”《资治通鉴》作“归命于吴”),而钦与全端等皆同居死地,父子兄弟尽在江表,就孙綝不欲,主上及其亲戚岂肯听乎?且中国无岁无事,军民并疲。今守我一年,势力已困,异图生心,变故将起。以往准今,可计日而望也。”(最后一句“以往准……”《资治通鉴》作“奈何舍此,欲乘危侥幸乎”)(《三国志·魏志·诸葛诞传》注引《汉晋春秋》)文钦主张坚守待变,蒋班、焦彝坚决主张突围,文钦怒。诸葛诞欲杀蒋班、焦彝,二人惧,十二月,弃诞逾城降魏。

全怿兄子全辉、全仪在建业,与其家内争讼,携母将部曲数十家奔魏,以书招怿等,说:吴中怒怿等不能拔寿春,欲尽诛诸将家,故逃死投魏。于是全怿帅其众数千人,开门出降。

蒋班、焦彝、全怿等的逾城出降,在寿春城内引起很大震动,人心散乱,恐慌不安。

甘露三年正月,寿春城被围已九个来月,人心已乱。文钦对诸葛诞说:“蒋班、焦彝谓我不能出而走,全端、全怿又率众逆降,此敌无备之时也,可以战矣。”(《三国志·魏志·诸葛诞传》注引《汉晋春秋》)诸葛诞等也同意突围。但围甚固,围上诸军临高发石车火箭,矢石雨下,死伤蔽野,诸葛诞等不得已又退回城内。城内粮食转竭，出降者数万口。文钦欲尽出北方人以省食，专与吴人守城。诸葛诞不同意，二人发生矛盾。诞杀钦，钦子鸯、虎逾城降。魏军攻城，城破，杀诸葛诞，夷诞三族。

齐王芳嘉平三年到高贵乡公甘露二年(251—257年)，六年之内，淮南王凌、毌丘俭、诸葛诞三家三次起兵反司马氏。淮南三叛，力量一次比一次大，形势一次比一次严重。王凌只是想起事，还没有来得及就被司马懿以迅雷不及掩耳的快速进兵扑灭；毌丘俭于高贵乡公正元二年(255年)正月起兵，于闰正月失败，自起到败不到两个月；诸葛诞于甘露二年(257年)五月起兵，三年(258年)二月败，支持了七八个月。毌丘俭起事的兵力是六七万人，诸葛诞起事有兵十余万。

但诸葛诞起兵，已是曹氏、司马氏最后的一次较量了，过此之后，魏国的天下实际上已是司马氏的天下了。

4. 杀魏帝高贵乡公

高贵乡公即位时，才十四岁。这个青年人，聪明，有才气，有胆识，只是不够深沉，有些轻躁，少年气盛。胡三省评论高贵乡公说："以余观高贵乡公，盖小慧而知书。"(《资治通鉴》卷七六，高贵乡公正元元年)评价低了些。

在他在位期间，淮南两次起兵反对司马氏。诸葛诞失败以后，司马昭专权跋扈，实在使这个小皇帝忍不了这口气。甘露五年四月(这年五月高贵乡公被杀，六月陈留王奂即位，始改元为景元元年)。召见侍中王沈、尚书王经、散骑常侍王业，对他们说："司马昭之心，路人所知也。吾不能坐守废辱，今日当与卿等自出讨之。"王经说："昔鲁昭公不忍季氏，败走失国，为天下笑。今权在其门，为日久矣，朝廷四方皆为之致死，不顾逆顺之理，非一日也。且宿卫空阙，兵甲寡弱，陛下何所资用，而一旦如此，无乃欲除疾而更深之邪！祸殆不测，宜见重详。"高贵乡公从怀里拿出黄素诏令投掷在地说："行之决矣。正使死，何所惧？况不必死邪！"(《三国志·魏志·三少帝纪·高贵乡公纪》注引《汉晋春秋》)

高贵乡公于是入内向皇太后辞别，王沈、王业这两位司马氏安排在皇帝身旁的党羽或是贪生怕死的人，慌忙奔告司马昭，让司马昭有了准备。

高贵乡公帅殿中宿卫苍头官僮,击战鼓,出云龙门,鼓噪而前。屯骑校尉司马伷,司马昭之弟也,迁帝于东止车门,左右呵之,伷众奔散。中护军贾充迎战于南阙下,高贵乡公身自奋击,司马氏兵将莫敢进迫。贾充呼帐下督成济,对他说:"司马家事若败,汝等岂复有种乎?"成济、成倅兄弟遂率帐下人出击,回头问贾充,"当杀邪? 执邪?"贾充说:"杀之。"(《三国志·魏志·三少帝纪·高贵乡公纪》注引《魏末传》)成济、成倅兄弟直前刺帝,刃从背后出,倒地而亡。

司马昭听到高贵乡公被杀,诈为大惊,自投于地说:"天下其谓我何!"(《三国志·魏志·三少帝纪·高贵乡公纪》注引《汉晋春秋》)

高贵乡公死时,年二十。

高贵乡公死了。且在众目睽睽之下,公然地把皇帝杀死,杀人的罪犯总是要治治罪、遮遮人的口眼的。杀皇帝的罪犯是谁呢? 司马昭? 贾充? 成济兄弟?

司马昭召群臣会议。尚书仆射陈泰不至,司马昭使其舅荀顗召之。荀顗,陈泰之舅。陈泰对荀顗说:"世之论者,以泰方(比也)于舅,今舅不如泰也。"子弟内外咸共逼之,乃垂涕而入。司马昭对陈泰说:"玄伯(陈泰字),卿何以处我?"陈泰说:"诛贾充以谢天下。"司马昭说:"为我更思其次。"陈泰说:"泰言惟有进于此,不知其次。"(《三国志·魏志·陈泰传》注引干宝《晋纪》)

荀顗,荀彧之子;陈泰,陈群之子。荀、陈两姓,都是东汉末的世家大族,也是世代儒学名家,在家族社会地位上和意识形态上与司马氏都是属于同一等次同一集团的。陈泰和荀顗,都是司马氏党羽,陈泰嘲笑他舅父荀顗以自高的话,其实也不过是以五十步笑百步而已。

弑君,司马昭又不敢抬出孟子"吾闻诛一夫纣矣,未闻弑其君也"(《孟子·梁惠王下》)的话来明目张胆地说,杀高贵乡公是杀一独夫,那么,杀君之罪总要找个替罪羊。贾充而上是他,贾充而下就是成济兄弟了。

成济兄弟一看矛头指向他们,急了。狗急跳墙,一下窜到房上,大骂司马昭,难听的话,司马氏的家丑都给揭扬出来。司马氏的士卒从下射之,死。

高贵乡公初立时,朝会后,钟会评论他说:"才同陈思(曹植),武类太祖(曹操)。"(《三国志·魏志·三少帝纪·高贵乡公纪》注引《魏氏春秋》)人的命运,是由社会、时代决定的,才、武又能如何!

十八、玄学的兴起

1. 由儒到玄

东汉是儒学极盛的时代，但东汉后期儒学中已透出浮华之风。《后汉书·儒林列传序》载，顺帝以后，"游学增盛，至三万余生。然章句渐疏，而多以浮华相尚，儒者之风盖衰矣。党人既诛，其高名善士多坐流废"。

这种学风的转变，和东汉后期政治腐败、社会无出路是大有关系的。

马融是东汉大儒，马融的经历是人们在现实政治压力下不得不低头的最好说明，也是老庄玄学思想抬头的最好说明。

"永初二年，大将军邓骘闻融名，召为舍人，非其好也，遂不应命，客于凉州武都、汉阳界中。会羌虏飙起，边方扰乱，米谷踊贵，自关以西，道殣相望。融既饥困，乃悔而叹息，谓其友人曰：'古人有言：左手据天下之图，右手刎其喉，愚夫不为。所以然者，生贵于天下也。今以曲俗咫尺之羞，灭无赀之躯，殆非老庄所谓也。'故往应骘召。"

"是时邓太后临朝，骘兄弟辅政。而俗儒世士，以为文德可兴，武功宜废……故猾贼从横，乘此无备。融乃感激，以为文武之道，圣贤不坠，五才之用，无或可废。元初二年，上《广成颂》以讽谏。……颂奏，忤邓氏，滞于东观，十年不得调。因兄子丧，自劾归。太后闻之怒，谓融羞薄诏除，欲仕州郡，遂令禁锢之。"

"大将军梁商表为从事中郎，转武都太守。时西羌反叛，征西将军马贤与护羌校尉胡畴征之，而稽久不进。融知其将败，上疏乞自效。……朝廷不能用。"

“桓帝时为南郡太守。先是融有事忤大将军梁冀旨，冀讽有司奏融在郡贪浊，免官，髡徙朔方。自刺不殊，得赦还，复拜议郎，重在东观著述，以病去官。”

“初，融惩于邓氏，不敢复违忤势家，遂为梁冀草奏李固，又作大将军《西第颂》，以此颇为正直所羞。”（以上引文均见《后汉书·马融列传》）

马融这位大儒，最初未尝不打算在政治上有所作为。他看到武功不可废，上《广成颂》以讽谏。但颂奏忤邓氏，反被禁锢。羌乱起，又上疏乞自效，朝廷又不能用。后又因事忤大将军梁冀旨，免官，髡徙朔方。三番五次的折磨使马融在政治上消沉下来。

从主观上说，马融自始即有活命主义思想，却借老庄思想，以“生贵于天下”自我解嘲，这是他的弱点。由于有活命思想，又一次忤违势家，受到势家的打击，几乎丧命，政治上思想一步步坠落，遂至不敢违忤势家，遂为梁冀草奏名臣李固，诬害李固，置李固于死。最后竟作大将军《西第颂》，阿谀梁冀。

像马融这样的人，为保全性命在政治上违心向势家屈服，心里是痛苦的。政治上低头堕落的人，生活上也没有不堕落的。马融生活上就是堕落的。《后汉书·马融列传》就说他：“善鼓琴，好吹笛，达生任性，不拘儒者之节。居宇器服，多存侈饰。常坐高堂，施绛纱帐，前授生徒，后列女乐，弟子以次相传，鲜有入其室者。”

他向老庄思想里去找安慰。他以“今以曲俗咫尺之羞，灭无赀之躯，殆非老庄所谓也”来安慰自己的心灵。他注《老子》。他是大儒而为《老子》作注的第一人。

东汉土地兼并，社会矛盾激化，政治又腐败残暴。这种大形势、大气候不能不在知识阶层的主观意识方面引起反映，面对现实要求解决问题。显著的表现就是太学生们一次次出来干预政治，他们砥砺名节，造成社会舆论，和当时的恶势力宦官政治作斗争。他们失败了，遭到残酷的打击，杀的杀，徙的徙。这就是汉末的党锢之祸。

在政治高压下，士大夫阶层中一些人沉默下来，思想悲观，认为政治已不可为。如徐稺、申屠蟠就是这派人的代表人物。他们认为时事已不可救，救则自取灭亡，于事无益。如申屠蟠说：“坑儒烧书之祸，今之谓矣。”（《后

汉书·申屠蟠列传》)

也有一些人,忧国忧民之心未亡,弘道救时之志未泯。郭林宗(即郭泰、郭太)是这派人的代表人物。他已看到时不可救。有人劝他做官,他说:“吾夜观乾象,昼察人事,天之所废,不可支也。”遂并不应(《后汉书·郭泰列传》)。但他又不能完全忘情政治。徐稺善意地使人告诉郭林宗:“大树将颠,非一绳所维,何为栖栖不遑宁处!”(《后汉书·徐稺列传》)葛洪则恶意地批评郭林宗,说他“盖欲立朝则世已大乱,欲潜伏则闷而不堪。或跃,则畏祸害;确尔,则非所安。彰徨不定,载肥载臞。而世人逐其华而莫研其实”(《抱朴子·正郭篇》)。此种评语,未免太苛。有嵇生者,对郭林宗曾有评论,葛洪曾引之。嵇生说,郭林宗“知人则哲,盖亚圣之器也。及在衰世,栖栖惶惶,席不暇温,志在乎匡断行道,与仲尼相似”(同上)。我认为嵇生对郭林宗的评价,是深知林宗的,得乎实情。嵇生,可能是嵇康。

汉末出现清议,批评政治,臧否人物。能臧否人物的,都是当时士大夫阶层中有地位的人。被评价的人如能得到好的评语,便可立刻身价十倍。曹操年轻时“任侠放荡,不治行业,故世人未之奇也”(《三国志·魏志·武帝纪》),而当时有知人之鉴声名的梁国桥玄、南阳何颙却很称赞他。桥玄对曹操说:“天下将乱,非命世之才不能济也。能安之者,其在君乎?”(同上)曹操声名由是大起。

臧否人物,形成一种风气。汝南因有臧否人物的名家许劭和从兄许靖,还出现了月旦评。

《后汉书·许劭列传》:“初,劭与靖俱有高名,好共核论乡党人物,每月辄更其品题。故汝南俗有‘月旦评’焉。”

桥玄对曹操说:“君未有名,可交许子将。”曹操去看许子将,问:“我何如人?”许子将不答。曹操固问。许子将说:“子治世之能臣,乱世之奸雄。”(《三国志·魏志·武帝纪》注引孙盛《异同杂语》)这句话,评得好,很合曹操的品格。后出的《三国演义》,用了这句话。

党锢之后,士大夫多罹时难,死的死,亡的亡。清议直接评论政治之风稍煞,更多的是臧否人物。臧否人物,这表示士大夫的社会威权。政治上我失败了,人物好坏还要由我来评。骨子里这是士权对皇权的挑战。后来的九品中正，正是从汉末清议演化下来的。人物评论，被政府纳入它的轨道中去，私家评论却要打击。曹操虽然从汉末人物品议中得益，在他逐步建立政权时，对此却是不喜欢的。人物品评，这是朝廷的大权，焉能由在野之人来掌握行使！后来曹操对此风气，就是打击的。葛洪《抱朴子·自序》说："汉末俗弊，朋党分部，许子将之徒，以口舌取戒，争讼论议，门宗成雠。故汝南人士无复定价，而有月旦之评。魏武帝深亦疾之，欲取其首，尔乃奔波亡走，殆至屠灭。"

魏晋之际，又有曹氏、司马氏之争。党于曹氏的士大夫名士，又遭司马氏的压制、打击、屠杀。司马氏虽服膺儒术，杀人却是极残忍的，毫不留情。

从东汉末党锢之祸算起，到晋武帝受禅，前后一百年左右（第一次党锢在桓帝延熹九年，是为166年；第二次在灵帝建宁二年，为169年。晋武帝受禅是265年）。这一百年里，士大夫知识阶层先后三次受残酷打击。如果从马融算起，时间还要长些。士大夫阶层的思想意识，其主流则从激烈参加政治斗争，到积极清议，又到清谈玄学，消极沉默。老庄思想在思想意识领域，走到顶尖上。在洛阳，在最高级的士大夫阶层，由儒学积极的入世人生走到了玄学消极的处世人生。

2. 何晏和王弼

魏晋玄学的发展，可分为前后两个阶段，也可以分为温和和激烈两派（参看汤用彤教授《魏晋思想的发展》，见中华书局1962年出版的汤著《魏晋玄学论稿》）。前一阶段的，也是温和派的代表人物是何晏和王弼。

何晏和王弼都是由儒到玄的初期人物，他们的思想中还有儒的成分。他们都还尊奉儒，推崇孔子为圣人。《世说新语·文学篇》载："王辅嗣弱冠诣裴徽，徽问曰：'夫无者，诚万物之所资；圣人莫肯致言，而老子申之无已，何耶？'弼曰：'圣人体无，无又不可以训，故言必及有。老、庄未免于有，恒训其所不足。'"何晏有《论语集解》，王弼有《论语释疑》。他们都用玄理解释《论语》。

初期的玄学，都是主张儒道协同的，并不矛盾。儒家也说："天命之谓性，率性之谓道，修道之谓教。"（见《中庸》）教是教化，可以总名之曰名教。

道是自然规律,名教只是对道加以修整,并不是改变。何晏所引用的夏侯玄的话"天地以自然运,圣人以自然用",就是自然与名教的统一,也就是儒和玄的统一。"将无同"的故事是很好的说明。《世说新语·文学篇》载:"阮宣子(修)有令闻。太尉王夷甫(衍)见而问曰:'老庄与圣教同异?'对曰:'将无同。'太尉善其言,辟之为掾,世谓三语掾。"同样的故事,有的记载又放在阮瞻和王戎身上。《晋书·阮籍列传附阮瞻传》载:"(阮瞻)见司徒王戎,戎问曰:'圣人贵名教,老、庄明自然。其旨同异?'瞻曰:'将无同。'戎咨嗟良久,即命辟之。时人谓之'三语掾'。太尉王衍亦雅重之。"谁是真包黑(包拯),谁是假包黑,也难辨识了。这故事出自西晋,反映的是魏末何晏、王弼以来的儒玄关系的主体思想。儒玄是统一的,将无同的。

玄学兴起来的时间,是魏齐王芳正始年间(240—248年)。《文心雕龙·论说篇》载:"迄至正始,务欲守文,何晏之徒,始盛玄论,于是聃、周当路,与仲尼争涂矣。"《颜氏家训·勉学篇》载:"何晏、王弼,祖述玄宗。……《庄》、《老》、《周易》,总谓三玄。"

无,是玄学的核心思想。《晋书·王衍列传》说:"魏正始中,何晏、王弼等祖述老、庄,立论以为:天地万物以无为为本。无也者,开物成务,无所不成者也。阴阳恃以化生,万物恃以成形,贤者恃以成德,不肖恃以免身。故无之为用,无爵而贵矣。"

何晏的著作,大多散失,只在别人的引用中保留下来一部分。何晏的主要论点,引两段在这里。

"有之为有,恃无以生,事而为事,由无以成。夫道之而无语,名之而无名,视之而无形,听之而无声,则道之全焉。故能昭音响而出气物,包神形而章光影,玄以之黑,素以之白,矩以之方,规以之圆,圆方得形而此无形,白黑得名而此无名也。"(《列子·天瑞篇》注引何晏《道论》)

"夫道者,惟无所有者也。自天地以来,皆有所有矣,然犹谓之道者,以其能复用无所有也。……夏侯玄曰:'天地以自然运,圣人以自然用。'自然者,道也。道本无名。故老氏曰'强为之名'。仲尼称尧'荡荡无能名焉'。下云'巍巍成功'则强为之名,取世所知而称耳,岂有名而更当云无能名焉者邪?夫惟无名,故可得遍以天下之名名之,然岂其名也哉?"(《列子·仲尼篇》注引何晏《无名论》)

何晏的"无",都是为老氏作注释。《老子》称:"天地万物生于有,有生于无。"又说:"无名,天地之始;有名,万物之母。"何晏所阐释的也就是这些话。

有和无是对立的。有,是物质,是存在。天地万物皆从有产生。无是什么?是看不见、摸不着的东西,不一定是不存在的,也可能是物质。在今天这是常识。从无和有的对立关系来说,把他们的无解释为精神是比较顺的。

对于老氏有和无的关系(有生于无),王弼和何晏的论点是相同的。王弼注《老子》"无名天地之始,有名万物之母"说:"凡有皆始于无。故未形无名之时,则为万物之始,及其有形有名之时,则长之育之,亭之毒之,为其母也。言道以无形无名始成,万物以始以成而不知,其所以玄之又玄也。"王弼"凡有皆始于无",即老子所说"有生于无"。

王弼讲说玄理,似较何晏又深入了一层。何劭所作《王弼传》说:"弼幼而察惠,年十余,好老氏,通辩能言。……何晏为吏部尚书,甚奇弼,叹之曰:'仲尼称后生可畏,若斯人者,可与言天人之际乎!'……何晏以为圣人无喜怒哀乐,其论甚精,钟会等述之。弼与不同,以为圣人茂于人者神明也,同于人者五情也,神明茂故能体冲和以通无;五情同故不能无哀乐以应物,然则圣人之情,应物而无累于物者也。今以其无累,便谓不复应物,失之多矣。"(《三国志·魏志·钟会传》注引)

《世说新语·文学篇》载:"何晏为吏部尚书,有位望。时谈客盈坐,王弼未弱冠,往见之。晏闻弼名,因条向者胜理,语弼曰:'此理,仆以为理极,可得复难不?'弼便作难。一坐人便以为屈。于是弼自为主客数番,皆一坐所不及。"

"何平叔注《老子》,始成,诣王辅嗣。见王注精奇,乃神伏。曰:'若斯人,可与论天人之际矣。'因以所注为《道德》二篇。"

从这里看来,王弼的玄理是高何晏一筹的,何晏自己也是服气的。

何晏,何进的孙子,曹操的假子。《三国志·魏志·曹爽传附何晏传》说:"晏,何进孙也。母尹氏,为太祖夫人。晏长于宫省,又尚公主,少以才秀知名,好老、庄言,作《道德论》及诸文赋著述凡数十篇。"

裴松之在此传的注中引《魏略》说:"太祖为司空时,纳晏母并收养晏……见宠如公子。……晏无所顾惮,服饰拟于太子,故文帝特憎之,每不

呼其姓名,尝谓之为‘假子’。”何晏死于曹爽之难。

王弼字辅嗣,王粲族孙。王粲族兄王凯,凯生业,业生宏、弼。蔡邕以万卷书与王粲,粲子与魏讽谋反被杀,书尽归王业。王弼的成就和他自幼的文化环境、书香家庭有关系。

何晏是曹爽的得力助手,正始年间任尚书,典选举,是能人尽其才的。西晋人傅咸曾说:“正始中任何晏以选举,内外之众职各得其才,粲然之美于斯可观。”(《晋书·傅咸列传》)何晏死后,一直被诬为涂脂抹粉的好色之徒,至此才有人为他说句公道话。

王弼生于魏文帝黄初七年(226年),死于正始十年(249年)秋,遇疠疾亡,年二十四岁,是个短命的天才。

3. 嵇康和阮籍

何晏死于正始十年政变。王弼不是死于政变,而是死于政变后的同年。他们的玄学思想反映正始前的时代,他们已经宗述玄学,但仍不舍弃儒学,他们以玄释儒,并把名教和自然统一起来。他们是由儒到玄的桥梁人物。

正始十年政变以后,司马氏夺了权。虽然还未篡位做皇帝,实际上已大权在握。为了巩固他们的大权,残酷地屠杀曹魏的党羽大臣,其中包括一些名士、高级知识阶层。如《晋书·阮籍列传》所说:“魏晋之际,天下多故,名士少有全者。”这里只论述一下与玄学之发展变化有关的两个人物——嵇康和阮籍。

嵇康,字叔夜。谯郡铚(今安徽宿县西南)人也。嵇康兄嵇喜为嵇康写的传说:“家世儒学,少有俊才,旷迈不群,高亮任性,不修名誉,宽简有大量。学不师授,博洽多闻。长而好老、庄之业,恬静无欲。性好服食,尝采御上药。……以为神仙者,禀之自然,非积学所致。至于导养得理,以尽性命,若安期、彭祖之伦,可以善而得也;著《养生篇》。”(《三国志·魏志·王粲传》注引)《晋书·嵇康列传》载:“长好老庄,与魏宗室婚,拜中散大夫。”

从这里可以看到:嵇康是绝顶聪明的人,他和曹氏是姻亲而且是同乡;他也曾做官任中散大夫,不是绝不愿出仕的人。他和曹氏有着诸种关系,如同乡关系、姻亲关系。他是曹氏党同的人。

司马氏掌权之后，嵇康已不再愿做官。他的好友山涛将去选官推荐嵇康来接代他，嵇康就谢绝了。他给山涛的信说："老子、庄周，吾之师也。……加少孤露，母兄骄恣，不涉经学，又读老、庄，重增其放。故使荣进之心日颓，任逸之性转笃。……又不识物情，暗于机宜。无万石之慎，而有好尽之累；久与事接，疵衅日兴，虽欲无患，其可得乎！……又每非汤武而薄周孔，在人间不止此事，会显世教所不容。……吾顷学养生之术，方外荣华，去滋味，游心于寂寞，以无为为贵。……足下无事冤之令转于沟壑也。"（《与山巨源绝交书》，见《文选》卷四三）

巨源是山涛的字。千多年来，都说这是嵇康与山涛的绝交书，此说始自萧统《文选》。其实嵇康只是谢绝做官，毫无绝交的意思（此点近人卢弼已指出，见所著《三国志集解·王粲传》注）。

这里嵇康说他自己"每非汤、武而薄周、孔"。汤、武、周、孔，是儒家名教的根，非薄汤武周孔就是非薄名教。嵇康喜爱老庄自然，并已将汤武周孔名教和老庄自然对立起来。在嵇康眼里，名教是低层次的，自然是高层次的，两者的关系不是"将无同"，而是一高一低。他在所著《释私论》中就说："气静神虚者，心不存于矜尚；体亮心达者，情不系于所欲。矜尚不存乎心，故能越名教而任自然；情不系于所欲，故能审贵贱而通物情。物情顺通，故大道无违；越名任心，故是非无措也。"（《嵇中散集》卷六）他要人都能更上一层楼，"越名教而任自然"，越过周孔而到达老庄。

他认为人类群体，由顺自然到修文教是倒退。他在《难张辽叔自然好学论》中说："洪荒之世，大朴未亏，君无文于上，民无竞于下，物全理顺，莫不自得。饱则安寝，饥则求食，怡然鼓腹，不知为至德之世也。若此，则安知仁义之端，礼律之文？及至人不存，大道陵迟，乃始作文墨，以传其意。区别群物，使有类族；造立仁义，以婴其心；制为名分，以检其外；劝学讲文，心神其教。故云经纷错，百家繁炽，开荣利之涂，故奔骛而不觉。"（《嵇中散集》卷七）

嵇康这种思想，为两晋之际的鲍敬言所发挥。这是一种早期无政府主义思想。这是赞老反儒的思想，是从老子思想中发展出来的。

司马氏是世代儒家，夺得政权后，大杀曹家人，把皇帝也刺杀了。对他们来说，"忠"字是提不出口的，于是就特别提倡以"孝"治天下。嵇康亲曹

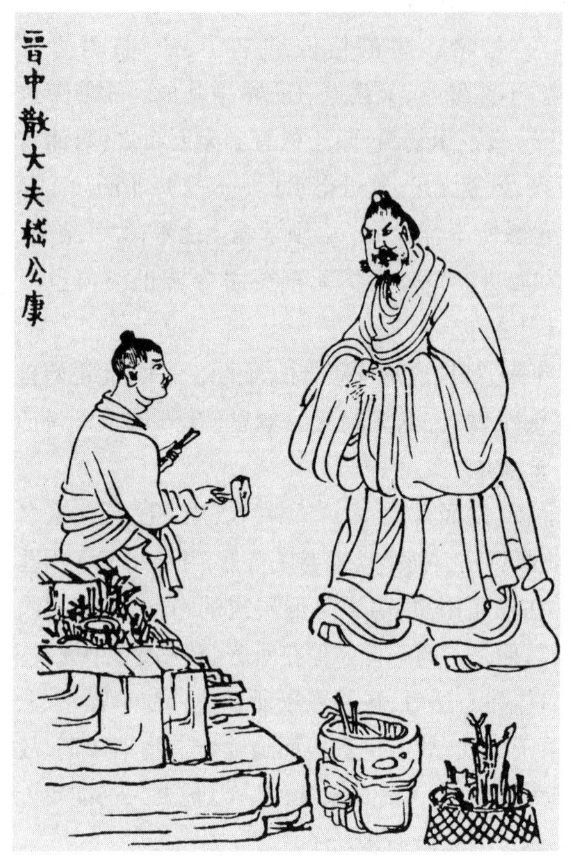

图 66　嵇康锻铁

氏，又贬抑名教，又以性格偏颇，易招人怨，终为司马昭所杀害。

当时有高人孙登，遨游山林，不与人来往。嵇康曾从之游。孙登“沉默自守，无所言说”。临别时，孙登对嵇康说了一句话：“君性烈而才隽，其能免乎！”（《晋书·嵇康列传》）

早年嵇康曾和向秀在大树下炼铁，名公子钟会去看望他。嵇康不为之礼而锻不辍。良久，会去，嵇康问：“何所闻而来？何所见而去？”钟会说：“闻所闻而来，见所见而去。”（同上）钟会非常恨嵇康，后来就在司马昭前说嵇康的坏话，说“嵇康，卧龙也，不可起。公无忧天下，顾以康为虑耳”（同上）。又说嵇康“言论放荡，非毁典谟，帝王者所不宜容。宜因衅除之，以淳风俗”（同上）。司马昭听了钟会的话，把嵇康杀掉。

阮籍，字嗣宗，陈留尉氏（今河南尉氏）人。他父亲阮瑀，是建安七子之一。

如果说玄学是老庄之学，则何晏、王弼乃至嵇康思想上都是近乎老的，而阮籍却思想、行为都近乎庄。《晋书·阮籍列传》说他：“志气宏放，傲然独得，任性不羁，而喜怒不形于色。或闭户视书，累月不出；或登临山水，经日忘归。博览群籍，尤好庄、老。嗜酒能啸，善弹琴。当其得意，忽忘形骸。”

“(阮)籍,本有济世志,属魏、晋之际,天下多故,名士少有全者,借由是不与世事,遂酣饮为常。”(《晋书·阮籍列传》)阮籍死于魏陈留王奂景元四年(263年),年五十四。上推阮籍生年,当在汉献帝建安十五年(210年)。他的后期,正当司马氏夺权,残酷杀人的时际。他的好友嵇康,就在他死之前一年被杀。阮籍“本有济世志”,大约只是他的早期了。

阮籍著《达庄论》。在这篇文章里,他说:“天地生于自然,万物生于天地。”“人生天地之中,体自然之形。”“道法自然而为化。”(见《全三国文》卷四六)因此,阮籍思想上、生活上都是崇尚自然、反对名教的。

阮籍生活上是随自然之性,放任不羁的。他不喜欢司马氏,但司马氏也抓不住他的罪过。司马昭“初欲为武帝求婚于籍,籍醉六十日,不得言而止。钟会数以时事问之,欲因其可否而致之罪,皆以酣醉获免”。但他只要想活命,就不得不向司马氏低头。司马昭让九锡,“公卿将劝进,使籍为其辞。籍沉醉忘作。临诣府,使取之,见籍方据案醉眠。使者以告,籍便书案使写之。无所改窜,辞甚清壮,为时所重”(《全三国文》卷四六)。

“籍虽不拘礼教,然发言玄远,口不臧否人物。”“性至孝。母终……毁瘠骨立,殆至灭性。裴楷往吊之,籍散发箕踞,醉而直视。楷吊唁毕便去。或问楷:‘凡吊者主哭客乃为礼。籍既不哭,君何为哭?’楷曰:‘阮籍既方外之士,故不崇礼典。我俗中之士,故以轨仪自居。’时人叹为两得。”(同上)

“籍又能为青白眼,见礼俗之士,以白眼对之。……由是礼法之士,

图67 不守礼法的阮籍

疾之若雠，而帝（司马昭）每保护之。嫂常归宁，籍相见与别。或讥之，籍曰：'礼岂为我设邪！'邻家少妇有美色，当垆沽酒。籍尝诣饮，醉便卧其侧。籍既不自嫌，其夫察之，亦不疑也。兵家女有才色，未嫁而死。籍不识其父兄，径往哭之，尽哀而还。其外坦荡而内淳至，皆此类也。"（同上）

"尝登广武，观楚汉战处，叹曰：'时无英雄，使竖子成名。'登武牢山，望京邑而叹。于是赋豪杰诗。"（同上）阮籍于消沉中，仍时时流露出他胸中有为的苦闷。

阮籍在生活上也是不拘于礼法的。

他的《大人先生传》，有似嵇康的《难张辽叔自然好学论》，也认为人类群体近不如古。古时淳朴，有了君臣礼法越来越坏。他说："昔者天地开辟，万物并生，大者恬其性，细者静其形。阴藏其气，阳发其精。害无所避，利无所争。……盖无君而庶物定，无臣而万事理。……惟兹若然，故能长久。今汝造音以乱声，作色以诡形。……君立而虐兴，臣设而贼生。坐制礼法，束缚下民。欺愚诳拙，藏智自神。强者睽眂而陵暴，弱者憔悴而事人。假廉而成贪，内险而外仁。……无贵则贱者不怨，无富则贫者不争。各足于身而无所求也。……竭天地万物之至，以奉声色无穷之欲，此非所以养百姓也。于是惧民知其然，故重赏以喜之，严刑以威之。……此非汝君子之为乎？汝君子之礼法，诚天下残贼乱危死亡之术耳！而乃自以为美行不易之道，不亦过乎？……故不通于自然者，不足以言道。"（同上）

他用虱子比喻礼法君子，嘲笑他们说："世人所谓君子，惟法是修，惟礼是克。手执圭璧，足履绳墨。行欲为目前检，言欲为无穷则。少称乡党，长闻邻国。上欲图三公，下不失九州牧。独不见群虱之处裈中，逃乎深缝，匿乎坏絮，自以为吉宅也。行不敢离缝际，动不敢出裈裆，自以为得绳墨也。然炎丘火流，焦邑灭都，群虱处于裈中而不能出也。君子之处区域内，何异夫虱之处裈中乎？"（《晋书·阮籍列传》）

嵇康、阮籍是玄学发展第二阶段的代表人物。三国时期玄学的兴起，大概可以分为两个阶段，何晏、王弼是第一阶段的代表人物。他们是由儒到玄过渡的桥梁人物。他们已皈依玄学，但仍不忘儒学，他们都注释《论语》，愿意以玄学思想释儒学经典，希望以"将无同"把儒玄统一起来。嵇康、阮籍是第二阶段的玄学代表人物。他们对于儒学名教礼法，已比较决绝，嘲笑礼法之士为虱处裈中，思想上他们已摆脱儒家名教的束缚。他们认为玄学高于儒学，玄是高档次的，儒是低档次的。

两晋玄学人物，大多不出此两途。

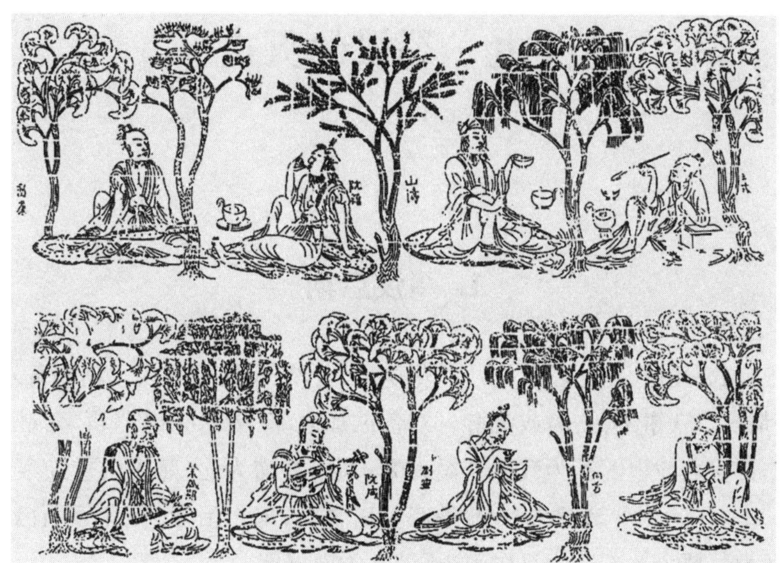

图 68　竹林七贤及荣子期

十九、蜀汉的灭亡

1. 蜀汉后期

诸葛亮死后，由蒋琬执蜀政。蒋琬，字公琰，零陵湘乡人。随刘备入川，为广都长。众事不治，时或沉醉。刘备欲加之罪，诸葛亮说："蒋琬，社稷之器，非百里之才也。其为政以安民为本，不以修饰为先，愿主公重加察之。"(《三国志·蜀志·蒋琬传》)刘备尊重诸葛亮，未予治罪，但免官而已。顷之，又为什邡令。刘备为汉中王，蒋琬入为尚书郎。

建兴元年(223年)，丞相亮开府，辟琬东曹掾，迁参军。后为长史。诸葛亮住汉中，蒋统留府事，常足食足兵以相供给。诸葛亮很器重蒋琬，常说："公琰托志忠雅，当与吾共赞王业者也。"又密表后主说："臣若不幸，后事宜以付琬。"(同上)

诸葛亮死，以蒋琬为尚书令；俄而加行都护，假节，领益州刺史；又迁大将军，录尚书事。

蒋琬执行的仍是诸葛亮北伐的路线，他以诸葛亮数由汉中争关中秦川，皆无功，拟改由水路袭魏兴、上庸。但蜀汉朝廷上多数人以为如攻不能胜，还路甚难，非长策也，蒋琬也就作罢。他推荐姜维为凉州刺史，先取魏陇右各郡。这仍是诸葛亮的军事路线，蒋琬移住涪县(今四川绵阳)，以为姜维后继。

延熙九年，蒋琬病死。蒋琬对蜀汉的贡献在于他持之以静，安定了蜀的局面。诸葛亮死后蜀的局势颇为紧张，蒋琬能使局面安定下来，使众望渐服，人心平定。

蒋琬死后，费祎接替他执政。

费祎，江夏鄳（音萌）人。一改诸葛亮勤力北伐的政策，主张保境安民。姜维主张继续北伐。姜维自以为熟悉西方风俗，兼自负其才武，欲诱诸羌、胡为助，谓自陇以西可断而有也。费祎常限制不从，给兵不过万人。他对姜维说："吾等不如丞相亦已远矣；丞相犹不能定中夏，况吾等乎！且不如保国治民，敬守社稷，如其功业，以俟能者，无以为希冀侥幸而决成败于一举。若不如志，悔之无及。"（《三国志·蜀志·姜维传》注引《汉晋春秋》）

图 69　刘禅像

延熙十六年（253 年）岁首大会，费祎欢饮大醉，魏国降人郭循（《三国志·魏志·三少帝纪·齐王芳纪》作郭修）于坐刺杀祎。《费祎别传》说："祎雅性谦素，家不积财。儿子皆令布衣素食，出入不从车骑，无异凡人。"（《三国志·蜀志·费袆传》注引）

费祎自延熙九年代蒋琬主蜀政到十六年为郭循刺死，执蜀政七年（246—253 年）。

代费祎执蜀政的是姜维。

姜维字伯约，天水冀（今甘肃天水市西）人。少孤，与母居。出仕，参本郡军事。建兴六年诸葛亮出祁山，姜维降，后常随诸葛亮征伐。诸葛亮对姜维极为称赞，说他是有胆、有识、有才、有义，既忠且勤的人，如他给留府长史张裔、参军蒋琬书说："姜伯约忠勤时事，思虑精密，考其所有，永南、季常诸

图 70　姜维像

人不如也。其人，凉州上士也。”又说：“姜伯约甚敏于军事，既有胆义，深解兵意。此人心存汉室，而才兼于人。”（《三国志·蜀志·姜维传》）诸葛亮对姜维是如此的赏识。

诸葛亮死后，姜维和蒋琬还能配合，蒋琬还能继续执行诸葛亮的北伐政策，虽曾一度想改变诸葛亮的出兵路线，由出关中改为顺汉水东下出袭魏兴、上庸，但经人指出“如不克捷，还路甚难”后，即改变主意。以姜维为凉州刺史，仍是诸葛亮原来的设想，先与魏争陇右，再夺取关中、长安，再争中原。

姜维和费祎便不能如此协调，费祎是主张“保国治民”的，不主张与魏作战，说：“丞相犹不能定中夏，况吾等乎？”

费祎死（延熙十六年）后，姜维始当权，蜀和魏的战争又多起来。从延熙十六年（253 年）到景耀五年（262 年），九年之间，六次出击，加上前此的三次，《三国演义》就说姜维九伐中原。

延熙十六年夏，姜维率数万人出石营（今甘肃礼县西北），经董亭（石营北，今甘肃武山南），围南安（今甘肃陇西东南）。这一年，吴诸葛恪进兵淮南，围合肥新城。魏东、西两边皆急。司马师使车骑将军郭淮、雍州刺史陈泰以全部关中之众解南安之围。敕毌丘俭按兵自守，以新城委吴。陈泰进至洛门（今甘肃武山东），姜维粮尽，退还。吴兵因水土不服，病者大半，死伤涂地，秋七月，诸葛恪亦引兵退。

十七年，蜀加姜维督中外军事，复出陇西。魏守狄道（今甘肃临洮）长李简举城降。姜维自狄道进拔河关、临洮（胡三省认为：以地理考之，河关、临洮在狄道西）及狄道，获三地人民而还。这一战，有功于南中的张嶷战死。

十八年，蜀姜维复出兵，率车骑将军夏侯霸和征西大将军张翼北进。八月，姜维将数万人至枹罕（今甘肃临夏东北），趋狄道。魏雍州刺史王经不守狄道，渡洮水与姜维战于洮西。王经大败，还保狄道城，众皆奔散，死者万计。姜维遂进围狄道。

魏以征西将军假节都督雍凉诸军事陈泰、行安西将军邓艾，并力拒维，并以太尉司马孚为后继。陈泰进兵陇西。邓艾等说："王经新败，众贼大盛，将军以乌合之众，继败军之后，当乘胜之锋，殆必不可。……不如据险自保，观衅待敝，然后进救。"陈泰说："姜维提轻兵深入，正欲与我争锋原野，求一战之利。王经当高壁深垒，挫其锐气，今乃与战，使贼得计。经既破走，维若以战克之威，进兵东向……放兵收降，招纳羌、胡，东争关、陇，传檄四郡（陇西、南安、天水、广魏），此我之所恶也。而乃以乘胜之兵，挫峻城之下……诚非轻军远入之利也。今维孤军远侨，粮谷不继，是我速进破贼之时。"（《资治通鉴》卷七六，高贵乡公正元二年。参看《三国志·魏志·陈泰传》）

陈泰急行军救狄道之围，姜维退驻钟题（今甘肃临洮南）。

这一战，姜维破王经数万大军，是蜀国的一次大胜。邓艾就说："洮西之败，非小失也；破军杀将，仓廪空虚，百姓流离，几于危亡。"（《三国志·魏志·邓艾传》）

十九年，姜维进位为大将军，又率兵北伐。七月，姜维率众出祁山，闻魏安西将军邓艾已有备，乃退，更从董亭趣南安。邓艾据武城山（今甘肃武山西南）以相持。姜维夜渡渭水，缘山趋上邽（今甘肃天水市），与邓艾战于段谷（今甘肃天水市东）。姜维原与镇西大将军胡济约期会师上邽，胡济失期未到，姜维大败，士卒星散，死者甚众。维上书谢，求自贬黜，乃以后将军行大将军事（参看《三国志·魏志·邓艾传》和《三国志·蜀志·姜维传》）。

二十年（257 年），魏征东大将军诸葛诞反于淮南，魏分关中兵赴淮南，姜维乘虚进兵秦川，率众数万出骆谷至沈岭（今陕西周至南）。这时，长城（沈岭北，今周至南）积谷甚多，而守兵少，魏征西将军、都督雍凉诸军事司马望和镇西将军、都督陇右诸军事邓艾进兵据守长城，以拒姜维。姜维数挑战，望、艾不出。景耀元年，维闻诸葛诞败，乃还成都。复拜大将军。

图 71　姜维城

景耀五年(魏陈留王奂景元三年,262 年),姜维出兵侯和(今甘肃卓尼东北),为邓艾所败,遂退守沓中(今甘肃舟曲西北)。

这是姜维最后的一次出征了。

姜维出师北伐,主要是争陇右。姜维自以为"练西方风俗,兼负其才武,欲诱诸羌、胡以为羽翼,谓自陇以西可断而有也"(《三国志・蜀志・姜维传》),他几次出兵,多在南安、陇西、枹罕、狄道、上邽等地,只有 257 年,因魏诸葛诞反于淮南,关中兵一部调往淮南,关中空虚,姜维才出骆谷,据沈岭,争长城,看样子是想直下长安。

从战争形势看,越来越显著的是:蜀、吴已非魏的敌手,越来越非魏的敌手。257 年,对魏的战争是蜀、吴双方同时出击的,还有诸葛诞的起兵,可以说是三方合力与司马氏作战。司马昭大兵二十六万出击诸葛诞和吴,司马望、邓艾的一部分关中军击姜维。结果:吴军被击溃,诸葛诞困死寿春;邓艾据守长城,姜维欲战不得,也不得已而退。吴、蜀、诸葛诞三方合力,都不是敌手,以失败告终。

由于连年战争,蜀国社会生产、人民生活,都受到很大破坏。《三国志・蜀志・谯周传》说:"于时军旅数出,百姓凋瘁。"孙休时,薛珝使蜀求马,还,孙休问他蜀政得失。薛珝说:"主暗而不知其过,臣下容身以求免罪,入其朝不闻正言,经其野民皆菜色。臣闻燕雀处堂,子母相乐,自以为安也,突决栋焚,而燕雀怡然不知祸之将及,其是之谓乎!”(《三国志·吴志·薛综传》注引《汉晋春秋》。珝,综子)薛珝已看出蜀的问题,政治上君臣上下昏昏愕愕,饱食终日,不知死亡将至;而社会上却是民生凋敝,生活困难,民皆菜色。

谯周曾作《仇国论》,含蓄地道出他对姜维年年出征的反对。他说:“夫民疲劳则骚扰之兆生,上慢下暴则瓦解之形起。……是故智者不为小利移目,不为意似改步,时可而后动,数合而后举,故汤、武之师不再战而克,诚重民劳而度时审也。如遂极武黩征,土崩势生,不幸遇难,虽有智者将不能谋之矣。”(《三国志·蜀志·谯周传》)

后主刘禅后期,宦官黄皓已渐弄权。黄皓和右大将军阎宇亲善,阴欲废姜维而树立阎宇。姜维知道后,对后主说:“皓奸巧专恣,将败国家,请杀之。”后主说:“皓趋走小臣耳,往董允每切齿,吾常恨之,君何足介意!”后主敕黄皓到姜维处陈谢(《资治通鉴》卷七八,元帝景元三年)。姜维本以羁旅依汉,身受重任,兴兵累年,功积不立,对黄皓的阴谋疑惧不安。侯和失败后,姜维惧而不敢回成都,因求种麦沓中。

民皆菜色,君主昏庸,上下苟安,国家辅弼重臣不敢居京都,而远驻边地种麦。这是蜀汉的形势,这是坐以待灭的形势!

2. 钟会、邓艾灭蜀

经过司马懿父子的经营,家门是立起来了。如能对外立功,就更能举家门于至高处,灭蜀、灭吴就提到日程上来了。

魏对于灭吴、灭蜀谁先谁后的问题,自魏文帝曹丕开始,就是常在考虑之中的。对这个问题,在司马昭之前,一般是倾向先灭吴再灭蜀的。文帝曹丕、司马懿都是如此主张的。文帝虽然问贾诩:“吾欲伐不从命以一天下,吴、蜀何先?”(《三国志·魏志·贾诩传》)但他心中所想的是先灭吴。在他在位的七年中,曾三次攻吴。明帝曾问司马懿:“二虏宜讨,何者为先?”司马懿说:“若为陆军以向皖城,引权东下,为水战军向夏口,乘其虚而击之,此神兵从天而堕,破之必矣。”(《晋书·宣帝纪》)魏明帝同意司马懿的意

见，亦是先吴后蜀，这大约是因为曹操争汉中失败、曹真等三次伐蜀所遇到的困难，给他们的影响是很深的缘故。

司马昭时，吴先蜀后的思想有个大变化。司马昭说：“自定寿春以来，息役六年，治兵缮甲，以拟二虏。略计取吴，作战船，通水道，当用千余万功，此十万人百数十日事也。又南土下湿，必生疾疫。今宜先取蜀，三年之后，因巴蜀顺流之势，水陆并进，此灭虞定虢、吞韩并魏之势也。”（《晋书·文帝纪》）

司马昭出兵前，估计蜀的兵力和战争形势时说：“计蜀战士九万，居守成都及备他郡不下四万，然则余众不过五万。今绊姜维于沓中，使不得东顾，直指骆谷，出其空虚之地，以袭汉中。彼若婴城守险，兵势必散，首尾离绝。举大众以屠城，散锐卒以略野，剑阁不暇守险，关头不能自存。以刘禅之暗，而边城外破，士女内震，其亡可知也。”（同上）

于是以钟会为镇西将军，都督关中。

姜维得到消息，上表后主：“闻钟会治兵关中，欲规进取，宜并遣张翼、廖化督诸军分护阳安关口（今陕西勉县西）、阴平桥头（今甘肃文县境）以防未然。”（《三国志·蜀志·姜维传》）

黄皓信鬼巫，说敌终不自来，启后主寝其事。群臣莫有知者。

景元四年（263年）五月，魏诏诸军大举伐蜀。遣征西将军邓艾督三万余人自狄道趋甘松，攻姜维于沓中；雍州刺史诸葛绪督三万余人自祁山趋武街桥头（今甘肃成县以西），绝维归路。钟会统十余万众分从斜谷、骆谷、子午谷趋汉中。

魏陈留王奂景元四年（263年），兵发洛阳。蜀汉闻魏兵且至，乃遣廖化将兵去沓中为姜维继援，张翼、董厥等去阳安关口为诸围外助。敕令诸围皆不得战，退保汉、乐二城。翼、厥北至阴平（今甘肃文县），闻诸葛绪将向建威（今甘肃西和），留住月余以待之。钟会率诸军平行到汉中，使前将军李辅统万人围王含于乐城（今陕西城固），护军荀恺围蒋斌于汉城（今陕西勉县）。

撤诸围，退保乐城、汉城，这是姜维对保卫汉中的安排，改变了原来刘备的安排。刘备当年夺得汉中，留魏延镇守，皆实兵诸围以御外兵，敌若来攻，使不得入。齐王芳正始五年曹爽攻兴势（今陕西洋县北）失败而归，蜀军就是采取的刘备的安排。姜维主持蜀汉军事时,以为错守诸围,适可御敌,不获大利。“不若使闻敌至,诸围皆敛兵聚谷,退就汉、乐二城,使敌不得入平(此句《资治通鉴》作“听敌入平”),且重关(《资治通鉴》关下有“头”字)镇守以捍之。有事之日,令游军并进(《资治通鉴》作“旁出”)以伺其虚。敌攻关不克,野无散谷,千里县粮,自然疲乏。引退之日,然后诸城并出,与游军并力搏之,此殄敌之术也。”(同上)这次魏军进攻,蜀汉守汉中就是采用的姜维的安排。蜀后主以督汉中胡济退住汉寿(今四川剑阁东北),监军王含守乐城,护军蒋斌守汉城。

姜维这样安排,优点何在?事关军事,书生实不敢多谈。但有一点似可指出:姜维这种安排,在双方势均力敌或守方势力稍弱时为有利。退可以守,在敌方力疲粮尽时,又可以攻。如在双方势力比较悬殊,这种安排就不见得有利了。当然在这种情势下,即使采用刘备原来的安排,也不见得就能守城却敌。胡三省注《资治通鉴》(卷七七,高贵乡公甘露三年)于此处立论说:“姜维自弃险要以开狡焉启疆之心,书此为亡蜀张本。”把蜀亡归之姜维此种改变,大概太过了。

钟会率军前进,长驱直入至汉中。他使前将军李辅统万人围王含于乐城,护军荀恺围蒋斌于汉城,自己径率大军西趋阳安关口(即阳平关)。

钟会使护军胡烈为前锋,攻关口。关口守城人为蜀将军傅佥和蒋舒。蒋舒原为武兴(今陕西略阳)督,庸庸无可称者,转来助将军傅佥守关口。胡烈来攻,蒋舒对傅佥说:“今贼至不击而闭城自守,非良图也。”傅佥说:“受命保城,惟全为功,今违命出战,若丧师负国,死无益矣。”蒋舒说:“子以保城获全为功,我以出战克敌为功,请各行其志。”其实,蒋舒被撤其武兴督以后,怀恨在心,大约现在也看到蜀汉就要灭亡,于是一出城就向魏军投降了(参看《三国志·蜀志·姜维传》注引《汉晋春秋》和《蜀记》)。魏军知道城内空虚,迅即袭城。《资治通鉴》在这里加了一句,说傅佥将军于蒋舒出城作战后,即“不设备”,于是城被攻破。他虽战死,是蜀汉的忠臣,但也难逃疏忽之责。胡三省说:“使舒果迎战,亦未可保其必胜,佥何为不设备邪?关城失守,佥亦有罪焉。”(《资治通鉴》卷七八,元帝景元四年注)

邓艾遣天水太守王颀直攻姜维沓中大营,陇西太守牵弘邀其前,金城太守杨欣趋甘松(沓中西,今甘肃迭部东南)。姜维听到钟会大军已入汉中,遂从沓中引军还。王颀从后追赶，在强川口大战。（据《资治通鉴》卷七十八注：“强川口，在彊台山南。彊台山，即临洮之西倾山。阚骃曰：‘强水出阴平西北强山，一曰强川。’姜维之还也。邓艾遣王颀追败之于强口，即是地也。”强川口，大约在今甘肃文县西北，舟曲附近）。姜维败走，闻诸葛绪已塞道屯桥头，乃从孔函谷入北道，欲出绪后。绪闻之，北还三十里。维入北道三十余里，闻诸葛绪军北却三十里，乃急还，仍从桥头过。诸葛绪急进军截维，但迟了一天，姜维已引兵过桥头，还至阴平。（按：桥头、孔函谷当皆在阴平以北，从沓中迄阴平已过强川口的路上。）

姜维到阴平，会集士众，本拟赴关城（今陕西宁强西北），闻已为魏军所破，遂东南趋白水（今四川广元西北）。于白水遇到廖化、张翼、董厥等，遂合兵，共守剑阁以拒钟会。剑阁，在今四川剑阁县北，山势绝险，为蜀汉北方门户。

邓艾到了阴平，简选精锐，欲与诸葛绪自江油趋成都。诸葛绪说他的任务是自祁山趋武街桥头，绝姜维归路，从阴平直下成都不是诏书给他的任务，遂引军向白水与钟会合兵。钟会欲夺取这支军队的直接统领权，便密告诸葛绪畏懦不进，槛车征回洛阳。他的军队归了钟会。

姜维守住剑阁险要，钟会攻之不能克。道路艰远，粮运困难，军队乏食，钟会有撤兵的打算。邓艾不同意，他上书说：“今贼摧折，宜遂乘之。从阴平由邪径经汉德阳亭（今四川江油县北）趣涪，出剑阁西百里，去成都三百余里，奇兵冲其腹心。剑阁之守必还赴涪，则会方轨而进；剑阁之军不还，则应涪之兵寡矣。军志有之曰：‘攻其无备，出其不意。’今掩其空虚，破之必矣。”（《三国志·魏志·邓艾传》）

这年十月，已是初冬天气，邓艾自阴平道行无人之地七百余里，凿山通道，造作桥阁，山高谷深，至为艰险，又粮运将匮，几濒于危殆。邓艾以毡自裹，推转而下，将士皆攀木缘崖，鱼贯而进。至江油，蜀守将马邈出降，蜀卫将军诸葛亮之子诸葛瞻，督诸军拒邓艾，至涪县（今四川绵阳）停留不进。尚书郎黄崇劝瞻速行据险，无令敌人得入平地。瞻犹豫未纳。崇再三言之，至于流涕，瞻不能从。邓艾遂长驱而前，击破瞻军，瞻退守绵竹。邓艾至，又大破蜀军，诸葛瞻战死。瞻子尚亦战死。瞻、尚忠义，不愧为诸葛亮的子孙，但无军略，书生耳！悲哉！

邓艾大军迫近成都，蜀国君臣上下慌作一团。百姓扰扰，皆逃进山泽，不可禁止。后主使群臣会议，计无所出，或谓可奔吴，或以为可退入南中。光禄大夫谯周主降，他说："自古以来，无寄他国为天子者也，今若入吴，固当臣服。且政理不殊，则大能吞小，此数之自然也。由此言之，则魏能并吴，吴不能并魏明矣。等为小称臣，孰与为大？再辱之耻，何与一辱？且若欲奔南，则当早为之计，然后可果；今大敌以近，祸败将及，群小之心，无一可保，恐发足之日，其变不测，何至南之有乎！"（《三国志·蜀志·谯周传》）后主犹欲入南，狐疑不决。谯周上疏说："南方远夷之地，平常无所供为，犹数反叛。自丞相亮南征，兵势逼之，穷乃幸从。是后供出官赋，取以给兵，以为愁怨……今以穷迫，欲往依恃，恐必复反叛，一也。北兵之来，非但取蜀而已，若奔南方，必因人势衰，及时赴追，二也。若至南方，外当拒敌，内供服御，费用张广，他无所取，耗损诸夷必甚，甚必速叛，三也。……若遂适南，势穷乃服，其祸必深。"（同上）

图 72　蜀道难

谯周不仅陈述祸福，劝后主投降，还用大道理"圣人知命"来劝降。他

图 73　邓艾像

说:“圣人知命而不苟必也。故尧、舜以子不善,知天有授,而求授人;……故微子以殷王之昆,面缚衔璧而归武王,岂所乐哉,不得已也。”(同上)

于是后主接受了谯周的意见,向邓艾投降。别遣使敕姜维降于钟会,使尚书郎送士民簿于邓艾,户 28 万,口 94 万,甲士 10.2 万,吏 4 万人。

蜀汉就这样灭亡了。魏、蜀、吴三国鼎立,成为魏吴南北对峙。

后主应降应战?谯周劝后主降是对是非?历代评论不一。如陈寿说:“刘氏无虞,一邦蒙赖,周之谋也。”(《三国志·蜀志·谯周传》注)孙绰说:“谯周说后主降魏,可乎?曰:‘自为天子而乞降请命,何耻之深乎!夫为社稷死则死之,为社稷亡则亡之。’”(《三国志·蜀志·谯周传》注引)清人何焯说:“从周之谋,则蜀人免屠戮之惨,故乡邦韪之。非万世公议也。”(《三国志集解·姜维传》注)

如何评价谯周劝降?是耶?非耶?

东汉末年,天下大乱,先有董卓之乱,继之群魔割据。混乱混战中,民不聊生,而又一时没有一个力量可以统一全国。小范围的统一,人民生活可以稍得苟安,总比群魔割据混乱一团好。三国的出现,对人民有好处;三国分立,对区域经济的发展也有好处;对南方和西南地区的开发也有好处。

但到了三国后期,吴、蜀的政治日趋腐败。魏在司马氏掌权下,社会比较安定,三国力量对比也日趋悬殊,吴、蜀两国已远非魏的敌手,吴、蜀已失去前期保护地区安定、发展地区经济的作用,成为全国统一的障碍。

秦汉以来，中国已是统一的国家。吴、蜀、魏虽各自为国，就当时的地位来说，也只是地方割据政权。一个人可以在魏做官，也可以在吴、蜀做官，没有太大的不妥，根本没有敌国、忠奸这问题。

蜀之必亡，在魏出兵时已有人看出来，此人即是吴之张悌。魏伐蜀，吴人问张悌曰："司马氏得政以来，大难屡作，百姓未服，今又劳力远征，败于不暇，何以能克！"悌曰："不然。曹操虽功盖中夏，民畏其威而不怀其德也。丕、叡承之，刑繁役重，东西驱驰，无有宁岁。司马懿父子累有大功，除其繁苛而布其平惠，为之谋主而救其疾苦，民心归之亦已久矣。故淮南三叛，而腹心不扰；曹髦之死，四方不动。任贤使能，各尽其心，其本根固矣，奸计立矣。今蜀阉宦专朝，国无政令，而玩戎黩武，民劳卒敝，竞于外利，不修守备。彼强弱不同，智算亦胜，因危而伐，殆无不克。"（见《三国志·吴志·三嗣主传·孙皓传》注引《襄阳记》。此处用的是《资治通鉴》文字，简练明确）

二十、孙吴的灭亡

1. 孙皓的残暴

孙皓，是孙和之子，孙权之孙。孙休时，封皓为乌程侯。孙休死时，三十岁，太子䨻至多十多岁。当时的内外形势是“蜀初亡（蜀汉亡于263年，孙休死于264年），而交阯携叛，国内震惧，贪得长君”（《三国志·吴志·三嗣主传·孙皓传》）。左典军万彧，以前曾做过乌程令，和孙皓相友好，对丞相濮阳兴、左将军张布说：“皓才识明断，是长沙桓王（孙策）之畴也。”（同上）由濮阳兴、张布的推举，孙休妃朱太后的同意，遂迎立孙皓为帝。

孙皓初立，很像个有道明君。《江表传》说：“皓初立，发优诏，恤士民，开仓廪，振贫乏，科出宫女以配无妻，禽兽扰于苑者皆放之。当时翕然称为明主。”（《三国志·吴志·三嗣主传·孙皓传》注引）

但地位安定下来以后，就开始变了，也或者露出本性了。孙皓既得志，粗暴骄盈，好酒色。濮阳兴、张布后悔立孙皓。有人告密，孙皓杀兴、布。又杀孙休皇后和孙休的两个儿子。

孙皓自264年即位，到280年为晋所灭，他在东吴做了十六年皇帝。在这十六年里，他生活奢侈腐败，杀人，杀大臣，修造宫殿，役使民力，使得东吴地区统治阶级内部人心惶惶不安，人民负担沉重，生活困苦。他从内部为东吴的灭亡制造了足够的条件。

265年（孙皓甘露元年），孙皓徙都武昌（今湖北鄂城）。扬州百姓溯流供给，以为患苦。又政事多谬，黎元穷匮。陆凯上疏说：“武昌土地，实危险而塉确，非王都安国养民之处，船泊则沉漂，陵居则峻危，且童谣曰：‘宁饮建业水,不食武昌鱼;宁还建业死,不止武昌居。'……童谣之言,生于天心,乃以安居而比死,足明天意,知民所苦也。臣闻国无三年之储,谓之非国,而今无一年之蓄,此臣下之责也。而诸公卿位处人上,禄延子孙,曾无致命之节,匡救之术,苟进小利于君,以求容媚,荼毒百姓,不为君计也。自从孙弘造义兵以来,耕种既废,所在无复输入,而分一家父子异役,廪食日张,畜积日耗,民有离散之怨,国有露根之渐,而莫之恤也。民力困穷,鬻卖儿子,调赋相仍,日以疲极,所在长吏,不加隐括。加有监官,既不爱民,务行威势,所在骚扰,更为烦苛,民苦二端,财力再耗,此为无益而有损也。愿陛下一息此辈,矜哀孤弱,以镇抚百姓之心。"(《三国志·吴志·陆凯传》)

次年(孙皓宝鼎元年)十月,"永安山贼施但等聚众数千人,劫皓庶弟永安侯谦出乌程,取孙和陵上鼓吹曲盖。比至建业,众万余人。丁固、诸葛靓逆之于牛屯,大战,但等败走,获谦,谦自杀"(《三国志·吴志·三嗣主传·孙皓传》)。

图 74 宋代黄鹤楼样式

"吴主使黄门遍行州郡,料取将吏家女,其二千石大臣子女,岁岁言名,年十五六一简阅,简阅不中,乃得出嫁。后宫以千数,而采择无已。"(《资治通鉴》卷七九)

267 年"夏六月,起显明宫。冬十二月,皓移居之"(《三国志·吴志·三嗣主传·孙皓传》)。同书注引《太康三年地记》说:"吴有太初宫,方三百丈,权所起也。昭明宫方五百丈,皓所作也。避晋

讳,故曰显明。”同书注引《江表传》说:“皓营新宫,二千石以下皆自入山督摄伐木。又破坏诸茔,大开园囿,起土山楼观,穷极伎巧,功役之费以亿万计。”

孙皓凶暴骄矜,政事日弊。272 年,贺邵上疏谏:“自登位以来,法禁转苛,赋调益繁。中宫内竖,分布州郡,横兴事役,竞造奸利。百姓罹杼轴之困,黎民罢无已之求,老幼饥寒,家户菜色。而所在长吏,迫畏罪负,严法峻刑,苦民求办。是以人力不堪,家户离散,呼嗟之声,感伤和气。又江边戍兵,远当以拓土广境,近当以守界备难,宜特优育,以待有事。而征发赋调,烟至云集。衣不全裋褐,食不赡朝夕。出当锋镝之难,入抱无聊之戚。是以父子相弃,叛者成行。”(《三国志·吴志·贺邵传》)

孙皓深恨贺邵直言,后来就把他杀了。贺邵死得很惨,是被孙皓用烧红了的锯把头锯下来死的。

孙皓的倒行逆施,惹得天怒人怨,这个政权是无人支持的了。但他听信谶纬家的话:“黄旗紫盖,见于东南,终有天下者,荆扬之君。”他非常高兴,以为他是“终有天下者”。于是率大众出,车载太后、皇后及后宫数千人从牛渚(今安徽当涂县采石)西上。遇大雪,道涂陷坏,兵士被甲持杖,百人共引一车,寒冻殆死,都说:“若遇敌,便当倒戈。”孙皓听了,害怕,才停止北征,班师回京。

蜀汉亡后,吴之将亡已是当时有识之士的共识。吴的最后一位丞相张悌就曾说过:“吴之将亡,贤愚所知,非今日也。”(《三国志·吴志·孙皓传》注引《襄阳记》)

2. 晋灭吴,三国一统

孙皓的荒淫暴虐,孙吴的上下离心,晋朝人是看在眼里的。灭吴的建议时时在政府里提出来。但大臣中对伐不伐吴,却分成了两派,一派以羊祜等人为代表,主张伐吴;一派以贾充为首,坚决反对伐吴。

羊祜从天时、地利、人和各方面分析应进兵灭吴,说:“凡以险阻得存者,谓所敌者同,力足自固。苟其轻重不齐,强弱异势,则智士不能谋,而险阻不可保也。蜀之为国,非不险也。高山寻云霓,深谷肆无景,束马悬车,然后得济，皆言一夫荷戟，千人莫当。及进兵之日，曾无藩篱之限，斩将搴旗，伏尸数万，乘胜席卷，径至成都，汉中诸城，皆鸟栖而不敢出。非皆无战心，诚力不足相抗。至刘禅降服，诣营堡者索然俱散。今江淮之难，不过剑阁；山川之险，不过岷、汉；孙皓之暴，侈于刘禅；吴人之困，甚于巴蜀。而大晋兵众，多于前世；资储器械，盛于往时。今不于此平吴，而更阻兵相守，征夫苦役，日寻干戈，经历盛衰，不可长久，宜当时定，以一四海。今若引梁、益之兵水陆俱下，荆楚之众，进临江陵，平南、豫州，直指夏口，徐、扬、青、兖并向秣陵，鼓旆以疑之，多方以误之，以一隅之吴，当天下之众，势分形散，所备皆急。巴、汉奇兵出其空虚，一处倾坏，则上下震荡。吴缘江为国，无有内外，东西数千里，以藩篱自持，所敌者大，无有宁息。孙皓恣情任意，与下多忌，名臣重将不复自信，是以孙秀之徒皆畏逼而至。将疑于朝，士困于野，无有保世之计，一定之心。平常之日，犹怀去就，兵临之际，必有应者，终不能齐力致死，已可知也。其俗急速，不能持久，弓弩戟楯，不如中国，唯有水战是其所便。一入其境，则长江非复所固，还保城池，则去长入短。而官军悬进，人有致节之志，吴人战于其内，有凭城之心。如此，军不逾时，克可必矣。”（《晋书·羊祜列传》）

羊祜此疏，从天时、地利、人和三方面分析了敌我形势，天时、地利、人和各方面晋都占优势。正如吴丞相张悌所说：“吴之将亡，贤愚所知。”

贾充反对伐吴，但也说不出使人信服的道理，只是说“西有昆夷之患，北有幽、并之戍，天下劳扰，年谷不登，兴军致讨，惧非其时”（《晋书·贾充列传》）。

晋武帝司马炎，虽然平庸，大道理还是懂的。灭吴不灭吴，是皇帝的事，有几个有条件统一的皇帝而愿意偏守一方的？伐吴灭吴的话，司马炎是听得进的。这是皇帝的大利。早在泰始五年（269年），晋武帝司马炎已存有灭吴之心，在军事上已做了些安排。以尚书左仆射羊祜都督荆州诸军事，镇襄阳；征东大将军卫瓘都督青州诸军事，镇临淄；镇东大将军东莞王（司马）伷都督徐州诸军事，镇下邳。

晋武帝接受济阴太守巴西人文立的意见，对蜀汉名臣之子孙流徙在中原者，量才叙用。下诏书，以诸葛亮之子诸葛瞻，“临难而死义，其孙京宜随才署吏”。又诏：“蜀将傅佥父子，死于其主。天下之善一也，岂由彼此以为

图75 羊祜像

异哉！佥息著，募没入奚官（为奴），宜免为庶人。”（《资治通鉴》卷七九）晋武帝采取这些措施，一方面以慰蜀人之心，一方面瓦解孙吴人心。

泰始八年（272年），以王濬为益州刺史。不久，又调他做大司农。王濬曾任羊祜参军，羊祜知其才能。羊祜深知伐吴必须水军，须在上流早做准备，遂密表留王濬在益州，使治水军。晋武帝接受羊祜的意见，重任王濬为益州刺史，并加授龙骧将军，监益、梁诸军事。

王濬调屯田兵和郡兵万余人大造舟舰，以别驾何攀董其事。他造的大舰，长百二十步，受二千余人，以木为城，起楼橹，开四出门，其上皆得驰马往来。

造船所弃的木屑废料，顺流蔽江而下，吴建平（郡治在今四川巫山县）太守吾彦取以白吴主孙皓，说晋必有攻吴之计，宜增建平兵以塞其冲要。孙皓不从。吾彦乃以铁锁横断江路。

泰始十年（吴凤凰三年，274年），吴大司马，都督信陵、西陵、夷道、乐乡、公安诸军事、荆州牧陆抗病甚，上疏曰：“西陵、建平，国之藩表，既处下流，受敌二境。若敌泛舟顺流，舳舻千里，星奔电迈，俄然行至，非可恃援他部以救倒悬也。此乃社稷安危之机，非徒封疆侵陵小害也。臣父逊昔在西垂陈言，以为西陵（今湖北宜昌市）国之西门，虽云易守，亦复易失。若有不守，非但失一郡，则荆州非吴有也。如其有虞，当倾国争之。……今臣所统千里,受敌四处,外御强对,内怀百蛮,而上下见兵财有数万,羸弊日久,难以待变。臣愚以为诸王幼冲,未统国事,可且立傅相,辅导贤姿,无用兵马,以妨要务。又黄门竖宦,开立占募,兵民怨役,逋逃入占。乞特诏简阅,一切料出,以补疆场受敌常处;使臣所部足满八万。……若兵不增,此制不改,而欲克谐大事,此臣之所深戚也。”(《三国志·吴志·陆抗传》)

不久,陆抗死,上疏无下文。

咸宁五年(279 年),晋益州刺史王濬上疏曰:“孙皓荒淫凶逆,荆扬贤愚无不嗟怨。且观时运,宜速征伐。若今不伐,天变难预。令皓猝死,更立贤主,文武各得其所,则强敌也。臣作船七年,日有朽败。又臣年已七十,死亡无日。三者一乖,则难图也,诚愿陛下无失事机。”(《晋书·王濬列传》)

晋武帝正要决定伐吴了,正好安东将军王浑上疏说,孙皓正准备北伐,沿江边戍皆已戒严。这正合了朝廷中反对伐吴的大臣如贾充、荀勖、冯统等的心思,他们乘机进言伐吴问题明年再议。王濬的参军何攀正在洛阳,遂上疏称,孙皓必不敢出动,宜因戒严,掩取更易。

羊祜死前,即举杜预自代。祜死,即以杜预为镇南大将军、都督荆州诸军事,镇襄阳。此时他上表说:“自闰月以来(闰七月),贼但敕严,下无兵上。以理势推之,贼之穷计,力不两完,必先护上流,勤保夏口以东,以延视息,无缘多兵西上,空其国都。而陛下过听,便用委弃大计,纵敌患生。此诚国之远图,使举而有败,勿举可也。事为之制,务从完牢。若或有成,则开太平之基;不成,不过费损日月之间,何惜而不一试之!若当须后年,天时人事不得如常,臣恐其更难也。……万安之举,未有倾败之虑。臣心实了,不敢以暧昧之见自取后累。惟陛下察之。”(《晋书·杜预列传》)

表上,未有回报。不到十天半月,杜预又上表说:“自顷朝廷事无大小,异议锋起。虽人心不同,亦由恃恩不虑后难,故轻相同异也。……自秋已来,讨贼之形颇露。若今中止,孙皓怖而生计,或徙都武昌,更完修江南诸城,远其居人,城不可攻,野无所掠,积大船于夏口,则明年之计或无所及。”(同上)

表到之时,晋武帝正与中书令张华围棋。张华推枰敛手曰:“陛下圣明神武,朝野清晏,国富兵强,号令如一。吴主荒淫骄虐,诛杀贤能,当今讨之,可不劳而定。”(同上)武帝乃许之,以张华为度支尚书,量计运漕。

图 76　杜预像

贾充、荀勖、冯紞，又出来固争，反对伐吴。看到武帝大怒，才免冠谢罪，不再坚持。

退朝后，尚书仆射山涛对人说："自非圣人，外宁必有内忧。今释吴为外惧，岂非算乎！"胡三省注《资治通鉴》此处说："山涛身为大臣，不昌言于朝而退以告人，盖求合于贾充者也。"（见《资治通鉴》卷八〇注）

胡三省的话是对的。所谓竹林七贤之一的山涛，就是这样一种品德。侧身竹林七贤，附庸风雅，善观风向，无真性情。但此人是聪明的。他已看出西晋朝廷大臣间党派之争中的勾心斗角。且已看出平吴之后消灭了"外惧"，"内忧"就会更加激烈了。但他既然能和阮籍、嵇康等为友，其内心亦必有相通处。此等人，内心亦必有苦。

冬十一月，大举伐吴。遣镇军将军琅邪王司马伷出涂中（今南京对岸江浦、全椒一带），安东将军王浑出江西（今安徽和县一带），建威将军王戎出武昌，平南将军胡奋出夏口（今武汉市），镇南大将军杜预出江陵，龙骧将军王濬、巴东监军鲁国唐彬下巴蜀，东西凡二十余万。

以贾充为使持节、假黄钺、大都督，以冠军将军杨济副之。贾充是反对伐吴的，曾因陈伐吴不利，且自言老衰，不堪元帅之任。皇帝诏说："君不行，吾便自出。"（《晋书·贾充列传》）贾充不得已受命，将中军南屯襄阳，为诸军节度。

太康元年(280 年)正月,杜预向江陵,王浑出横江,攻吴镇、戍,所向皆克。

二月戊午,王濬、唐彬击破吴丹阳(今湖北秭归县东)监盛纪。上面说过,建平太守吾彦于江碛要害之处,以铁锁横截之;又作铁锥,长丈余,暗置江中,以逆拒舟舰,使不得行进。王濬以方略技巧加以破除,使船行无碍。到了庚申日,王濬军克西陵,杀吴都督留宪等,前后只用了两天。又两天壬戌日,克荆门(在今湖北宜昌市南)、夷道(在今湖北宜都)二城,杀夷道监军陆晏。在此期间,杜预遣牙门周旨等帅奇兵八百泛舟夜渡江,袭乐乡,多张旗帜,起火巴山(今湖北松滋北)。吴都督孙歆守乐乡,见火起,大惧,与江陵督伍延书说:"北来诸军,乃飞渡江也。"周旨伏兵乐乡城外,孙歆遣军出拒王濬,大败而还。周旨率伏兵随歆军入城,歆不觉,直到帐下,虏歆而还。乙丑(壬戌后第三天),王濬击杀吴水军都督陆景。杜预进攻江陵,甲戌(乙丑后第九天),克之,斩伍延。于是沅、湘以南,接于交、广,州郡皆望风送印绶。胡奋又克江安。江安即公安,吴南郡治地所在。杜预定江南,改为江安。

王濬起巴蜀攻克西陵,杜预定荆州,皆在二月一个月之内。王濬进攻武昌,武昌吴军皆降。

再说下游诸军。孙皓听得王浑一路将出江西即由历阳、横江渡江到牛渚(今安徽和县过江到采石一线),便令丞相张悌督丹阳太守沈莹、护军孙震、副军师诸葛靓率众三万渡江逆战。至牛渚,沈莹说:"晋治水军于蜀久矣,上流诸军,素无戒备,名将皆死,幼小当任,恐不能御也。晋之水军必至于此,宜畜众力以待其来,与之一战,若幸而胜之,江西自清。今渡江与晋大军战,不幸而败,则大事去矣!"张悌说:"吴之将亡,贤愚所知,非今日也。吾恐蜀兵至此,众心骇惧,不可复整。及今渡江,犹可决战。若其败丧,同死社稷,无所复恨。若其克捷,北敌奔走,兵势万倍,便当乘胜南上,逆之中道,不忧不破也。若如子计,恐士众散尽,坐待敌到,君臣俱降,无一人死难者,不亦辱乎?"(《资治通鉴》卷八一,晋武帝太康元年)胡三省注的《资治通鉴》里说:"如悌之言,吴人至此,为计穷矣。然悌之志节,亦可怜也。"

三月,张悌率兵过江,围王浑将张乔于杨荷。张乔有众七千,闭栅请降。张悌加以抚慰,领兵续进,与晋扬州刺史周浚结阵相对。

图 77　王濬像

沈莹率丹阳锐卒三冲晋兵，不动。莹引退，其众乱，晋军乘乱追击，吴军大败，溃不成军。诸葛靓帅数百人遁走，使人劝张悌速退。张悌说："仲思（诸葛靓字），今日是我死日也！且我为儿童时，便为卿家丞相（胡三省注：丞相，谓诸葛亮也）所识拔，常恐不得其死，负名贤知顾。今以身殉社稷，复何道邪！"（同上）诸葛靓流泪而去，去百步，回看，张悌已为晋兵所杀。

王濬自武昌顺流而下，径趋建业。吴主孙皓遣游击将军张象率水军万人来抵御，象众望旗而降。王濬兵甲满江，旌旗烛天，威势甚盛。吴人大惧。孙皓集合二万兵，将乘船一战。明日，当发，其夜，众皆逃溃。

王濬戎卒八万，方舟百里，鼓噪入石头城。孙皓面缚舆榇，诣军门降。

王濬收其图籍，有州 4（荆、扬、交、广），郡 43，户 52.3 万，兵 23 万。

吴自孙权称帝，传四主，五十七年而亡（222—280 年）。

在伐吴灭吴过程中，朝臣对伐不伐吴争吵得不可开交，前线将帅争功又争得一塌糊涂，而皇帝平庸姑息，助长了朝臣将帅们的争吵。

未灭吴之前，大臣皆以为未可轻进。朝臣只有羊祜、张华坚执以为必克。在王濬已克武昌时，身为大军统帅的贾充仍上表说："吴未可悉定，方夏，江淮下湿，疾疫必起，宜召诸军，以为后图。虽腰斩张华，不足以谢天下。"（《晋书·贾充列传》）同党中书监荀勖奏宜如充议。晋武帝不从。杜预听得贾充上奏请停伐吴,急上表固争。使者未到洛阳,而孙皓已降。

出征之初,有诏书使王濬攻下建平后受杜预节度,至建业受王浑节度。王濬军未到,王浑大败张悌军,本可乘胜渡江直取建业,扬州刺史周浚也曾向王浑作此建议,而王浑不听,说:“受诏但令屯江北以抗吴军,不使轻进。”及至王濬直取建业,受孙皓降,使他无功,他又极力攻击王濬,说王濬不受节度,自取建业,并诬告王濬受孙皓贿取吴宫财宝。

图 77 阎立本绘晋武帝像

贾充反对伐吴,却做了伐吴的统帅。大军已克武昌,顺流东下,贾充还上表说“吴未可悉定”、“宜召诸军,以为后图”,要求“腰斩张华,以谢天下”。“(贾)充本无南伐之谋,固谏不见用。及师出而吴平,大惭惧,议欲请罪。”晋武帝不但不惩罚他,反给他极高的荣誉和赏赐。“赐充帛八千匹,增邑八千户;分封从孙畅新城亭侯,盖安阳亭侯;弟阳里亭侯混、从孙关内侯众增户邑。”(《晋书·贾充列传》)

王濬到京都,朝臣仍说他违诏不受王浑节度,大不敬,付廷尉科罪。晋武帝不许。他们又奏濬赦后烧贼船百三十五艘,辄敕付廷尉禁推。武帝又诏勿推。王濬处处受挟制,受排挤,不胜愤懑。他上疏说:“臣孤根独立,朝无党援,久弃遐外,人道断绝,而结恨强宗,取怨豪族。”(《晋书·王濬列

传》)

晋虽灭吴,一统全国,从晋朝臣对灭吴的斗争和晋武帝以反对灭吴的贾充为灭吴统军元帅,灭吴后将领间的争功,真是闹得乱七八糟。这样一个政权是难乎其久的。

董卓乱后,汉帝国瓦解,全国陷于分崩离析、军人割据的局面。赤壁之战后,逐渐正式出现三国分立。割据分立的局面维持了九十来年(190—280年)。统一对人民总是好的,可免战争之苦。尽管西晋统治阶级是腐朽的,使得统一只是暂时的,只维持了三十多年,但在统一之后,人民也确实过了短时期的太平日子。

后　论

前面二十章书已大体叙述了三国时期历史演进的具体形势，也随处提出了我的一些理解和解释。在这些论述的基础上，现在再来概括地论述一下三国史在中国历史上的地位和三国时期的历史特点。

在中国历史上，有几个时期是历史的转化期，它是由前一历史时代向后一历史时代的过渡时期。三国时期就是一个历史过渡时代。

在中国历史上属于过渡时代的有以下几个时期：

春秋战国时期；

三国时期；

中唐到五代时期；

鸦片战争以后。

春秋战国时期，是中国历史由氏族部落、早期国家进入古代社会的时期。三国时期，是由古代社会进入中世纪封建社会的时期。中唐到五代时期，是由前期封建社会进入后期封建社会的时期。鸦片战争以后，是中国历史由封建社会进入资本主义时代的时期。只是由于帝国主义的侵入，使中国陷入半殖民地半封建社会；又由于社会主义革命的提出，中国进入资本主义社会的方向被扭转了，走入直接进入社会主义社会的方向。

我这样说，或者会引起读者的兴趣和好奇，因为我这样说和好多史学家的提法是不一样的。好奇、有兴趣，就好。我有一本《中国古代社会》（河南人民出版社 1991 年出版），对中国早期古代社会有比较详细的论述，对三国时期是中国历史由古代进入中世纪的时期也有所论述，读者可以参考。这里我在讲三国史，对三国时期是中国历史由古代进入中世纪的时期，还要再

申述几点。中唐到五代时期和鸦片战争以后两个历史过渡时代，我就不详述了。

50年代初，我写过一篇文章，题目是:《汉魏之际的社会经济变化》。内分四个小题:

一、从城市交换经济到农村自然经济;

二、从自由民、奴隶到依附民;

三、从土地兼并到人口争夺;

四、从民流到地著。

这篇文章的主旨是站在汉末魏，也可以更缩微地说站在三国时期来看前后时代的社会变化。站在三国时期从四条线上来看前后时代的社会变化，我们会看到:

战国秦汉交换经济、城市经济是发达的，三国以下直到唐中叶，城市经济衰落、自然经济占优势了。两汉通行的五铢钱、黄金退出历史舞台。交换少，谷帛成为交换手段。

战国秦汉时期，生产劳动者主要是自由民和奴隶。三国到唐，主要是依附民——部曲、客。大量人口投依到世家豪族庇护下，成为世家豪族的依附民，他们的主要部分是部曲、客。客皆注家籍，对国家免除租役。国家领有下的编户民身份上也向依附民方向倾斜。奴隶则大量地转化为依附民。三国以后，南北朝隋唐时期仍有奴隶，但大部分奴隶依附民化了。奴(奴隶)、客(依附民)性质上已接近是一个阶级。

两汉时期社会上最严重的问题是土地兼并、集中问题。在交换经济发展的条件下，小生产者农民在国家租赋徭役负担压迫和商人、地主的盘剥下，也在城市交换经济发展的引诱下，不断破落或自愿放弃土地到城市中谋生而失掉土地和使土地荒芜。土地集中到官僚、地主、商人手里。土地问题和奴隶问题，是两汉统治者最伤脑筋的问题。从贾谊、晁错到董仲舒、王莽想要解决的问题，都是土地问题、奴隶问题。王莽改天下田曰王田，奴婢曰私属，就是集中的表现。魏晋南北朝时期，社会上主要问题已不是土地问题而是劳动力问题。人口减少和土地荒芜，使劳动力成为最主要的问题。有了人，有了劳动力，就有了一切，有了财富，有了武力，有了权力。两汉是要土地，排挤人口;魏晋以下是要人口，放弃土地。到一个新地方或者打了败仗,地方、土地可以放弃,人口劳动力要带走。

流民问题,是两汉的严重问题。贾谊、晁错开始注意民流问题。武帝时流民一来就是几十万、几百万。东汉后期,流民问题史不绝书。黄巾暴动就是由流民暴动开始的。

流民的出现是当时生产关系的必然结果。只要土地可以买卖,农民有权出卖自己的土地,有权离开土地,官僚、商人、地主要兼并土地,农民破产就必然流亡。只要城市经济发出引诱,农民又有权离开农村,农民就必然流亡。

如何使农民回到土地上来,只有地著。而要农民地著,就要靠经济外的强制。贾谊提出“驱民而归之农,皆著于本”;晁错要农民“地著”。但都未能办到。要“地著”,使农民不能离开土地,须要有一种强制的力量。魏晋南北朝时期,这问题解决了。皆“注家籍”的客、部曲,是主人的依附民,是“身系于主”的。他们没有离开主人的自由,自然也没有离开土地的自由。在屯田、均田制度下,一则有军法部勒,一则有三长管理,对农民离开土地是有约束力的。由民流到地著,是秦汉到三国的显著变化。

这篇文章,大约是50年代初期写的。当时北京市副市长吴晗同志大约是领导北京教育学院的教学或科研工作,他约请史学工作者去该院作学术报告。我曾用“东汉魏晋前后社会的变化”为题作过一次报告,讲的就是上述内容。1962年北京师范大学六十周年校庆时,我又以此为题作了学术报告。这个论文的第一部分,曾以《从城乡关系看两汉和魏晋南北朝社会经济的变化》为题,在1958年第2期《北京师范大学学报》(社会科学版)上发表,文章全文在《社会科学战线》1979年第4期发表(已收入《读史集》)。

我提的这些是不是历史事实呢?符不符合三国时期的历史事实呢?这是前代历史学家所没有注意的问题。我高兴地看到,唐长孺教授最近出版的专著《魏晋南北朝隋唐史三论》里,对这些问题作了更深更透的阐述。我想我对中国历史的一些看法和提法大约是可以站得住了。

想对三国史作些更深更多了解的同志,我希望能读唐长孺教授的大著《魏晋南北朝隋唐史三论》和我的《中国古代社会》。

1994年5月9日

附　　录

汉末三国大事年表

汉帝纪年	公元	大　　事
灵帝中平元年	184	二月，黄巾起义爆发。旬月之间，天下响应。 十一月，黄巾起义失败。 十二月（可能已进入185年）改元中平。
二	185	此后，各地黄巾仍时有起义，绵延十多年。
六	189	四月，灵帝死。皇子辩立。太后临朝，外戚大将军何进录尚书事。 八月，中常侍（宦官）杀何进。、司隶校尉袁绍诛杀宦官，死者二千余人。 九月，董卓废少帝为弘农王，立陈留王刘协，是为献帝。十一月，董卓自为相国。
献帝初平元年	190	正月，山东州郡起兵讨董卓。推袁绍为盟主。 二月，董卓胁献帝迁长安。 六月，董卓坏五铢钱，更铸小钱。货轻而物贵，钱货不行。
二	191	青州黄巾起，众三十万。
三	192	四月，王允、吕布杀董卓。 五月，卓将李傕、郭汜攻入长安，杀王允；吕布逃往关东。 十二月（可能已进入193年），曹操收降青州黄巾，得戎卒三十余万，男女百余万口。收其精锐者，号青州兵。
四	193	徐州刺史陶谦部下杀曹操父曹嵩。曹操攻徐州，坑杀男女数十万口于泗水，水为之不流。墟邑无复行人。
兴平元年	194	四月，曹操复攻陶谦，所过残灭。 十二月（可能已进入195年），陶谦以徐州让刘备，备遂领徐州。

续表

汉帝纪年	公元	大　　事
二	195	正月,曹操败吕布于定陶。吕布东奔刘备。 董卓死时,三辅民尚数十万。李傕等放兵劫掠,加以饥馑,二年间,民相食略尽。 七月,献帝离开长安东归。 孙策略有江东。 下邳相笮融,断广陵、下邳、彭城三郡委输以自入,大起浮屠寺,招致旁郡好佛者五千余户。每浴佛,辄多设饮食,布席于路,经数十里,费以巨亿计。
建安元年	196	正月,大赦,改元建安。 六月,吕布攻刘备,袭取徐州,自称徐州牧。布以刘备为豫州刺史,屯小沛。 七月,献帝到洛阳。是时,宫室烧尽,百官披荆棘,依墙壁间。 曹操迎接献帝迁都许。献帝以操为大将军。 是岁,曹操募民屯田许下,得谷百万斛。于是州郡例置田官,所在积谷,仓廪皆满。征伐四方,无运粮之劳,遂能兼并群雄。 吕布攻刘备,刘备败,走投曹操。曹操厚遇之,以为豫州牧。
二	197	袁术称帝于寿春,置公卿百官。 三月,诏以袁绍为大将军,兼督冀、青、幽、并四州。
三	198	十一月,郭汜为其将伍习所杀。 四月,诏关中诸将讨李傕,夷其三族。 十月,曹操屠彭城。围吕布于下邳。引沂、泗水灌城。 十二月(可能已进入199年),布降,操缢杀布。 曹操表孙策为讨逆将军,封吴侯。
四	199	春,袁绍攻陷易京,公孙瓒自焚死。袁绍占有幽州。 袁术淫侈滋甚,资实空虚,乃遣使归帝号于袁绍。 欲投奔绍,为曹操所阻。穷困忧懑。六月,愤慨结病。呕血死。 曹操从容对刘备说:“天下英雄,唯使君与操耳。” 初,曹操遣刘备征袁术。刘备遂占有徐州。
五	200	正月,曹操征刘备。刘备败,奔投袁绍。袁绍去邺二百里迎之。关羽投降曹操。曹操还军官渡。 二月,袁绍征曹操,进兵黎阳。 四月,曹操遣关羽斩袁绍将颜良。又斩文醜。醜与良皆袁绍名将。关羽投归刘备。孙策死,弟孙权代领其众。权时年二十六。 八月,袁绍进兵官渡。 十月,曹操烧绍粮草,绍军溃败,仅以八百骑过河北奔。官渡之战,曹操前后坑杀绍军七万余人。

续表

汉帝纪年	公元	大　　事
六	201	九月,曹操击刘备于汝南,备奔刘表。表闻备至,自出郊迎。使屯新野。 张鲁在汉中,以鬼道教民,不置长吏,皆以祭酒为治,民、夷便乐之。
七	202	袁绍自兵败,惭愤,发病呕血;五月,死。少子袁尚继,长子袁谭出为青州刺史。
八	203	袁尚、袁谭兄弟相攻杀。
九	204	正月,曹操征袁尚;二月,进至邺。五月,引漳水以灌之。八月,邺城破。九月,献帝以曹操领冀州牧。袁尚奔幽州。 十二月,曹操征袁谭,入平原。
十	205	正月,曹操攻南皮,袁谭出战,败,曹操追斩之。 袁尚奔辽西乌桓。
十一	206	曹操征并州。三月,斩高幹,并州平。 曹操欲征乌桓,凿平虏渠、泉州渠以通运。
十二	207	三月,曹操征乌桓。军次无终。时方夏雨水,滨海道泞滞不通。用田畴计,改从平冈,道出卢龙,达于柳城。 八月,曹操至白狼山。进击,虏众大溃。袁尚奔辽东,太守公孙康斩尚等,送首曹操。 十一月,操还至易水。是岁,刘备三顾诸葛亮于茅庐。诸葛亮对刘备的话后世称"隆中对"。
十三	208	正月,曹操还邺,作玄武池以肄舟师。 六月,罢三公官,以曹操为丞相。 七月,曹操南征刘表。刘表死,表子刘琮降。刘备欲奔江陵。曹操追之,及于当阳之长坂,刘备败,遂奔夏口。又东驻樊口。 冬十月,诸葛亮随鲁肃见孙权于柴桑,劝孙权出兵抗曹操。 孙、刘联军与操军大战于赤壁。曹操兵败,引军从华容道退回南郡。风急天寒,道路泥泞,人马死伤甚众。曹操北还。 孙、刘取江陵,操军退驻襄阳。刘备自取荆州之江南零陵、桂阳、长沙、武陵四郡,又借得南郡之江北部分。曹、孙、刘三分荆州。 十二月(可能已进入209年),孙权自将围合肥。
十四	209	三月,曹操军至谯。孙权围合肥久不下,烧围退走。 七月,曹操引水兵自涡入淮,出肥水,军合肥,开芍陂屯田。 十二月(可能已进入210年),曹操军还谯。
十五	210	春,曹操下令:"若必廉士而后可用,则齐桓其何以霸世!二三子其佐我明扬仄陋,唯才是举,吾得而用之!" 十二月,周瑜自吴还荆州,于路病困,卒于巴丘。 鲁肃代瑜领兵,屯住陆口。

续表

汉帝纪年	公元	大事
十六	211	三月,曹操征张鲁,实征关中,关中诸将马超等起兵反。 八月,曹操至潼关,与马超等夹关而军。闰月,操北渡河至河东,又渡河至河西。 九月。渡渭,军渭南。大破马超等。超等奔凉州。 十二月,曹操留夏侯渊屯长安,遣钟繇向汉中。益州刘璋遣法正至荆州,迎刘备,备将步卒数万人入益州。诸葛亮、关羽等留守荆州,庞统随刘备入川。
十七	212	九月,孙权徙治秣陵,改秣陵为建业。孙权于濡须口立坞,即濡须坞。 十月,曹操东击孙权。
十八	213	十二月,刘备攻刘璋,由关头进据涪城。 正月,曹操进军濡须口,号步骑四十万。相守月余,退兵。 五月,献帝以冀州十郡封曹操为魏公,丞相领冀州牧如故。加九锡。
十九	214	刘备围雒城且一年,庞统为流矢所中,死。诸葛亮留关羽守荆州,与张飞、赵云将兵入川。雒城溃,刘备进围成都。诸葛亮、张飞、赵云率兵来会。刘璋开城出降。刘备入成都,自领益州牧。 十一月,曹操杀伏皇后。后被发徒跣,过帝处诀,说:“不能复相活邪?”献帝说:“我亦不知命在何时!”因转头对在座的御史大夫郗虑说:“郗公。天下宁有是邪!”
二十	215	三月,曹操征张鲁。 四月,自陈仓出散关至河池。 刘备、孙权争荆州,以湘水为界,长沙、江夏、桂阳以东属权,南郡、零陵、武陵以西属备。 七月,曹操至阳平。张鲁闻阳平已失陷,乃封府库奔南山入巴中。曹操以夏侯渊督张郃、徐晃等守汉中。 十月,孙权率十万人围合肥。 十一月,张鲁出降曹操。
二十一	216	二月,曹操还邺;五月,曹操进位魏王。 十月,曹操征孙权;十一月,至谯。
二十二	217	正月,曹操军居巢,孙权保濡须。 二月,曹操攻濡须。 三月,曹操退兵。 十月,曹操以子曹丕为太子。刘备进兵汉中。

魏纪年	公元	大　　　　事	蜀纪年	吴纪年
二十三	218	七月，曹操自将击刘备；九月，至长安。		
二十四	219	正月，刘备击斩夏侯渊于定军山。 三月，曹操自长安出斜谷，进临汉中。五月，曹操退兵还长安，刘备遂有汉中，并取房陵、上庸。 七月，刘备自称汉中王。拔牙门将军魏延为镇远将军、领汉中太守。备还成都。 关羽攻曹仁于樊，仁使将军于禁、庞德屯樊北，吕常守襄阳。 八月，大霖雨，汉水溢，于禁等七军皆没，于禁降，庞德被俘，不降被杀。 孙权使吕蒙袭取公安、江陵。 十二月，权以陆逊为镇西将军，屯夷陵，守峡口。 关羽自知孤穷，乃西走麦城，为孙权所俘、杀。孙权遂有荆州，向曹操上书称臣。		
文帝黄初元年	220	正月，曹操至洛阳，死。曹丕继位魏王。 十月，曹丕代汉称帝，是为魏文帝。改元黄初。徙都洛阳。改许为许昌。		
二	221	四月，刘备即皇帝位，改元章武。以诸葛亮为丞相。 孙权徙都鄂，更名为武昌。 张飞死。 七月，刘备征孙权。进兵秭归，兵四万余人。孙权遣陆逊拒之，兵五万人。		先主章武元年
三	222	刘备自秭归进军，自巫峡建平连营至夷陵界，立数十屯。自正月与吴相拒，至六月不决。陆逊用火攻，破刘备四十余营。刘备军土崩瓦解，死者数万。刘备仅得逃还白帝城。 九月，魏三路大军征孙权。征东大将军曹休等出洞口，大将军曹仁出濡须，上军大将军曹真等围南郡。孙权分兵拒之。孙权改元黄武，临江拒守。	二	孙权黄武元年
四	223	二月，诸葛亮至永安（刘备到白帝后，改白帝为永安）。 四月，刘备死于永安。 五月，太子禅即位，年十七。改元建兴。	后主建兴元年	二

续表

魏纪年	公元	大事	蜀纪年	吴纪年
五	224	四月，魏初立太学，置博士，设《五经》课试 七月，魏伐吴；八月，为水军，曹丕亲御龙舟，循蔡、颍，浮淮如寿春；九月，至广陵。时江水盛涨，曹丕临江兴叹。遂退兵。	二	三
六	225	三月，诸葛亮征南中。 七月，至南中，所在战捷。遂至滇池。益州、永昌、牂柯、越嶲四郡皆平。	三	四
七	226	五月，曹丕病笃，召中军大将军曹真、镇军大将军陈群、抚军大将军司马懿并受遗诏辅政。曹丕死，年四十。太子叡即皇帝位，是为明帝。	四	五
明帝太和元年	227	三月，诸葛亮上疏请北伐，率诸军北驻汉中。	五	六
二	228	正月，司马懿攻蜀新城，杀孟达。诸葛亮北伐，丞相司马魏延建议，愿自率五千人，直由褒中出，循秦岭而东。当子午而北。丞相从斜谷来，咸阳以西一举可定。亮以为险，不能用。亮以赵云据箕谷，自率大军攻祁山，魏天水、南安、安定三郡皆叛应亮。姜维降蜀。 马谡失街亭，诸葛亮乃拔西县千余家返汉中。斩马谡。 五月，魏扬州牧曹休攻吴皖城。孙权至皖，大都督陆逊与休战于石亭。曹休大败。九月，曹休惭愤，疽发背而死。 十二月，诸葛亮引兵出散关，围陈仓。攻不能下，粮尽退兵。	六	七
三	229	春，诸葛亮攻武都、阴平二郡，拔二郡以归。 四月，孙权即皇帝位，改元黄龙。九月，迁都建业。 十二月（可能已进入230年）。诸葛亮筑汉城于沔阳，筑乐城于成固。	七	黄龙元年
四	230	七月，魏大司马曹真从子午道伐蜀。会天大雨三十余日，栈道断绝。九月，魏帝诏曹真等班师。 十二月（可能已进入231年），吴攻合肥城，不克而还。		

续表

魏纪年	公元	大　　　　事	蜀纪年	吴纪年
五	231	二月,诸葛亮率师伐魏,围祁山,以木牛运。魏司马懿屯长安,西救祁山。懿敛军依险,兵不得交,亮引兵还。 六月,魏军追之,大败。张郃中箭死。 十二月,吴大赦,改明年曰嘉禾。	九	三
六青龙元年	232	十一月庚寅,曹植死。	十	嘉禾元年
青龙元年	233	二月,魏改元青龙。诸葛亮劝农讲武,作木牛、流马,运米集斜谷口,治斜谷邸阁。	十一	二
二	234 二	二月,诸葛亮率大军十万由斜谷伐魏。 三月,汉献帝卒。年五十四。 四月,诸葛亮至郿,军于渭水之南。屯五丈原。分兵屯田,为久驻之基。 五月,吴主入居巢湖口,向合肥新城,众号十万。陆逊等入江夏向沔口、襄阳。孙韶入淮向广陵、淮阴。 七月,吴兵退。 八月,魏蜀相持百余日,诸葛亮病,卒于军中。杨仪杀魏延。还兵成都。 蜀以车骑将军吴懿督汉中,以丞相长史蒋琬为尚书令。 吴诸葛恪讨山越,三年间得甲士四万人。	十二	三
三	235	杨仪自以功大。至成都,拜中军师,无所统领,怨愤形于声色。费祎密表其言。 蜀后主废仪为民,仪自杀。 后主以蒋琬为大将军、录尚书事,费祎为尚书令。	十三	四
明帝景初二年	238	正月,魏使司马懿将兵四万讨辽东公孙渊。 六月,军至辽东,围襄平。 八月,襄平溃,斩公孙渊。司马懿入城,杀其公卿以下及兵民七千余人。辽东、带方、乐浪、玄菟四郡皆平。 九月,吴改元赤乌。 吴主使中书郎吕壹典校诸官府及州郡文书,壹因此渐作威福,排陷无辜,毁短大臣。太子登数谏,吴主不听,群臣莫敢言,畏之侧目。 十一月,魏帝病。诏司马懿回京。	延熙元年	赤乌元年

续表

魏纪年	公元	大　　事	蜀纪年	吴纪年
三	239	以大将军曹爽与司马懿辅少子。 明帝死，太子齐王芳立。 齐王芳加曹爽、司马懿侍中、都督中外诸军事、录尚书事。 二月，以司马懿为太傅，外尊崇，实夺其权。	二	二
齐王芳正始二年	241	吴伐魏。四月，吴全琮略淮南，决芍陂；诸葛恪攻六安，朱然围樊，诸葛瑾攻柤中。 魏于淮南、淮北广开屯田，益开河渠，以增溉灌，通漕运。淮北二万人，淮南三万人，什二分休，常有四万人且田且守。	四	四
四	243	十月，蒋琬病剧；十一月，蜀以尚书令费祎为大将军、录尚书事。	六	六
五	244	正月，吴主以上大将军陆逊为丞相，其荆州牧、右都护、领武昌事如故。 三月，曹爽至长安，发十余万人伐蜀，自骆口入汉中。闰月，蜀主遣大将军费祎督诸军救汉中。曹爽困于兴势不得进。 五月，引军还，失亡甚众，关中为之虚耗。	七	七
六	245	吴太子和与鲁王霸争宠。侍御、宾客，造为二端，仇党疑二，滋延大臣，举国中分。 十一月，蜀大司马蒋琬卒。	八	八
七	246	九月，吴主以骠骑将军步骘为丞相。 蜀主以凉州刺史姜维为卫将军，与费祎并录尚书事。	九	九
八	247	二月，时尚书何晏等朋附曹爽，变改法度。司马懿与爽有隙。五月，懿称疾，不与政事。	十	十
九	248	司马懿阴与子中护军师、散骑常侍昭谋诛曹爽。	十一	十一
嘉平元年	249	正月甲午，魏帝齐王芳谒明帝高平陵。司马懿闭城门发动政变。奏曹爽罪恶，曹爽和同党尚书何晏、邓飏、丁谧、司隶校尉毕轨、荆州刺史李胜、大司农桓范以大逆不道，俱夷三族。 秋，蜀卫将军姜维击雍州。争洮城不得，退师。	十二	十二
二	250	秋，吴主废太子和为庶人，赐鲁王霸死。 十一月，立子亮为太子。	十三	十三

续表

魏纪年	公元	大　　事	蜀纪年	吴纪年
三	251	魏太尉王凌在寿春欲发兵讨司马懿。懿将中军乘水道讨凌。凌势穷归附。五月，凌回洛阳路上，行至项，饮药死。诸相连者皆夷三族。 八月，司马懿死。其子司马师为抚军大将军、录尚书事。	十四	十四
四	252	正月，魏以司马师为大将军。四月，孙权死，年七十一。太子亮即位。改元建兴。闰月，以诸葛恪为太傅辅政。 十一月，魏三道伐吴。诸葛诞率众七万攻东兴，诸葛恪四万众救东兴。吴军大胜，魏军死者数万。	十五	孙亮建兴元年
五	253	正月，蜀大将军费祎被刺死。 魏以诸葛诞为镇南将军，都督豫州：毌丘俭为镇东将军，都督扬州。 四月，蜀姜维将数万人出石营，围狄道。 吴诸葛恪征淮南。五月，围合肥新城。七月，恪引军去，士卒病伤，存亡哀痛。由是众庶失望。 八月，吴军还建业。孙峻因民之怨，害恪。	十六	二
高贵乡公正元元年	254	二月，魏司马师杀中书令李丰。并杀丰子韬、夏侯玄、张缉等，皆夷三族。 六月，蜀姜维进兵陇西。 九月，司马师废齐王芳。 十月，立高贵乡公曹髦，年十四。改元正元元年。 蜀姜维进拔河间、临洮。	十七	五凤元年
二	255	正月，魏扬州刺史文钦、镇东将军毌丘俭，起兵寿春，讨司马师。司马师与战。闰月，俭众大溃，被杀；文钦奔吴。夷毌丘俭三族。 二月，司马师疾笃还许昌，卒于许昌。司马昭为大将军、录尚书事。 八月，蜀姜维将数万人，至枹罕，趋狄道，大败魏军于洮西，魏军死者以万计。九月，姜维退驻钟题。	十八	二

续表

魏纪年	公元	大事	蜀纪年	吴纪年
甘露元年	256	正月，蜀姜维进位大将军。 六月，魏改元甘露。 七月，蜀姜维复率军出祁山。回师从董亭趋南安。魏将邓艾大败维于段谷，蜀军士卒星散，死者甚众。 吴孙峻死，从弟孙綝代掌政。吕据、滕胤反孙綝，綝杀胤，尽夷三族，吕据自杀。	十九	太平元年
二	257	四月，吴主孙亮始亲政。 魏征东大将军诸葛诞据寿春反司马昭。 六月，司马昭督诸军二十六万进屯丘头讨诞。围寿春。 七月，吴发兵救诞，败归。 蜀姜维率数万人出骆谷至沈岭。邓艾拒之。	二十	二
三	258	二月，寿春城陷，司马昭斩诸葛诞，夷三族。姜维闻诞死，还成都。 九月，孙綝废吴主亮为会稽王；十月，迎立孙休，改元永安。 十二月，吴主杀孙綝。改葬诸葛恪、滕胤、吕据等。	景耀元年	孙休永安元年
常道乡公景元元年	260	高贵乡公见威权日去，不胜其忿，五月己丑，亲率殿中宿卫苍头讨伐司马昭。昭使成济刺杀高贵乡公，立常道乡公。改元景元。	三	三
三	262	十月，蜀姜维攻洮阳，为邓艾所破。维退住沓中。时黄皓用事于中，维返自洮阳，不敢归成都，因求种麦沓中。	五	五
四	263	五月，魏大举伐蜀。邓艾督三万众自狄道趋沓中，诸葛绪督三万人自祁山趋武街桥头，钟会统十万众分从斜谷、骆谷、子午谷趋汉中。 八月，兵发洛阳。 十月，邓艾自阴平行无人之地七百里，至江油。艾至成都城北，蜀后主出降。令姜维降于钟会。蜀亡。 钟会、卫瓘密白邓艾有反状。	炎兴元年	六

续表

魏纪年	公元	大　　事	蜀纪年	吴纪年
咸熙元年	264	正月,司马昭以槛车征邓艾。钟会反。为乱军所杀。姜维亦被乱军杀死。卫瓘又杀邓艾于绵竹。 三月,司马昭晋爵为晋王。 五月,魏改元咸熙。 吴主休死,乌程侯皓立。 是岁,魏罢屯田官。		孙皓元兴元年
晋武帝泰始元年	265	八月,司马昭死,王太子炎嗣为相国、晋王。 冬,吴主徙都武昌。 十二月,魏禅位于晋,司马炎即帝位,改元泰始。以魏帝为陈留王。 司马炎惩魏氏孤立之弊,故大封宗室,授以职权。诏除魏宗室禁锢,罢部曲将及长吏质任。		甘露元年
二	266	十二月(可能已进入 267 年),吴主还都建业。吴主后宫以千数,而采择无已。		宝鼎元年
三	267	六月,吴主作昭明宫,穷极技巧,功役之费以亿万计。华覈上疏谏:"今仓库空匮,编户失业","又交阯沦没,岭表动摇","乃国朝之厄会也"。	二	
四	268	吴主出东关,冬十月,使施织入江夏,万彧攻襄阳。十一月,丁奉、诸葛靓出芍陂,攻合肥。	三	
咸宁二年	276	十月,羊祜上疏请伐吴,说:"孙皓之暴,过于刘禅,吴人之困,甚于巴蜀。"大臣贾充等反对伐吴。		天玺元年
五	279	十一月,晋大举伐吴。		天纪三年
太康元年	280	三月,王濬自武昌顺流径趋建业。吴主孙皓出降。 四月,诏赐孙皓归命侯。 乙酉,改元太康。		

参考书目

一、古籍

《三国志》,(晋)陈寿　撰

按:这是研究三国史的主要史料书。可用中华书局标点本,还可以参考卢弼的《三国志集解》(中华书局影印),这是现在《三国志》最详细的注解本。

二、近人论著

《天师道与滨海地域之关系》,陈寅恪,原刊中央研究院历史语言研究所《集刊》第三本第四分册,已收入《金明馆丛稿初编》,上海古籍出版社1980年版。

《黄巾起义先驱与巫及原始道教的关系》,方诗铭,《历史研究》1993年第3期。

《(太平经)的作者和思想及其与黄巾和天师道的关系》,熊德基,《历史研究》1962年第4期。

《论(太平经)的成书时代和作者》,王明,《世界宗教研究》1982年第1期。

《论黄巾起义与宗教的关系》,赵克尧等,《中国史研究》1980年第1期。

《董卓之乱与三国鼎立局面之序幕》,翦伯赞,《北京大学学报》1988年第2期。

《曹操论集》,三联书店编辑部编,三联书店1960年版。

《世族·豪杰·游侠——从一个侧面看袁绍》,方诗铭,《上海社会科学

院学术季刊》1986 年第 2 期。

《官渡之战》,何兹全,《北京师范大学学报》1964 年第 1 期。又见《读史集》,上海人民出版社 1982 年版。

《论赤壁之战的几个问题》,施丁,《史学月刊》1981 年第 6 期。

《(隆中对)再认识》,田余庆,《历史研究》1990 年第 5 期。

《(隆中对)跨有荆益解》,田余庆,《周一良先生八十生日纪念论文集》,中国社会科学出版社 1993 年版。

《"借荆州"浅议》,朱绍侯,《许昌师专学报》1992 年第 5 期。

《三国赤壁考》,冯今平,《湖北教育学院学报》(哲社版)1991 年第 3 期。

《论曹操平定关陇的奠基战役》,关治中,《西北大学学报》1992 年第 1 期。

《三国鼎立形成的历史原因》,张大可,《青海社会科学》1988 年第 3 期。

《汉魏之际的社会经济变化》,何兹全,《社会科学战线》1979 年第 4 期。已收入《读史集》,上海人民出版社 1982 年版。

《曹魏屯田制述论》,赵幼文,《历史研究》1958 年第 4 期。

《论曹魏屯田制的历史渊源》,高敏,《东岳论丛》1980 年第 2 期。

《魏晋兵制上的一个问题》,周一良,《魏晋南北朝史论集》,中华书局 1963 年版。

《曹魏士家制度的形成与演变》,高敏,《历史研究》1989 年第 5 期。

《孙吴建国及汉末江南的宗部与山越》,唐长孺,《魏晋南北朝史论丛》,三联书店 1955 年版。

《孙吴建国的道路》,田余庆,《历史研究》1992 年第 1 期。

《孙吴的屯田制》,陈连庆,《社会科学辑刊》1982 年第 6 期。

《孙吴的兵制》,何兹全,《中国史研究》1984 年第 3 期。

《孙吴奉邑制考略》,高敏,《中国史研究》1885 年第 1 期。

《对复客制与世袭领兵制的再探讨》,胡宝国,《中国史研究》1994 年第 4 期。

《论诸葛亮治蜀——兼论诸葛亮是儒法合流的典型人物》,朱大渭,《魏晋隋唐史论集》第一辑,中国社会科学出版社 1981 年版。

《论(孔雀东南飞)的产生时代、思想、文艺及其问题》,王云熙,《乐府诗论丛》,上海古典文学出版社 1958 年版。

《建安七子论》,徐公持,《文学评论》1981 年第 4 期。

《司马懿》,何兹全,《读史集》,上海人民出版社 1982 年版。

《曹氏司马氏之斗争》,周一良,《魏晋南北朝史札记》,中华书局 1985 年版。

《有关司马懿政变的几个问题》,杨耀坤,《四川大学学报》1985 年第 3 期。

《书世说新语文学类钟会撰四本论始毕条后》,陈寅恪,《中山大学学报》1956 年第 3 期。已收入《金明馆丛稿初编》,上海古籍出版社 1980 年版。

《魏晋玄学中的社会政治思想和它的政治背景》,汤用彤等,《历史研究》1954 年第 3 期。

《汉魏学术变迁与魏晋玄学的产生》,汤用彤,《中国哲学史研究》1983 年第 3 期。

《魏晋玄学之形成及其发展》,唐长孺,《魏晋南北朝史论丛》,三联书店 1955 年版。

按:近人的通史著作如范文澜的《中国通史简编》、郭沫若的《中国史稿》、翦伯赞的《中国史纲要》,断代史专著如王仲荦的《魏晋南北朝史》、韩国磐的《魏晋南北朝史纲》等,其中都有论述三国史部分,都可以参考。

此外,论述三国史的论文和书还有很多,或以自己的疏漏,或以自己的偏见,未能列入上述书目中,敬希原谅,以后再补。

三、推荐书

《中国古代社会》,何兹全著,河南人民出版社 1991 年版。

《魏晋南北朝隋唐史三论》,唐长孺著,武汉大学出版社 1993 年版。

按:以上两书,都不是专论述三国史的,但都论述到三国史。两书的思想体系,大体是一条线上的。读史贵通。读者读了三国史以后,一定会想要了解三国史的来龙去脉,我就推荐读读这两本书。因为我的书讲的是古代史,唐先生的书讲的是中世纪前期史,我就把我的书忝列在唐书之前了。

附　　记

何师旧著《三国史》得以再版，缘起数月前人民出版社编辑慧眼识英，责笔者向何师倡议并询以配图事。师均允准，且嘱我负责具体事宜。

何师宏著十分注重学术性与可读性结合，对历史大势的把握和人物评价尤独具只眼，重视将人物放在具体的历史背景和社会背景中评价，有骨有架，有血有肉。何师曾有改编《三国演义》宏愿，惜乎宏愿徒在，人已仙逝。读者如果将这本《三国史》与罗贯中《三国演义》对读，就可大体知道哪些是三国真实的历史，哪些是被曲解、哪些又是创造出来的文学内容，与此同时，还可欣赏演义的优美文字以及体味诸多文学手法的妙趣。

何师的这部著作初版于上世纪九十年代中期，久已售罄；次版收于《何兹全文集》中，如今亦已难觅。此前经常有外地朋友托我代询何师，意欲购买，皆未能如愿，成为我的一个小苦之事。如今再版，也算弭平了我久储心中的这段遗憾。

笔者受命之后，所做工作如下：

仔细校读一过，就可疑者审慎复查，订正了旧版中一些疏忽和笔误。考虑由于繁简字的转换有可能给初学者带来困惑，因而对这类现象例如县（悬）、陈（阵）等加了标记。

因原著主要讲述政治、军事大势，配图很难贴切，只就手边搜集的一些珍贵元明版画和选择一些清代的人物精品版画，插配在文字内容吻合或相关之处——倘有不当，敬祈读者指正！

聊为附记。

张国安于 2010 年 11 月 28 日

这本书的再版,原以为何师身体尚健必能亲睹,故笔者未曾以“万年太久只争朝夕”而为之。岂料天有不测风云,付梓之际,竟天人永隔!旧憾既平,未能让何师亲眼看到此书面世,又成了我的新憾,而这份遗憾,却是今生再也无法弭平的了。世事不如意者常十之八九,惜哉痛矣!

先师驾鹤,我辈伤怀。幽冥异途,不胜唏嘘!临文嗟悼,是为追记。

2011 年 2 月 21 日告别日凌晨

责任编辑:王世勇

图书在版编目(CIP)数据

三国史/何兹全 著. -北京:人民出版社,2011.3(2024.4 重印)
ISBN 978-7-01-009537-0

Ⅰ.①三… Ⅱ.①何… Ⅲ.①中国-古代史-三国时代-高等学校-教材
Ⅳ.①K236

中国版本图书馆 CIP 数据核字(2010)第 245273 号

三 国 史

SAN GUO SHI

何兹全 著

人民出版社 出版发行
(100706 北京市东城区隆福寺街 99 号)

北京汇林印务有限公司印刷 新华书店经销

2011 年 3 月第 1 版 2024 年 4 月北京第 3 次印刷
开本:710 毫米×1000 毫米 1/16 印张:18.25
字数:289 千字

ISBN 978-7-01-009537-0 定价:76.00 元

邮购地址 100706 北京市东城区隆福寺街 99 号
人民东方图书销售中心 电话 (010)65250042 65289539